《爱拼会赢，敢闯会创——大学生创新创业实践优秀案例》

编委会

顾　问： 邬大光

主　编： 谢火木

编　委（按姓氏笔画排序）：

王　怡　王树彬　刘李春　杨　飏　杨爱民　杨　燕
吴妍艳　张立志　张蜀彤　周　荣　钟　杰　施永川
徐健宁　翁　挺　郭　庆　程　凯　蓝　婧　解廷民

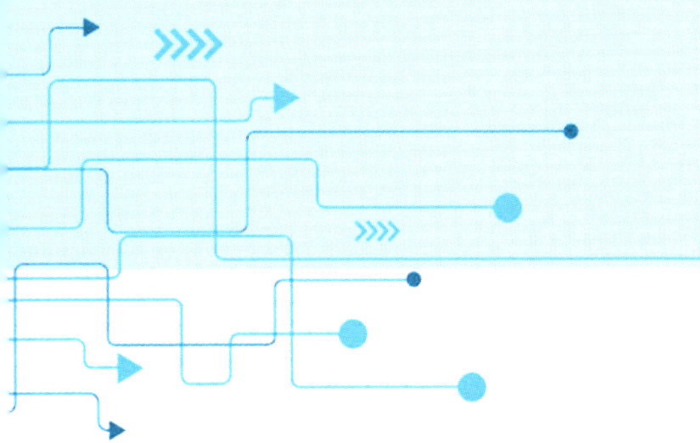

爱拼会赢，敢闯会创

——大学生创新创业实践优秀案例

谢火木 ◎主编

厦门大学出版社
XIAMEN UNIVERSITY PRESS
国家一级出版社
全国百佳图书出版单位

图书在版编目(CIP)数据

爱拼会赢,敢闯会创:大学生创新创业实践优秀案例/谢火木主编.—厦门:厦门大学出版社,2020.12
ISBN 978-7-5615-8004-2

Ⅰ.①爱… Ⅱ.①谢… Ⅲ.①大学生—创业—案例 Ⅳ.①G647.38

中国版本图书馆 CIP 数据核字(2020)第 237506 号

出 版 人 郑文礼
责任编辑 陈进才

出版发行 厦门大学出版社
社 址 厦门市软件园二期望海路 39 号
邮政编码 361008
总 机 0592-2181111 0592-2181406(传真)
营销中心 0592-2184458 0592-2181365
网 址 http://www.xmupress.com
邮 箱 xmup@xmupress.com
印 刷 厦门集大印刷厂

开本 787 mm×1 092 mm 1/16
印张 19.5
插页 2
字数 416 千字
版次 2020 年 12 月第 1 版
印次 2020 年 12 月第 1 次印刷
定价 58.00 元

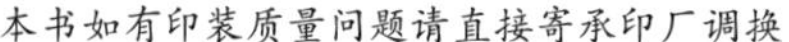

厦门大学出版社
微信二维码

厦门大学出版社
微博二维码

序

党中央、国务院高度重视高校推进创新创业教育改革工作。习近平总书记多次强调，创新是一个民族进步的灵魂，是一个国家兴旺发达的不竭动力。2019年“两会”期间，习近平总书记参加福建代表团审议时强调，“要营造有利于创新创业创造的良好发展环境。要向改革开放要动力，最大限度释放全社会创新创业创造动能，不断增强我国在世界大变局中的影响力、竞争力”。5年前，《国务院办公厅关于深化高等学校创新创业教育改革的实施意见》颁布，进一步明确高校创新创业教育的改革任务和具体举措，着力破除制约深化创新创业教育的思想观念和体制机制障碍，加快形成更高水平的教育教学体系，培养富有创造精神、勇于投身创业实践的创新型、复合型、应用型人才。

大学是人才第一资源、科技第一生产力、创新第一驱动力、文化第一软实力的重要结合点，既是创新人才的汇聚地，又是科技创新的策源地，在创新型国家建设进程中发挥着特殊重要的作用。今天的中国大学，正呈现出一派“处处是创造之地，天天是创造之时，人人是创造之人”的生动景象，正在“以创造之教育培养创造之人才，以创造之人才造就创新之国家”。

2017年6月，在教育部高教司的精心指导下，一批有志于深化创新创业教育改革的高校和企业，联合成立了“全国大学生创新创业实践联盟”（简称“实盟”）。几年来，实盟不忘初心、创新实干，在做好研究上持续发力，在创新方式上持续发力，在资源共享上持续发力，在师资培训上持续发力，开展的“双创教育”活动精准专业、精彩纷呈，类型多样、魅力四射，成效显著、成果丰硕。实盟的成员高校和成员企业持续增加、队伍不断壮大，已有近700所成员高校，近100家成员企业加盟。2018年4月以来，陆续成立了内蒙古自治区分盟、天津市分盟、四川省分盟。

近年来，为充分展示高校大学生创新创业实践教育成果，实盟秘书处将部分成员高校的优秀成果汇编成册，出版发行。《聚焦实践，深化改革——大学生创新创业教育优秀案例》已经问世。《爱拼会赢，敢闯会创——大学生创新创业实践优秀案例》作为本系列书籍的第二部，即将出版发行。书中的案例都是同学们的“得意之作”，从背景、历程、运营、体会、成就等方面，生动介绍了大学生创新创业的精彩故事，既有成功、也有失败，既有喜悦、也有辛酸，这些都是当代大学生创新创业的真实写照，能引发读者的共鸣，也能让创新创业的同行者从中得到启发。

诚如“爱拼会赢，敢闯会创”的书名所启示，高校创新创业教育工作是要去闯、是要去创、是要去拼的工作。衷心希望年轻的实盟及其成员高校和企业，不断对标中国特色、世界一流的建设目标要求，工作视野更开阔一些，工作措施更加有力一些，前进步伐迈得更大一些，靶向施策，聚焦创新创业创造实践中的重点、难点、热点、焦点、痛点、堵点，设计和制定系统、精准的改革方案，提出解决问题的实招、硬招、高招，持续推进“双创”教育改革创新，营造更加良好的“双创”教育氛围，提供更多更好的“双创”教育条件，打造更加坚实广阔的“双创”平台，让有志者的创意火花、创业激情、创造才能充分迸发出来，让有志者创新求进，创业图强，创造圆梦！

张大良

2020年11月8日

前言

纵观历史的发展，高校始终都是人类最重要的创新创业创造的策源地之一。谁也不能否认高校在当前国家创新驱动发展战略中举足轻重的作用。习近平总书记在全国教育大会上倡导“处处是创造之地，天天是创造之时，人人是创造之人”的教育氛围，鼓励学生进行奇思妙想并努力实践，以创造之教育培养创造之人才，以创造之人才造就创新之国家。今天的中国，比历史上任何时候都更接近实现中华民族伟大复兴的目标，比以往任何时候都更迫切需要有理想、有本领、有担当的青春力量。责无旁贷，创新创业创造教育作为高校人才培养模式的新探索、新突破，势必引领新时代的中国高等教育发展，势必深刻影响未来世界的高等教育趋势。

时代奔涌向前

近年来，国家推进创新创业教育的顶层设计稳步构建。2014 年，创新驱动发展升级为国家战略，创新创业教育成为高等教育人才培养改革的重要突破口。2014 年 9 月 10 日，在夏季达沃斯论坛上，李克强总理第一次提出“大众创业、万众创新”，强调要借改革创新的“东风”，在 960 万平方公里的土地上掀起“大众创业”“草根创业”的浪潮，形成“万众创新”“人人创新”的新态势。2015 年 1 月 21 日，在瑞士冬季达沃斯论坛上，李克强总理在开幕式上发表特别致辞，首次将“大众创业、万众创新”称为中国经济的“新引擎”。他表示，体制的创新，可以激发亿万人的创造力，也可以改变亿万人的命运。2015 年 3 月 5 日，2015 年《政府工作报告》提出，要把“大众创业、万众创新”打造成推动中国经济继续前行的“双引擎”之一，以推动发展调速不减势、量增质更优，实现中国经济提质增效的升级。

随之，国务院、教育部出台了一系列高等学校深化创新创业教育改革的实施意见，提出了一系列深化创新创业教育改革的措施意见，创新创业教育改革走向深入。教育部通过深入实施国家级“大学生创新创业训练计划”，推动高水平教师领衔打造线上线下混合式金课、创新创业金课、实践类金课，举办中国“互联网+”大学生创新创业大赛、“挑战杯”全国大学生系列科技学术竞赛，成立创新创业教育指导委员会等一系列举措，引导各地高校深化创新创业教育改革，将创新创业教育延伸到课程、实践、教师等人才培养的各个重要环节。

2015年5月，国务院办公厅印发了《关于深化高等学校创新创业教育改革的实施意见》(国办发〔2015〕36号)，明确九大改革任务、30余条具体措施，着力破除制约创新创业教育的思想观念、教育教学体系和体制机制障碍，加快培养一大批富有创新精神、勇于投身实践的创新创业人才。2016年，教育部发布《关于中央部门所属高校深化教育教学改革的指导意见》(教高〔2016〕2号)，指出部属高校深化教育教学改革的总体目标，其中之一便是使创新创业教育改革形成制度化成果。2018年9月，国务院办公厅印发了《关于推动创新创业高质量发展打造“双创”升级版的意见》(国发〔2018〕32号)，明确提出要深入实施创新驱动发展战略，通过打造“双创”升级版，进一步优化创新创业环境，大幅降低创新创业成本，提升创业带动就业能力，增强科技创新引领作用，提升支撑平台服务能力，推动形成线上线下结合、产学研用协同、大中小企业融合的创新创业格局，为加快培育发展新动能，为实现更充分就业和经济高质量发展提供坚实保障。2018年10月，教育部印发《关于加快建设高水平本科教育全面提高人才培养能力的意见》(教高〔2018〕2号)，提出要把深化高校创新创业教育改革作为推进高等教育综合改革的突破口，面向全体、分类施教、结合专业、强化实践，促进学生全面发展。强化创新创业实践，搭建大学生创新创业与社会需求对接平台，发挥“互联网+”大赛引领推动作用，提升创新创业教育水平。2019年10月，教育部发布《关于深化本科教育教学改革全面提高人才培养质量的意见》(教高〔2019〕6号)，其中包括“深化创新创业教育改革”，即要“挖掘和充实各类课程、各个环节的创新创业教育资源，强化创新创业协同育人，建好创新创业示范高校和万名优秀创新创业导师人才库。持续推进国家级大学生创新创业训练计划，提高全国大学生创新创业年会整体水平，办好中国‘互联网+’大学生创新创业大赛，深入开展青年红色筑梦之旅活动”。

“后浪”勇立潮头

2017年8月15日，习近平总书记给第三届中国“互联网+”大学生创新创业大赛“青年红色筑梦之旅”大学生回信，深切勉励青年学子把激昂的青春梦融入伟大的中国梦，用青春书写无愧于时代、无愧于历史的华彩篇章，为实现中华民族伟大复兴提供源源不断的青春力量，把大赛和创新创业教育推向了历史新高度。中国“互联网+”大学生创新创业大赛已经成为我国深化创新创业教育改革的重要载体和平台，为大学生实现创新创业梦想打开了一扇美丽的天窗。大赛自2015年创办以来，涌现出一大批科技含量高、市场潜力大、社会效益好的高质量项目，展现了当代青年大学生奋发有为、昂扬向上的风采，已经成为我国覆盖面最大、影响最广的大学生创新创业盛会，也开始成为国际高等教育的一道亮丽风景线。

大学生是最具创新、创业潜力的群体之一。高等学校开展创新创业教育，积极鼓励高校学生自主创业，是教育系统深入学习实践科学发展观，服务于创新型国家建设的重大战略举措；是深化高等教育教学改革，培养学生创新精神和实践能力的重要途径；是落实以创业带动就业，促进高校毕业生充分就业的重要措施。经过成员高校各方努力，一大批高校和创新创业教育实践改革全面发力，展现出勃勃生机，一大批富有创新创业精神、敢于承担风险的青年人在探索、在创新、在成长。

实盟乘风而起

全国大学生创新创业实践联盟（简称“实盟”）自2017年6月成立以来，在教育部高教司的指导与支持下、社会各界的关心与帮助下、各成员单位的齐心协力下，深入贯彻落实党中央、国务院和教育部有关文件精神，根据章程扎实推进各项工作，加强双创实践教学体系研究，打造创新创业实践交流平台，共享双创实践教学资源，编辑出版《实盟简报》，积极推动成员高校深化创新创业教育改革的新征程，取得了明显成效。现成员高校已由发起时的100多所扩大到627所，成员企业46家。2018年4月以来，陆续成立内蒙古自治区分盟、天津分盟、四川分盟。

2019年，实盟秘书处将成员高校部分优秀案例成果汇编成册，正式出版《聚焦实践，深化改革——大学生创新创业教育优秀案例》，受到了高校教师的普遍欢迎。为了进一步展示高校大学生创新创业实践教育成果，秘书处决定继续编纂本系列图书的第二部，即《爱拼会赢，敢闯会创——大学生创新创业实践优秀案例》，进一步引领高校人才培养范式变革。

本书选取了全国50所高校的优秀实践案例，包括北京大学“智能无人机不间断巡查系统——北京云圣智能科技有限责任公司创业案例”、厦门大学“江苏罗化新材料有限公司创业案例”、云南大学“脱贫致富路上最靓的崽——‘小猪豪豪’公司创业案例”、北京邮电大学“NOLO VR-5G时代全球移动VR的领航者——北京凌宇智控科技有限公司创业案例”等，分为现代农业、制造业、信息技术服务、文化创意服务、社会服务5个部分，将大学生创新创业实践案例，成员高校学生开展创新创业实践活动，学生参加社会实践、“青年红色筑梦之旅”活动或中国“互联网+”大学生创新创业大赛等案例汇编成册。遴选的优秀项目从创业背景、创业历程、运营情况、所获奖项、经验体会等方面生动书写创业历程，充分体现了大学生创业者“敢闯会创”的创业精神。

今年是特殊的一年，我们迎来了一场特殊而艰难的“战役”。但是，面对疫情，我们的创业者并没有退缩。时代在召唤，社会在发展，今后，实盟将进一步深入学习贯彻习近平总书记关于教育的重要论述，紧密对接全球科技创新发展前沿和国家战略需求，不断提升教育服务国家发展能力。同时，携手成员高校和企业，聚集起推动新时代创新创业教育改革和高等教育内涵式发展的强大正能量，加快培养创新创业人才；持续激发大学生创新创业热情，展示创新创业教育成果；广泛搭建大学生创新创业项目与社会资源对接平台，整合多方资源，凝聚育人合力，深耕创新创业沃土；持续推动科研成果转化应用，更好地服务于国家创新发展战略和中华民族伟大复兴，书写好国家创新教育改革发展的“奋进之笔”，在推动高校创新创业教育、加快高等教育内涵式发展、全面提高人才培养质量等方面贡献“实盟力量”。

诚如书名，“爱拼会赢，敢闯会创”，这既是对书中高校和师生的点赞，更是对今后的展望。希望本书能为在校大学生创新创业提供借鉴和示范，引领高校提升学生敢闯的素质、会创的能力，建立新的人才质量观、新的培养质量观、新的大学质量文化。同时希望能借创新创业锐意进取之大氛围、大浪潮，努力追求创新创业未来之大繁荣。

本书编委会

2020年6月

目录

第一部分　现代农业

第二部分　制造业

第三部分 信息技术服务

第四部分 文化创意服务

第五部分 社会服务

第一部分

现代农业

脱贫致富路上最靓的崽

——“小猪豪豪”公司创业案例

一、创业背景

2019年10月12—15日，第五届中国“互联网+”大学生创新创业大赛全国总决赛在浙江大学紫金港校区举行，经激烈角逐，云南大学推荐的“‘小猪豪豪’——中国边疆少数民族深度贫困地区脱贫攻坚路上最靓的崽”项目，在名校云集、强手如林的赛场上，勇夺红旅赛道全国金奖。14—15日，项目负责人何永群代表参赛大学生向孙春兰副总理汇报创新创业工作后，又被选作红旅赛道唯一代表参加了教育部组织的大赛新闻通气会系列活动，其大赛表现和精彩发言受到高教司吴岩司长等领导的高度赞扬。

图1　何永群（右1）作为红旅赛道唯一代表参加新闻通气会

何永群，一个备受生活重重考验，克服无数艰难险阻，最终凤凰涅槃的大学生创业典范。2018年4月6日，在共青团中央青年发展部指导下的青年创业励志电影《达拉的青春》全网上线，影片讲述了这位纳西族姑娘在艰难的创业之路上成就自我、放飞梦想的精彩创业经历。这位来自国家深度贫困地区云南怒江的创业大学生，在养殖豪猪的五年多里，她多次睡过猪圈，只为能创业成功，带着豪猪走出大山，为当地脱贫带来发展机遇。她说，“希望能有更多的大学毕业生和我一样，回到祖国最需要的地方，扎根边疆创新创业”。

图 2　何永群真实创业经历电影——《达拉的青春》剧照

2004 年，何永群还在读高中，父亲却不幸因为一次车祸而头部遭受重创，变成了残疾人。父亲的意外致残，不仅让家里失去了唯一的经济来源，而且因高额的医疗费，使得家中还欠下了 20 多万元的外债，生活瞬间变得异常艰难。作为家中长女，何永群从小学会了帮助父母分担家务，照顾弟妹，养成了坚强独立的个性。从那时起，她一边读书，一边利用课余时间打工补贴家用。2006 年，何永群顺利考入云南师范大学外语学院，因家里经济困难，她除了要负担自己上学的费用，还得挣钱供弟弟、妹妹读书。“穷人孩子早当家”，“为了挣钱，我同时做了五六份兼职，最忙时一天睡觉的时间只有 3 个小时”。大学毕业后，为更快地赚钱养家，何永群尝试第一次创业，开办达拉培训学校。在坚持创业的同时，为了不断提升自己能力，何永群又于 2013 年考取了云南大学研究生。读研期间，一些老师得知她有创业想法，就让她尝试着做创业计划书，并针对计划书提供了很多建议，最终帮她选定了豪猪养殖项目。有了老师们的支持和鼓励，何永群决定回到家乡创业——养殖豪猪。

二、创业历程

2013 年，何永群考上云南大学研究生后，就读的工商管理与旅游管理学院创新创业氛围浓厚，在校期间的学习和实践让她不断萌生回乡创业的想法，但回到农村老家，面对着熟悉而又陌生的环境，尽管何永群已经有些创业经验，她还是一时不知该干些什么。就在何永群觉得茫然的时候，任课老师给了她指导和方向。创业不仅要考虑经济效益，还要考虑环境和社会效益。豪猪养殖产业现正快速发展，在精准扶贫、乡村振兴大形势下返乡养殖豪猪是很有前景的。在老师们的鼓励下，经过几个月对多个城市的考察，何永群下定决心要做豪猪养殖业。

说干就干，2014 年 10 月，何永群拿出自己省吃俭用的积蓄，又各方筹措借了 20 多万元，跟大学刚毕业的弟弟一起，在老家养起了豪猪。万事开头难，一开始光圈舍就得投入 20 多万元，还要购买种猪、雇佣工作人员等，又要奔走于各个部门之间办理相关手续，找人借钱、寻找贷款……不到半年，何永群就从一名青春洋溢的大学生转变成一位辛勤劳作的养殖个体户。创业初期困难不断，但她积极应对，不断解决水源、人力、场地等一个个难题，让豪猪养殖场渐渐步入正轨。那段日子里，何永群遇到了一道又一道坎，但是这个执着而坚强的女孩硬是一个人扛了过来。

为解决豪猪品质与养殖成本之间的矛盾，她回到学校，与云南大学农学院、云南农业大学等单位合作，研制出特殊配比的豪猪饲料，既保证了豪猪的成长速度，又确保了出栏品质；为解决豪猪产销问题，她请来大厨，并把目标客户请到豪猪场参观，教会客户制作豪猪菜肴，成功打开了销路。她通过开办培训班，手把手教会乡亲们养殖技术，并利用互联网把豪猪相关产品向“北上广”等一线城市推广，建立 24 小时冰鲜到货的高效物流链，挖掘出“豪猪文化”资源，发展特色民宿旅游和民族餐饮。

2015 年 9 月，何永群的公司成立，10 月投入第一批 150 组（每组 3 只）豪猪，直到 2016 年 5 月之前，何永群一直在往这个项目里“砸钱”。困难虽多，可何永群从没打过退堂鼓。在她看来，豪猪浑身都是宝，只要做好了就一定能得到不错的回报。因此，何永群不但自己养殖豪猪，还不断尝试带动周边的村民。她不厌其烦地宣传，鼓励他们积极创业。慢慢地，村里人也开始加入了养殖豪猪的队伍。“刚开始大家都只是观望，怕赔钱没人敢养，后来，看到我的豪猪有了订单，销路也不错，大家也就动了心。”经过何永群的努力，不少村民还主动上门咨询。“对于农民来说，养殖可能不会有什么大问题，主要是销路。”何永群在向村民宣传的时候，一次次强调将为大家提供优质豪猪种苗、免费的技术指导，并且回收豪猪，使大家没有后顾之忧。而且，她还为大家算了一笔账，豪猪以玉米、土豆、青菜等为主食，从出生到出售 8 个月只需要花费 205 元饲料费用，养殖效益高。农户养殖一组豪猪一年的利润可以达到 5320 元左右，而且豪猪对劳动力的要求不高，家里 60 多岁的老人都可以轻松喂养豪猪。

何永群不断学习改进养殖技术，开发各类豪猪加工产品，拓展销售市场推动自己的豪猪养殖向规模化、多样化发展。同时，创业逐渐步入正轨的她没有忘记回馈社会，她响应政府精准扶贫的号召，与当地政府合作，带动迪庆州 15 个乡镇众多建档立卡贫困户一起养殖豪猪。“目前，我们已探索出政府补贴猪苗、农户标准喂养、猪场回购加工、互联网线上销售、实体店线下体验的豪猪养殖产销新模式，初步实现了布局养殖、加工、服务三大产业的目标。”何永群介绍说。目前，该项目已吸纳 3411 户建档立卡贫困户参与养殖，豪猪存栏量达 1 万头，总销售额突破 1500 万元，每年能让每个贫困家庭增收 5000 元，并在云南怒江、楚雄、昭通等地新建了 4 个养殖基地，吸引了 8 名大学生返乡创业，以及 100 多人来养殖基地就业。

香格里拉市委副书记刘秋生评价道：“何永群作为香格里拉市众多返乡大学生创业的成员之一，通过她自己这些年的努力，通过豪猪养殖业，积极参与到脱贫攻坚工作中，带动了很多农户，特别是贫困户参与豪猪养殖，达到了贫困户增收的目的。何永群从一名硕士研究生，到培训学校老师，再到豪猪养殖大户，她不断转变自己人生的角色，但从未改变的，是她始终坚守着让家乡人脱贫致富的初衷。创业致富不忘回馈家乡，带动家乡贫困户发展豪猪养殖业，推动家乡扶贫事业的进步。豪猪不是猪，却是乡村振兴、脱贫攻坚路上最靓的崽。”

三、运营情况

为更好地养殖豪猪，何永群 2015 年注册成立了迪庆香格里拉沃夫农林开发有限责任公司，目前已发展成中国领先的集豪猪的育种、养殖、深加工、休闲餐饮、销售等五位一体的、完整布局三大产业的生态养殖公司，拥有“小猪豪豪”等商标。公司产品和服务包括：

（一）豪猪种苗

公司已获得人工养殖豪猪方法的技术专利，在种苗扩繁技术上，由于豪猪自然繁殖率比较低，人工授精等繁殖技术具有很大的开发空间。经云南大学、云南农业大学、西北农林科技大学和云南省畜牧兽医研究所等合作建立豪猪种苗基因库，防止近亲繁殖，精心挑选配种，攻克了豪猪繁殖率低的技术难点，提升公猪精液质量，促母猪排卵。豪猪年平均产仔数可达到 4.2 只，高于同行 40%。公司与政府相关部门建立合作，对农户销售优质种苗。其发放种苗具体路径为公司培育豪猪种苗，在政府扶贫资金的支持下，通过合作社向贫困户发放豪猪种苗。

（二）生态配方饲料

公司自建的有机饲料基地可产出符合有机标准的生态豪猪饲料，公司目前自主研发了药物与饲料相结合的适合豪猪各个生长阶段的各种配方饲料，这种套餐具有一定的专用性，即可根据豪猪在生长的不同阶段的特点饲喂不同配方的专用配方饲料。通过生态配方饲料的使用，养殖户养殖的豪猪年平均产仔数也可达到 4.2 只。同时，商品豪猪的平均重量可达到 27 斤，高于同行 25%。

（三）直接售卖成猪

公司通过合理的养殖模式，培育优质的商品豪猪，通过渠道商（经销商）直接进行售卖，获取收入，然后投入再生产的这一过程。

（四）豪猪深加工产品

豪猪深加工产品作为未来公司经营开发的一部分，可以根据豪猪的食用价值、药用价值和工艺价值对相关的深加工产品进行分类研发。

（五）豪猪餐饮样板店

公司经营餐饮样板店，并且建立一个可加盟的品牌，支持店铺加盟，为这些店面提供一切与豪猪相关的原材料作为其展开营业的产品或原料，最终形成一条完整的生态产业链。

目前，公司已带动云南省8个地州、15个乡镇、26个合作社进行豪猪养殖，存栏豪猪1万余头，成为中国豪猪行业的领军企业；2018年实现销售收入近千万元，同比增长近100%；吸纳百人就业，带动近1500户建档立卡贫困户通过发展豪猪养殖脱贫；公司成为国务院扶贫办“东西帮扶”协作重点培育企业（全国仅39家）。

四、所获奖项

何永群：

1. 2016年，被评为“农村青年致富带头人”。

2. 2017年，入选中国“大学生创业英雄100强”。

3. 2018年，首部中国青年创新创业励志电影《达拉的青春》故事原型。

4. 2018年，入选迪庆州“脱贫攻坚十大新闻人物”荣誉称号。

5. 2018年，中央七台《致富经》栏目专访，并拍摄“纳西族硕士女孩养豪猪一年巧卖500万”专题片。

6. 2018年，当选“共青团第十八次全国代表大会”代表。

7. 2019年，作为旗手参加“青年红色筑梦之旅”活动全国启动仪式。

8. 2019年，作为唯一的创业典型代表在“全国就业创业工作暨2019年普通高等学校毕业生就业创业工作电视电话会议”中发言。受到了孙春兰副总理、胡春华副总理和云南省张国华副省长等各级领导的高度赞扬。孙春兰副总理说：“来自云南迪庆的何永群为大学毕业生树立了榜样，我们各个部门应该想办法帮助和扶持他们进行创新创业，把一批年轻有为的人留在农村做贡献。”

9. 2019年，参加第五届中国“互联网+”大学生创新创业大赛，获得青年红色筑梦之旅赛道全国金奖，并被选作红旅赛道唯一代表参加了教育部组织的大赛新闻通气会系列活动。其大赛表现和精彩发言受到高教司吴岩司长等领导们的高度赞扬。

图3　何永群作为全国唯一的创业典型代表在2019年全国就业创业工作会中发言

图4　“小猪豪豪”项目获得中国“互联网+”大学生创新创业大赛全国金奖

五、经验体会

回顾多年来的创业经历，何永群如是说：

“我本科毕业后，与很多刚出校门的同学一样，也是选择先就业，在昆明一家外语培训学校当英语老师。工作后，我经常回香格里拉，每次回去都有深深的感触：家乡藏区风光美，生活却不富裕。作为山区贫困家庭的孩子，我渴望家乡人能过上好日子。2013 年，我考上云南大学研究生，这期间萌发了创业的想法，也积累了一些实践经验。2014 年，为照顾残疾的父亲，也为了改变家乡生活，我做出了人生最坚定的一次选择：回乡创业！

“经考察后，我选择了豪猪养殖项目，申请到了 10 万元大学生创业贷款。起步之初，我远远低估了农村创业的困难。水源断掉、豪猪意外死亡，养殖不仅没有回本，还背负了不少外债，我甚至开始怀疑当初的梦想和选择。困难时刻，政府的支持、父母的期盼、合作养殖农户的充分信任，鼓励我含泪咬牙坚持下来，度过了最艰难的时刻。为寻找更好的合作资源和销售渠道，我跑遍了周边县市，动员更多的农户加入进来。渐渐地，坚持有了回报。通过销售仔猪、提供技术、回收成猪的方式，带领农户们一起打拼，逐步形成了‘公司 + 基地 + 合作社 + 养殖户’的经营模式，将豪猪养殖发展成了当地脱贫产业。”

创业之路十分艰辛，但也一路收获，一路成长。通过艰苦奋斗和不懈努力，何永群不仅把握青春创造了属于自己的事业，让家里生活越来越好，还用创业的星星之火，点亮了家乡香格里拉深度贫困地区的幸福生活，为脱贫攻坚、乡村振兴贡献了力量。习总书记在纪念五四运动 100 周年大会上寄语青年，要把自己的“小我”融入祖国的“大我”，让理想信念在创业奋斗中升华，让青春在创新创造中闪光。何永群把自己的职业选择融入国家发展和社会需要，以青春梦想、用所学所长干事创业，在奋斗中实现人生价值，其创业经历已成为新时代众多青年学子创新创业的标杆和榜样。

（云南大学推荐，执笔人：李豪杰）

秸尽索能

——移动式微波热解秸秆还田工程

一、创业背景

我国农业废弃物秸秆资源总量丰富但储备分散，不易收集且运输成本高，造成了秸秆综合利用厂无补贴难盈利，直接还田又导致土壤松难种植、焚烧处罚重却屡禁不止等系列问题，因此急需一种可以小型化、分布式、可移动的产业化装备，以实现秸秆资源的就地利用，从而降低原料的收、运、储的成本。目前，国内秸秆的“五化法”综合利用技术已十分成熟，但秸秆问题一直未解决。秸秆自身密度低、体积大，在收运储方面成本高达每吨335元，这就导致了秸秆利用公司生产规模与运输成本之间无法调解的矛盾。生产规模大则运输半径大，收储运成本高，如果减小运输半径，则生产规模小，经济效益差。目前，秸秆处理厂大都处于有价无市，难以盈利状态，且大量秸秆堆积易引起资源浪费和环境污染的问题。

我国每年约有7.2亿吨秸秆需高效处理，市场潜力大。据发改委调查统计，2018年全国秸秆理论资源量为10亿吨，可收集资源量约为9亿吨，利用量约为7.2亿吨，其中肥料化占47.20%、饲料化占17.99%、能源化占11.79%、基料化占2.23%、原料化占2.47%，其余18.32%被焚烧或作他用。秸秆等生物质能源综合利用市场前景广阔。

为寻找符合中国秸秆分散式分布国情的方法、解决农村秸秆处理的世界性难题，本项目立足于南昌大学科研成果转化，基于“秸秆快速热解关键技术与装备合作研究”科技部国际科技合作计划（2015DFA60170）项目，率先推出了移动式农林秸秆微波快速催化热解装备，可就地将秸秆转化为生物燃气、木醋液、木焦油和生物炭，燃气发电实现本装备户外自热，炭醋肥还田肥沃土壤。生产过程无“三废”产生，实现了秸秆高效利用，是一种“从土地中来，到土地中去”的秸秆处理新模式。项目针对全国农村秸秆难题，提出有效可行的方案，既解决了低密度秸秆的运输和存放难题，又实现了秸秆的无害化和资源化利用，生产链条绿色循环，积极响应“绿色兴农、科技兴农”的国家号召并带来持续性的经济、社会和生态效益。

2018年3月，项目团队与南昌县塔城乡湖陂村玉明生态农业有限公司达成合作，建立2000亩水稻田（两季）的“南昌玉明生态农业有限公司秸秆还田工程示范区”项目示范基地。

二、创业历程

技术研发：2016 年，秸尽索能创业团队核心技术人员成功研发出车载式微波热解设备，并成功通过中试。其间逐步完善设备，构筑技术壁垒，已有 15 项授权发明专利，6 项在审。

运营推广：项目于 2016 年 9 月正式进入推广运营阶段。2018 年 7 月在泸州老窖投产设备，标志着我们的设备正式走出实验室，经过了实际生产的检验；与美国公司展开深入合作。目前，移动式秸秆微波热解多联产的装备已经在该公司进行中试，进展顺利。

首个落地项目：项目于 2018 年 3 月于南昌县塔城乡湖陂村南昌玉明生态农业有限公司建立江西首个 2000 亩（双季稻）秸秆处理示范基地，对比往年，经移动式热解设备处理后在经济、生态、扶贫等方面取得重大成效。2017 年项目团队通过走访湖陂村进行科技推广宣传，在当地村政府的协助下与玉明生态农业公司达成意向合作，将其作为科技推广示范基地且签订了三年的技术服务合同，并于 2018 年 3 月正式实施。本项目依托“长江学者”“国家千人计划团队”科研成果转化，利用“可移动式生物质微波热解装置”进行环保、高效的秸秆处理。团队在该基地投入一辆移动式热解设备车，南昌大学专家教授、团队成员、技术人员全程把控服务。

宣传走访：项目团队共开展了 30 余场推广科普宣传会，调研足迹遍布江西（抚州、萍乡、南昌、上饶）、河南、浙江、河北等 15 个主要代表地市，覆盖人数近万人，共与各市乡镇委员会签订 26 份意向合作书，陆续与 10 户种植合作社达成合作意向，意向合作亩数达 22 万亩。

图 1　团队于江西萍乡、上饶、赣州等地实地调研考察秸秆利用现状

技术合作情况：与泸州老窖股份有限公司、南昌昌明环能科技有限公司、江西抚州乐安县潭港村村委会、南昌玉明生态农业有限公司、美国加州 Resynergi 能源公司、Forsman Egg Farm 开展技术合作。

设备租赁：江西省南昌风湖农业发展有限公司、江西清河畜牧科技有限公司、江西省抚州市乐安县森林防火指挥部、江苏省农垦农业发展股份有限公司淮海分区。

产物购买方：江西银河杜仲有限公司、玉明生态农业。

机械生产方：昆明祥鹏机电有限责任公司。

媒体报道：团队参加"青年红色筑梦之旅"全国对接活动（江西上饶），与 4 个县签订意向合作并多次参加校级"青年红色筑梦之旅"活动。项目先后受到种植合作社、县政府、村委会的广泛关注；受到中国工程院农业学部院士蒋剑春教授，"国家 973 计划"项目首席科学家马延和教授，上海交通大学农业与生物学院生物质能工程研究中心主任、生物质能源领域著名专家刘荣厚教授的肯定评价；参与了 2018 年江西省"大众创业、万众创新活动周"启动；受到南昌大学、江西省电视台的关注。

图 2　团队的实践成果获得多家媒体宣传报道

成果一：近年来团队走访了 4 省 15 市，共开展 30 余场推广宣传，覆盖上万人；在推广过程中共签订 20 余份意向协议书，意向合作亩数达 22 万亩。因其有效降低了秸秆处理成本，带来经济和生态效益，推广期间得到了广泛支持。

成果二：与多家企业、各级政府合作，打通"产—服—销"产业链；2018 年 9 月在泸州老窖投产设备，建成 3000 平方米的基地，解决 20 人就业。

成果三：成功打造两个示范案例。2018 年 3 月在南昌玉明生态农业有限公司首个秸秆处理示范案例，2019 年在抚州市潭港村打造首个以"村"为模块的秸秆处理示范区，并成功与乐安县森林防火指挥部达成设备租赁协议，为打通全国各乡镇县提供示范案例。

图 3　团队于秸秆处理示范基地（南昌）调试设备运作参数

三、运营情况

玉明示范案例为 2000 亩水稻田（两季）的项目示范基地。秸秆经设备处理后，部分产物按照土壤需求量：全部生物炭、5 公斤 / 亩木醋液免费为农民返田，可保水保肥、杀菌除害且土壤肥力指标得到提高。玉明公司的化肥使用量对比往年减少约 22.5%，即减少 117000 元的化肥购买费用；单亩粮食产量可提高 3.0%，按 2018 年水稻市场售价增收达 165600 元，基地农户由此获益。而剩余产物即 25 公斤 / 亩的木焦油、145 公斤 / 亩的木醋液归本项目所有，成功于 2018 年 11 月份与江西银河杜仲有限责任公司达成合作，以木醋液 1800 元 / 吨、木焦油 3200 元 / 吨的价格达成购销协议，用于该公司畜禽养殖废弃物治理。

示范项目成效显著。对于基地，公司扩大生产，由原来的一年一季扩展为一年两季，收入翻一番，推动基地经济发展，实现大量秸秆综合利用，积极响应国家号召；对于生态环境，经移动式设备处理后相当于减排温室气体 233.5 吨（二氧化碳当量），完全消除了秸秆焚烧带来的环境、灰霾等空气污染；对于周边农户，提供 20 余个工作岗位，帮助农民就业。

团队总收入 1167185.3 元。同时基地也带动了周边 109 户贫困户就业增收，从设备操作员、投料员到产物运至江西银河杜仲公司全阶段实现贫困户就业，为贫困农户提供更多就职岗位。

同时项目也极具特色。与传统秸秆处理方法相比，新型秸秆还田处理模式具有如下特征：

一是突出了经济化。“秸尽索能”团队自主研发的移动式秸秆微波热解多联产装备，实现了小型可移动，能解决集中化、规模化秸秆处理方式所面临的收、运、储成本高的难题，有效降低处理秸秆的成本，提高资源利用率。

二是突出了生态优化。生态环保是绿色有机品牌建设的前提保障，秸秆通过本团队设备处理后产物为生物炭、木醋液、木焦油、热解气等，生产过程没有“三废”产生，产生的生物炭和木醋液可经过简单混合制成炭醋肥直接还田。施用炭醋肥后，化肥用量可降低 30%，减少了农药和化肥使用，有效改善了土地生态环境。

三是突出了产业化发展。项目可复制性强，经过初步调研便可在全国各地建立因地制宜的示范合作项目，促使整个产业向规模化、标准化、产业化的现代农业发展方向发展。

四、所获奖项

1. 项目《秸尽索能——移动式微波热解秸秆还田工程》获得第五届“互联网 +”全国大学生创新创业大赛青年红色筑梦之旅国家级铜奖。

（团队成员：阳莎、王宇通、武俊琳、杨琦、徐佳敏、黄志杰、柯林垚、吴秋浩；指导老师：王允圃、刘玉环、陈军、温平威）

2. 移动式热解设备技术获得江西省科技处认定的科学技术成果证书，技术为南昌大学“千人计划”和“长江学者”阮榕生教授研究团队研发，国内市场上尚无同级别技术，经江西省技术厅鉴定，属于国际领先水平，具有一定的核心竞争力。

3. 本项目曾获第十六届“挑战杯”全国大学生课外学术科技作品科技发明类国家级银奖。

五、经验体会

大学生创新创业尤为艰苦，我们凭着对创业的一腔热情和满怀期待开始“不寻常”之旅。而在创业的大学生中投身于乡村振兴的团队更是尤为突出。农村脱贫攻坚、乡村振兴一直是国家大力推行的政策，我们作为青年是农村实业发展不可或缺的力量，这也印证习总书记给“‘互联网 +’青年红色筑梦之旅”大学生创业团队的回信精神。习总书记说，“青年要用青春书写无愧于时代的华彩篇章”，这不仅仅是只言片语就能做到的，它要求我们用行动来践行。我不敢说“秸尽索能”大学生创业团队未来会在这华彩篇章中占有怎样的位置，但我知道此刻路在我们脚下。

习总书记说，希望我们扎根中国大地了解国情民情。近年来我们一直走在推广实践路上，深入农村走访了 4 省，开展了 30 余场推广宣传，覆盖近万人，意向合作亩数达 22 万亩。我们希望通过努力可以让全国每年约 7.2 亿吨秸秆都能得到高效处理。

“秸尽索能”团队一直致力于解决我国秸秆资源高值化利用问题，同时利用国际先进的“移动式生物质微波热解装备技术”来进行环保、高效、连续的秸秆处理，实现了秸秆资源最大化利用，真正做到了“从土地中来，到土地中去”的绿色循环模式。同时联合乡镇县委员会、合作社将免费服务模式进行广泛复制推广。

在江西省教育厅组织的学习习近平总书记重要回信精神讲座会谈中，我们交流了“青年红色筑梦之旅”活动的初心，分享了我们作为当代青年人扎根中国农村的奋斗故事。所谓“星星之火，可以燎原”，而千万青年学子的青春火光可以让这场“燎原”来得更加猛烈。总书记说要广大青年在创新创业中增长智慧才干，磨砺意志。2018 年，我们在南昌建立 2000 亩示范项目，也陆续与 5 家公司开展技术合作，增加数百个就业岗位，我们也正从普通大学生蜕变成致力于乡村振兴的创业者。

通过创新比赛，我们借助国家和社会的平台整合资源，打开市场和知名度。团队立志在不远的将来把注册公司做强做大，使其成为中国秸秆资源化利用的龙头企业，开创中国农业可持续发展的新天地，把青年大学生激昂的青春热血洒满中国的乡村。

青年是国家的未来、是创新创业的生力军。“互联网 +”大学生创新创业大赛“青年红色筑梦之旅”活动受到党中央、习近平总书记的高度重视，南昌大学高校教师更加竭尽所能，更广泛地促进更多的大学生参与进来，让更多的大学生有机会得到创新创业的启蒙，有机会去体验创新创业过程的艰辛和喜悦；鼓励青年大学生把青春梦想融入中国梦。高校要更好地服务地方经济建设，就要主动融入地方发展，我们要发挥自身优势，结合地方的需求建立“产—学—研”结合中心，发挥理论密切联系生产实际的第一实验室，作为大学生创业的实践基地和科研成果推向创业应用的前沿阵地。

未来我们将进一步打造创业大学—高校资源—政府链条合作，从国家政策、科研技术、推广复制等方面打开项目市场，为打造一个更好的农村社会而“秸尽索能”。

（南昌大学推荐，执笔人：王允圃、阳莎）

打造“全国首家一站式养鹅技术服务平台”
——吉林省万邦鹅技术服务有限公司创业案例

一、创业背景

我国是世界鹅类养殖大国，2017 年我国鹅年出栏量占世界总量的 93.98%。国内经济欠发达地区将养鹅作为农民脱贫致富的首选项目，经济发达地区也将养鹅作为解决“三农”问题的重点项目，养鹅业正处于欣欣向荣的景象中。养鹅业是 20 世纪的朝阳产业，与国外同行相比我国养鹅市场具有很大优势和很强竞争力，是个容易做成的绿色有机食品产业。可是我国养鹅市场体制并不完善，混乱的市场经营秩序导致各地区生产不均衡、供不应求与供大于求的情况屡见不鲜。我国养鹅市场养殖模式落后、科研成果转化不到位、缺乏对市场的调控和对生产的专业性指导。养鹅是个看似简单实则比较复杂的养殖业。与畜牧业发达国家相比，与国内规模化养鸡、养猪、养牛相比，养鹅需要解决的问题还很多，达到理想目标还需相当长的时间。

在各级政府的大力支持下，万邦鹅业技术服务有限公司的“养鹅一站式”服务平台具有极大的市场潜力。公司致力于为农户解决实际问题，带动养鹅产业的发展；拉动产业链条，使市场规范化、标准化。

二、创业历程

公司创业 3 年多时间，得到了国家对学生创业的相关政策的扶持以及母校吉林农业大学各级领导的大力支持。我们从最初服务几十人到目前服务 2 万余人次，指导微信、QQ 群 100 余个，服务于 300 余个行政乡，1600 余个行政村，有幸参与省内多个精准扶贫服务工作，并得到吉视新闻、农业部、教育部、中国精准扶贫网等相关媒体报道，服务覆盖范围为东北三省，以及内蒙古自治区。

现阶段，公司以吉林农业大学鹅研大学生创新创业协会提供人才力量，吉林农业大学鹅研中心提供科技支撑的“产—学—研—教”新模式，规律性、周期性地为鹅户提供免费、科学的技术指导，为鹅户提供一站式养鹅技术服务平台，解决鹅户产销问题，改变鹅业传统养殖方式。

主营业务是为全国地区养鹅类企业免费提供鹅良种培育、规模化养殖与推广、养殖技术服务、鹅病诊疗相关技术服务（鹅病诊疗、药敏试验、抗体效价检测等）和鹅养殖技术咨询等技术服务。以用药及饲料销售等业务带来的收入为依托，借由“4CS”营销理论制定营销策略，从消费、成本、便利、沟通四个方面进行分析。同时，公司通过“1+N”的营销模式以及品牌效应进一步推进市场，突破地域限制，拓展市场。

公司聘请吉林农业大学鹅研中心孙永峰教授、隋玉健老师作为养殖技术顾问；“12316农业综合信息服务平台”专家赵立峰副教授、动物科学技术学院预防兽医教研室胡静涛副教授为疾病防治技术顾问。公司成员来自吉林农业大学动物科学技术学院吉农鹅研大学生创新创业协会，公司成员曾主持多项本科生创新创业训练项目及大学生科技创新基金项目，成员曾获全国动物科学专业竞赛二等奖，并在学术期刊上发表多篇论文，参与科技部“星火计划”等重点科研项目；公司主要成员均具有较高科研经历与相关服务。

三、运营情况

公司目前提供的技术类服务包括：

1. 养鹅技术指导：借由互联网新媒体方式宣传和介绍养鹅知识，通过微信、QQ、网站、在线课堂等即时聊天工具进行线上指导。通过图片、视频等形式传递病鹅信息，便于分析病情，提供治疗方案，有利于解决距离较远、交通不便地区养殖户的需求问题。在线问诊使团队服务全国各地不同规模的养殖户成为可能。线下服务包括走访调查各地养殖情况，询问并提供合理建议与科学指导以及与来访养殖户的面对面交流。

2. 科学用药指导：经临床剖检、病理分析进行疾病诊断，并分离出病鹅脏器中致病病原，进一步开展敏感药物检测及相关的病原学检测。解决养殖户盲目用药造成的治疗效果不理想及抗生素滥用引起的细菌耐药和鹅产品药残等问题，从而减少养殖户的经济损失。

3. 抗体效价检测：指导养殖户科学设计免疫程序，并为养殖户免疫后的鹅进行抗体水平监测，以确保疫苗免疫的效果，避免无效免疫产生的成本和造成的经济损失。

4. 消毒服务：采用定期走访示范、线上线下培训等模式，指导和帮助养户建立科学的消毒防疫制度，为清洁安全的养殖环境保驾护航。

5. 养殖情况的调查与统计分析：组织协会成员，有针对性地对养户的养殖情况进行跟踪调查，搜集和整理数据。协调各领域专家，对养户现有的养殖情况和存在问题，提供指定性建议和养殖策略规划。

公司销售类产品包括：种鹅浓缩饲料、雏鹅全价料、商品鹅育肥饲料、青（黄）贮饲料，本项目饲料与长春禾丰牧业有限责任公司合作生产（由机器人加工完成），更能满足不同鹅的营养需求。

我们直接为养殖户提供各类价格合理、质量保障的药品和抗体疫苗，有效地解决了地方兽药、疫苗掺假和价高的问题。在助力乡村振兴中，贡献了一份力量：

1. 项目服务类别：养鹅技术咨询及培训，疾病诊疗及防疫服务，企业管理信息咨询，企业营销策划鹅农免费公益提供技术指导，鹅病解剖、药敏实验，抗体效价检测服务，助力鹅农科学养殖。

2. 扶贫服务实例：精准扶贫使户均增收800元，科技下乡技术服务，成立“吉林省鹅业标准化示范联盟”，开展吉林省鹅业高级研讨班，乡土人才得以交流学习，促进良性发展。

3. 响应国家乡村振兴及精准扶贫工作，大力开展鹅业技术扶贫与产业扶贫，全链条式为扶贫单位及贫困户公益输送技术支持。

4. 大力开展鹅业乡村乡土人才及科技人才培养，定期开展吉林省鹅业高级研讨班，让“农民进大学”为乡村振兴注入“智慧动力”。进行“鹅精英”人才公益培养计划，为行业输送精英人才。二者结合，人力资源水平得到显著提升。

公司设立了“鹅精英奖学金”，助力高校人才培养。大家走出课堂，走到生产一线，更加深入地去了解行业现状和行业发展。我们培养出来的养鹅精英人才，积极地参与各级各类的创新创业比赛，并不断斩获佳绩，在科研方面也是硕果累累。为今后的学习和工作奠定了坚实的基础。

公司成立于2015年12月，项目注册资金100万元，第一年销售收入374.606万元，总成本支出费用312.15万元，利润62.456万元。第二年销售收入458.168万元，总成本支出费用333.97万元，利润124.198万元。第三年销售收入566.974万元，总成本支出费用394.79万元，利润172.184万元。

四、所获奖项

1. 所在“吉林农业大学精准扶贫团队”获2017年感动吉林特别致敬人物；
2. 第四届中国“互联网+”大学生创新创业大赛国家级铜奖；
3. 第四届吉林省“互联网+”大学生创新创业大赛金奖；
4. 第五届“创青春”吉林省青年创新创业大赛省级铜奖；
5. 第九届哈尔滨大学生创业大赛A类二等奖；
6. 第四届“创青春”吉林省青年创新创业大赛优秀奖；
7. 2018年，全国KAB大学生微创业大赛银奖；
8. 2018年，“寻访2018年大学生返乡创业英雄”十强；
9. 2019年，全国移动互联创新创业大赛总决赛项目；
10. 个人获得吉林省第十三届高校毕业生十大“创业先锋”提名奖；
11. 吉林省首批“创业之星”。

五、经验体会

杨辉，吉林农业大学鹅研中心硕士，吉林省万邦鹅技术服务有限公司负责人，一名坚信知识可以改变命运，专业助推行业，投身于生产一线，服务于养鹅业发展的“90后”。作为一名农业学子，始终将母校“明德崇智、厚朴笃行”的校训牢记于心，将“用专业知识去服务于农、服务于鹅、服务于业”作为公司发展理念。一路走来，多次科技下乡指导被误解、被质疑，都已习以为常。经过努力，我们将养鹅万事邦品牌烙入鹅农心中。一路走来，披荆斩棘，我们获得了国家以及省级举办的各项创业大赛不同奖项10余项。其中有第四届“互联网+”国家级铜奖、省级金奖。为了培养更多行业人才，助推行业发展，我们在2017年成立了“鹅精英奖学金计划”。这是自我挑战，自我荐行，自我认知，自我成长的最好证明，而创业之路，只要坚守初心，只要方向是对的，不怕路远。公司秉承“开拓创新，追求卓越，做地道产品，做厚道企业”的宗旨，以有效地满足养鹅企业咨询需求为目标，致力于打造“全国首家一站式养鹅技术服务平台”这一宏伟事业。

（吉林农业大学推荐，执笔人：陈宇）

耕读兴农，菱辟蹊径

——耕读兴侬（武汉）科技有限公司创业案例

一、创业背景

习近平总书记曾说："中国要强农业必须强，中国要富农民必须富。"在我国乡村振兴大业中，"华中农业大学青年学子可以贡献什么，如何为乡村产业发展尽一份力量"，我们一直在寻找答案。

当前，乡村只依靠自身实现"产业振兴"基本不可能，急需优质农业项目和优秀创业人才来实现内外合力，而这恰恰是华农学子们创业的广阔天地。深植我国农村，心系中国农民，我们最终确立了"以人才振兴乡村，用科技精准扶贫"的思路，并探索出"耕读兴农、科技兴乡"三部曲。第一步，从新媒体入手打通营销通道，打造"微商村"培训农民用网络销售农产品，实现电商富农；第二步，在华农专家的支持下植入科技成果，建立产业基地，生产、加工优质农产品，实现质量兴农；第三步，发掘地域文化，打造优质特色农产品品牌，实现品牌强农。

我们是一支在华中农业大学专家学者带领下的学生军，热爱农业、心系乡村，由来自不同专业的优选硕士生彭达、袁诗涵和本科生组成。我们践行"勤读力耕、立己达人"的校训，投身精准扶贫、乡村振兴事业，实地调研全国百余个乡村，并最终将湖北省浠水县作为我们植根乡村的"试验田"与"大本营"。

2016年，团队在调研过程中发现"湖北养鸡第一大县"浠水县存在鸡粪污染严重，行业亟待转型升级这一发展难题。在深入浠水四个乡镇后，我们发现因地制宜做大菱角产业不仅能够有效缓解当地鸡粪环境污染问题，还能够推动产业转型升级，极大地带动农村留守劳动力特别是贫困户就业增收。

在培训农户利用手机开展微信营销，销售自家种植的菱角并获得第一笔收入后，我们开始以贫困村脱贫和产业转型升级为目标，建设打造菱角全产业链综合扶贫项目。我们为农户免费提供菱角种苗和技术服务，签订菱角收购合同，以"订单农业"的模式保障农户利益。在尊重当地种植习惯基础上，我们引进圆菱、四角菱等优质品种，推广"菱角+鱼"立体生态种养技术，将菱角亩均产量从1500斤提高到了2000斤，菱角种植户农业收入户均增收1.8倍，户均增收2万余元。

在地方政府的支持下，我们改造养鸡场和废弃小学建设了总面积6000多平方米的"扶贫车间"，开发出青菱、即食菱角、菱角罐头、菱角粉、菱角酒、菱角膏、菱角染发剂等7大系列产品。我们与97户贫困户达成订单合作，年产菱角800多万斤，推动3个贫困村整体脱贫。“凡民俊秀皆入学，天下大利必归农”，耕产业兴乡之田，读创新科技之书，我们把论文写在中国的大地上！

二、创业历程

表1 创业历程

时间	重大事件
2016.07	耕读兴农团队正式成立，确定湖北省浠水县散花镇天井湖村为主要基地，开始创业
2016.11	耕读兴农培训农民通过微信销售菱角获得成功，获得第一批忠实支持者；开始技术攻关，寻找新品种，探索菱角种植新模式，菱角深加工方法
2017.04	耕读兴农第一批菱角下种，签约农户 52 户，合作水面 472 亩，开始种植新的品种，试点新种植技术
2017.10	耕读兴农第一批菱角收获，亩产 1550 斤，收购价 0.85 元 / 斤，售价 1.05 元 / 斤，售出 731600 斤
2018.04	耕读兴农第二批菱角下种，签约农户 93 户，合作水面 1533 亩，推广新种植技术
2018.05	耕读兴农获得种子轮融资 1000 万元，开始建设生产车间
2018.06	耕读兴农即食菱角、菱角罐头研发成功
2018.10	耕读兴农第二批菱角收获，亩产 1850 斤，收购价 1.5 元 / 斤 售价：鲜菱角售价 1.72 元 / 斤；即食菱角售价 9.8 元 / 斤；菱角罐头售价 5.8 元 / 斤；菱角粉丝 8 元 / 斤；总销售 4524490 元
2018.11	耕读兴农成功开发菱角粉丝
2018.12	耕读兴农成功开发菱角膏产品、初步试验菱角染发剂
2018.12	耕读兴农举办新品发布会，与楼兰密语、三土集团等 8 家公司达成销售合作
2019.01	耕读兴农获《人民周刊》“荆楚网”等媒体报道
2019.04	耕读兴农第三批菱角下种，签约农户 192 户，合作水面 4000 亩
2019.05	正式注册成立耕读兴侬（武汉）科技有限公司

三、运营情况

1. 运营模式

在实践过程中，我们探索出“4+”运营模式，即“政府 + 高校 + 创业团队 + 农户”。

（1）政府：授予我公司浠水县扶贫车间

扶贫车间实现了贫困群众“家门口就业、家门口脱贫”的愿望，受到贫困户的欢迎，起到不错的扶贫成效。我公司和政府取得积极联系，表达了振兴乡村的强烈愿景，得到政府的大力支持，并得到当地扶贫车间的授权和政府的项目配套，改造养鸡场和废弃小学建设了总面积 6000 多平方米的扶贫车间，用以对菱角进行深加工。

（2）高校：华中农业大学的大力支持

团队成员多数为华中农业大学学生，在与华中农业大学师生的技术研发中，我们选育出优质菱角种苗，研发菱角种植新模式，取得多项菱角产品的生产专利。经华中农业大学食品科学与技术学院严守雷副教授的技术指导，我们培育出多种菱角优质种苗，缩短菱角种植周期，提高菱角产量与质量，研发出菱角种植新模式：“菱角＋鱼”模式，在养殖菱角的水塘中进行鱼苗的投放，实现菱角和鱼的双产出。我们研发了生产菱角产品的多项专利技术，为充分挖掘菱角实现附加值提供了技术基础。所以，华中农业大学对于我公司的技术和人才支撑占据着重要地位。

图 1 团队成员盛夏与农户采菱

（3）创业团队：打造菱角种植、加工、销售、品牌延伸一条龙产业链

我们利用向农户免费提供菱角优质新种苗，以订单农业形式签订协议，保证收购其产出的全部菱角，并以此为原料进行菱角产品加工。在政府的支持下，公司获得当地扶贫车间的运营权，运营扶贫车间为菱角加工厂，引进技术设备，利用菱角产品生产专利技术进行菱角产品的规模生产。

在销售渠道上我们与“楼兰蜜语”等 8 家集团达成合作，针对不同群体进行市场划分，为其提供多种线上菱角产品售卖的货源，满足不同消费群体要求。我们还与出口公司进行合作，将菱角罐头出口英国；同时在微信小程序“天农商城”上进行菱角线上售卖。在品牌打造上，我们利用抖音等新媒体拍摄当地菱角的宣传视频并教授农户互联网营销基本知识和操作方法，打造“微商村”，提高当地菱角知名度。

图 2 团队成员与菱角加工车间管理人员交流

（4）农户：为公司生产提供生产原料及劳动力，接受公司的技术培训

农户用我们的菱角种苗进行种植，并与我公司签订协议，所产出全部菱角为我公司所收购；同时，我公司招聘当地农户作为菱角加工流水线工人，为其提供就业岗位。接受菱

角种植技术和种植模式的培训，优化其种植技能和方法，接受互联网营销技术的培训，学习简单的朋友圈文案、图片搭配设计、视频拍摄方法等，形成自己的客户群，线上售卖我公司的菱角产品，打造“微商村”。

2. 全产业链中利润如何产生

（1）“B2B”与“B2C”结合，通过线上线下多渠道进行菱角售卖

以“订单农业形式”与农户签订协议，收购农户生产菱角，并以此为原料进行产品加工。订单农业是指农产品订购合同、协议，也叫合同农业或契约农业。签约的一方为企业或中介组织包括经纪人和运销户，另一方为农民或农民群体代表。订单农业具有市场性、契约性、预期性和风险性。订单中规定的农产品收购数量、质量和最低保护价，使双方享有相应的权利、义务和约束力，不能单方面毁约。因为订单是在农产品种养前签订，是一种期货贸易，所以也叫期货农业。农民说：“手中有订单，种养心不慌。”

我公司拓展多条线上线下渠道：

线上：与“楼兰蜜语”“三土集团”“董河茶厂”“茅山螃蟹”等 8 家集团签订战略合作协议，达成合作关系，针对销售群体进行市场细分，进行线上新鲜菱角和即食菱角两种产品的售卖，满足不同消费群体需求，扩大菱角知名度以及辐射面，极大程度提升销量。

由团队开发了微信小程序“天农商城”和淘宝店铺进行售卖。公司着力“天农商城”平台的打造，树立“优质、精品、特色华中地区农产品导购平台”品牌形象，并逐渐将口碑好、信誉高的导购产品纳入自有品牌。通过严格的质量把控体系，以生态菱角生产、加工、销售、研发作为切入口，公司致力于为客户提供优质的生态农产品和特色农产品以及全面的售后服务，搭建一个涵盖产、供、销完整的电子商务链，带着农民去创业。

线下：线下向江苏、武汉、北京等地农产品集贸中心供应新鲜菱角进行销售；公司积极开拓品牌性的销售合作平台，签约大客户 11 个，实体门店 26 家，16 个社区线上团购中心。

（2）“B2B 端”，与出口公司和菱角酒公司合作

2018 年我公司与安徽省进出口技术股份有限公司达成合作，对外出口菱角罐头，出口英国。

2019 年 2 月，我公司与黄梅堆花酒业有限公司合作，向该公司供应新鲜菱角用于菱角酒的生产。

3. 如何带农民致富

（1）提供给农户新品种菱角优质种苗，并提供种植技术培训

我们向当地农户免费提供优质菱角种苗，以订单农业形式与其签订协议，约定以高出市价 5% 收购其农田菱角的全部产出，保障农户生产的菱角不会滞销，有处可销，保障其收入。同时，在农户种植菱角的周期中，我们技术部门人员会对当地农户进行菱角种植技术培训，教授其菱角种植新模式“菱角＋鱼”的操作方法，提供给农户先进的种植技术和方法，优化其种植流程，解决其在种植中遇到的问题，让菱角的产出得到更大的保障，同时

增加菱角水塘中鱼的产出，为其提供额外收入。

（2）代运营扶贫车间，打造菱角加工厂，为农户提供就业岗位

在湖北省扶贫车间设立的政策下，我们积极响应省精准扶贫的政策，取得了浠水县天井湖扶贫车间的运营权。通过运用多项生产菱角产品的专利技术，研发菱角脱壳机，菱角保鲜机等先进生产设备，大规模进行即食菱角、菱角粉丝等菱角衍生产品的加工。加工过程中所聘用的流水线人力均为当地农户，旨在为当地农户增加就业岗位，提高其收入，为脱贫攻坚贡献一份力量。

（3）教授农户互联网营销基本知识与操作方法，打造“微商村”

在互联网时代，农产品的销售也开始逐渐偏向于互联网化。公司具有多名熟悉新媒体运营和互联网营销的人才，我们输出人才对当地农户进行互联网营销基本知识与操作方法的培训，让其线上售卖我们加工的菱角产品，产生的销售利润全部让给农户，旨在更深层次带动其脱贫，为其增收提供新路径。首先，教授农户如何在微信朋友圈进行农产品文案和图片的设计，让其通过发朋友圈的形式拓宽产品的影响覆盖面，提高产品知名度；其次，教授其利用“抖音”等新媒体转发我们拍摄的宣传视频，更大范围拓宽浠水县特色产品的知名度，为农产品的销售奠定消费者基础；最后，随着农户互联网营销技术的逐步熟练运用，我们打造“微商村”，树立品牌形象，提高消费者信任度。

项目与浠水县散花镇 3 个村 97 户贫困户合作，种植菱角 1533 亩，年产量超 300 万斤，带动浠水县散花镇贫困户种植收入同比增加 1.8 倍，户均增收 2 万余元，直接推动天井湖村等 3 个村成为贫困出列村。2019 年，项目进一步扩大规模，种植面积达 4000 亩，带动周边地区 19 个村近 1000 户农户创业就业。

四、所获奖项

1. 2019 年 7 月，获第五届全国大学生“互联网＋”创新创业大赛湖北省复赛金奖；
2. 2019 年 5 月，入围“赢在南京”创业比赛武汉赛区六强；
3. 2019 年 5 月，入围杭州大学生创业大赛四百强。

图 3　第五届全国大学生“互联网＋”创新创业大赛湖北省复赛现场

五、经验体会

“乘风好去，长空万里，直下看山河。”当前农村的发展大势趋强，我们青年更是要顺势而为，为自己积累经验，为古老而又充满生机的农村注入新的力量，与最广大的农民一起，绘制中国乡村最壮丽的画卷。实施乡村振兴战略，是以习近平同志为核心的党中央着眼于实现“两个一百年”奋斗目标和中华民族伟大复兴的“中国梦”而提出的，意义重大、影响深远。

农村创业大有可为，但农村创业还有很长的路要走，乡村振兴战略的实施，应该落实到行动上。耕读兴农团队始终以“耕读兴农，科技兴乡”为理念，深耕农产品上行渠道建设，践行“勤读力耕，立己达人”的华中农业大学校训，不仅在自己的专业领域有较好的专业知识储备和较高的专业素养，而且更注重知行合一。

（华中农业大学推荐，执笔人：袁诗涵）

参植大地，致富参农
——中国太子参产业扶贫与致富带头人

一、项目摘要

柘荣县是中国“太子参之乡”，是23个省级扶贫开发重点县之一，近90%农民主要是以太子参种植业为生。本项目是为了解决当地太子参种源混杂退化、种苗质量差、种子带毒、病害日益严重等问题，受柘荣县当地政府委托，经过项目团队两代人、十余载的不懈研究，联合高校和该领域的专家权威，最终成功研发了目前国内最先进的育苗技术——“柘参3号”（新品种）脱毒苗技术。

通过此项技术可以实现：太子参生长更健壮，品质更佳，产量增长30%；药效提升约20%；农药使用量降低60%～100%，由此带来太子参每公斤价格提升15元，每亩太子参干品收入增加1200～2400元的良好收益。

公司通过“公司+基地+农户”模式，为当地参农“统一提供种苗”“统一技术指导”“统一保护价收购”进行标准化规范化种植，“四位一体”成熟完备的产业链为本项目保驾护航，通过产品的精深加工提升了太子参的附加值。

项目实施以来，已在柘荣的6个乡（镇）推广应用。自建种子种苗繁育基地3个，中药材生产基地9个，面积共6269亩，产量596吨，销售额5203万元（2016—2018年数据）。

项目于2016年成为福建省扶贫协会的扶贫挂钩联系点，通过科技助力、产业升级、推广太子参新品种，并利用吸纳用工、委托种植、与村种植专业合作社合作发展来辐射与带动等形式进行帮扶。

项目扶贫效果显著，与挂钩凤洋村的13户61人签订帮扶合作协议，已完成全部脱贫；通过“村企合作，产业扶贫”，新品种“柘参3号”的推广，辐射带动500户，惠及农户1600人，带动贫困人口增收15800元，合计增收1420万元；提供岗位300个，开展技术培训帮扶1500人，辐射与带动30000余人次。带动合作村的村财增值，村财政从2015年的零收入到2018年实现18.3万元的突破；优质种参不用或者少用化肥，对生态环境起到很好的保护作用；企业积极助推凤洋村完成“幸福院”、村中心广场等建设，赞助的“柘荣太子参采收节”在凤洋村已经连续成功举办三届，有效助力“美丽乡村建设”。本项目获第五届中国“互联网+”大学生创新创业大赛“青年红色筑梦之旅”赛道银奖。

图 1　获第五届中国"互联网 +"大学生创新创业大赛"青年红色筑梦之旅"赛道银奖

二、项目概况

（一）项目概况

项目注册资金 2000 万元，注册地址福建省柘荣县制药工业园区，公司下设质量部、生产部、行政部、财务部、供应部、销售部，公司现有员工 40 人，其中技术人员 11 人，占员工总数的 37.9%。高级职称 2 人，中级职称 4 人，初级职称 5 人。公司拥有《药品生产许可证》，批准生产品种 148 个，设计年生产能力为 500 吨。公司于 2013 年通过国家食品药品监督总局新版 GMP 认证，是福建省中医药大学合作中药饮片产业教学、实践基地。

图 2　福建海诚药业有限公司

（二）厂区概况

厂区位于福建省柘荣县制药工业园区，占地面积约 6384 平方米，建筑面积 2733 平方米，其中饮片生产车间面积 1230 平方米。仓储面积 974 平方米，分别设置有阴凉库（包括药材、成品、退货库）、冷库、常温库（包括药材、成品、辅料、包材等库区）等不同储存环境的库区。其中，检验室面积 466 平方米。

图 3　岗位员工严格按照标准化流程对产品进行分拣

（三）生产能力

公司生产范围为普通中药饮片生产（无毒性药材生产和直接口服中药饮片生产）。炮制范围包括净制、切制、炮炙（炒、炙法、制炭、煅、蒸、煮、炖、煨）。年生产能力可达 500 吨，设计以柘荣县道地药材——太子参为主产品。目前，已完成相关硬件建设、软件制定、人员招聘和培训等项工作。基本达到办公场所宽敞、明亮、整洁的标准。生产环境卫生、工艺布局合理，设备设施齐全。并有与生产规模、产品范围相适应的生产车间、检验室和物料仓库，配备了与生产规模、产品生产相适应的专业技术人员，拥有一套完善的管理、标准操作规程。

三、项目创新

（一）技术创新

1. 育种技术创新

为了解决当前种参带毒难题，当地政府委托公司开展技术攻关。经过 2 年多的努力，柘参 3 号应声而出，并于 2014 年 6 月通过了省农作物品种审定委员会的认定。2015 年 10 月，太子参脱毒育苗技术取得省农作物品种认定书，这也是目前最先进的太子参育种技术。

（1）技术原理

目前所推广种植的“柘参 3 号”是以“柘参 1 号”品种（2 倍体）为材料，通过染色体加倍或四倍体选育而成（新品种）；

图 4 实验室组培脱毒苗

- 人工杂交授粉，杂交种子种胚离体（太子参脱毒苗及育种技术）；
- 种质脱毒提纯复壮，太子参种根茎尖脱病毒诱导培养。

图 5 太子参种根茎尖脱病毒诱导培养

（2）技术推广

2015 年起在柘荣县英山乡凤洋村、东源乡东源村等地多年、多区域试验，已向柘荣县 6 个乡（镇）推广。

（3）技术效益

品质和产量：太子参生长更健壮、块根更大、“柘参 3 号”平均亩产（干品）108.14 公斤，比对照“柘参 1 号”增产 30%。

药效：太子参总浸出物含量达到 45%，“柘参 3 号”浸出物比“柘参 2 号”多 20% 左右。

抗病性：“柘参 3 号”相较往年 1 号、2 号的太子参，它的留种时间更长、营养成分更高、块根也更大，经过脱毒以后，它的种苗更健康，不容易得病。

农残情况：农药的使用率将大大降低，平均农药使用量降低 60% ～ 100%；只要严格按照种植要求，“柘参 3 号”除了日常田间管理外，不需要施打任何抗病毒农药。

增收：收购价达到每公斤 25 元，多了 15 元左右；每亩太子参干品收入增加 1200 ～ 2400 元。

“柘参 3 号”的推广种植将带来显著的经济效益，为山区参农脱贫致富和发展林下经济做出积极的贡献。

2. 产品创新

目前，柘荣太子参仍主要以原材料出售，从事精深加工的企业不多，且生产的产品单一，附加值不高，使其产业链延伸受到严重制约。项目与高校科研机构校企合作或与其他行业异业合作，开发出了系列衍生产品，提高了附加值。

太子参饮片（主打产品）

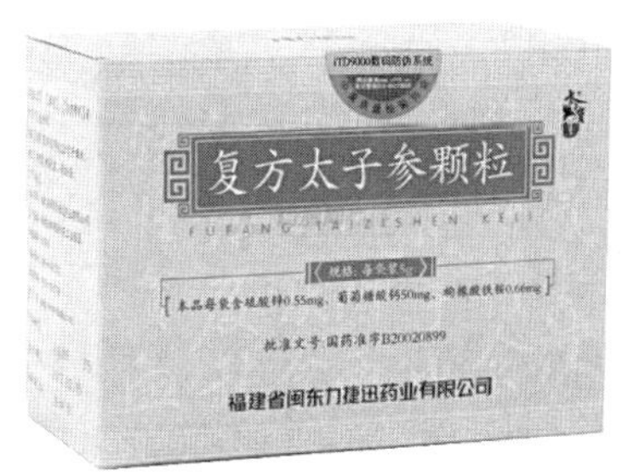

复方太子参颗粒（已获国家批准上市）

系列美妆产品（已获国家发明专利）

系列保健品食品（异业合作孵化中）

图 6　太子参系列产品

以上是我们的部分产品展示，其中，太子参饮片是我们的主打产品；复方太子参颗粒已获国家批准上市；与福州拉丽莎化妆品有限公司合作推出的太子参系列美妆产品，核心技术已获国家发明专利；与福建汉唐源食实业发展有限公司合作研发太子参药食同源功能性食品，广受好评。项目还积极与福建中医药大学的胡娟教授等专家展开合作与互动，探索太子参更广泛的应用。目前已取得的成果有:“一种太子参提取液的制备方法及其在抗皱化妆品中的应用”“一种促进胰岛细胞分泌胰岛素的太子参均一多糖及其用途”“一种益气养阴复方太子参保健酒”“一种治疗和改善睡眠功能障碍的太子产品”等。

3. 加工工艺创新

为进一步提升加工效率、规范加工流程，项目持续投入对加工工艺进行创新，并取得了系列成果，其中获得 7 项实用新型专利。详见表 1。

表 1　实用新型专利

专利类型	序号	专利名称
实用新型专利	1	中药材的碎药装置专利
	2	智能型中药材切割机专利
	3	中药材的清洗装置专利
	4	中药材新型烘干装置专利
	5	新型药材振动筛选装置专利
	6	新型煮药装置专利
	7	新型中药材切割装置专利

（二）产业创新

针对当前太子参产业链延伸不足，本项目经过多年的积淀最终形成了“四位一体”成熟完备的产业链：新药研发→中药 GAP 种植→中药饮片 GMP 生产→药品专业配送→终端销售，实现农、工、贸、医、研最高完整度的产业链，更好地延展产品的产业链。

1. 育种：“柘参 3 号”发明单位

（1）国内最领先的育种技术提升种苗质量

鉴于目前普遍存在的种参带毒、种参退化问题，项目通过技术创新进行提升。本部分在前文已展开，此处不赘述。

图 7　育种

（2）良种的产业化生产

新品种的培育和技术的研发，需要有良好的软硬件条件来支持产业化生产。为此，公司建立了全国太子参种质资源库、1300 平方米太子参良种工厂化繁育中心。

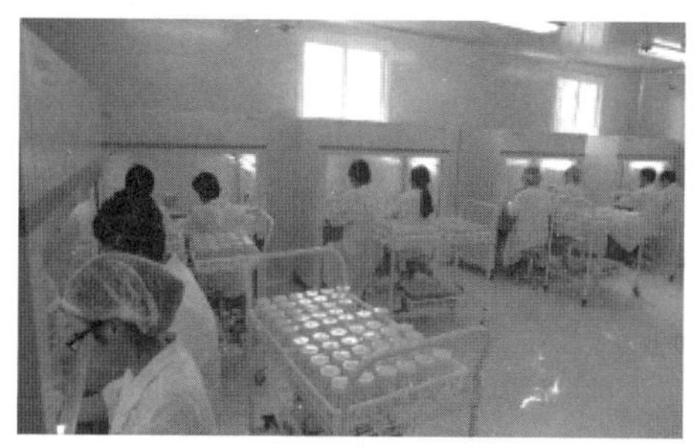

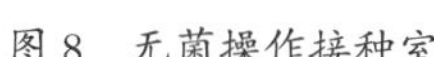

图 8　无菌操作接种室

图 9　人工光照培养室

全国太子参种质资源库：收集全国各产区太子参种质（种子和种根），“柘参 1 号”“柘参 2 号”、贵州种、安徽种、农家种等人工杂交授粉，杂交种子种胚离体。基于国内当前太子参基源情况，联合高校、科研机构研发太子参脱毒苗技术并成功培育太子参新品种。

图 10　太子参各种质（种根）

图 11　建立种质资源圃（室外）

太子参良种工厂化繁育中心：公司目前已有 1300 平方米太子参良种工厂化繁育中心。

图 12　太子参脱毒种根的大田扩繁生产

2. 种植：全国首批太子参道地药材 GAP 认证企业

• 建立无公害种植过程田间管理、投入品施用（水、肥料、农药等）。

• 建立满足优质产品生产的GAP太子参种植基地：通过“土地流转、村企合作、公司+农户”等模式，在英山乡凤洋村、太阳村、川木洋、秀家宅等地，建设太子参1086亩种子种苗繁育基地和5000亩GAP太子参种植基地。

图13　5000亩GAP太子参种植基地良好规范

3. 加工：300 吨优势加工能力

项目优化加工工艺，规范加工、生产、包装、仓储流程，拥有2700平方米厂房和车间，太子参饮片标准化示范生产线，加工能力可达300吨。项目是福建省首批通过新版GMP认证的中药饮片企业。

规范太子参采收、产地加工，通过太子参工艺和太子参包装及仓储规范的研究，参与拟定：

• 太子参产地加工规范（草案）；

• 太子参饮片生产工艺规程；

• 太子参药材包装及仓储规范（草案）。

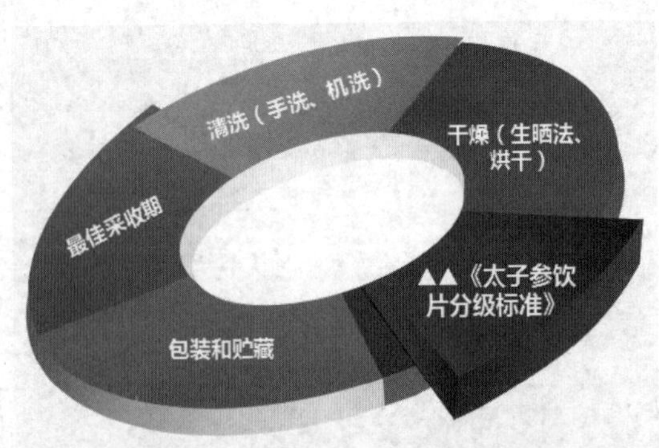

图14　太子参饮片生产规范及标准

4. 销售：饮片为主深加工为辅，内外渠道销售并行

（1）产品：中药饮片为主，原材料和精深加工为辅。

（2）渠道：

• 主销：同仁堂、康仁堂等知名药企；国医堂、省立医院等大型医疗机构，共 2000+ 个下游渠道。

• 内销 85%，外销 15%。

图 15　销售渠道

四、扶贫模式

（一）分层次扶贫

针对不同层次采取不同扶贫措施。

1. 核心层扶贫：由公司集中挂构村农民自愿流转出的山地、耕地，在上面建立优质太子参生产园区，目前在凤洋村挂钩村流转土地 711 亩作为核心基地吸收村民就近就业，增加收入。

2. 辐射层扶贫：实行“公司 + 基地 + 合作社 + 农户”的运作模式。通过乡政府引导全乡 10 个农民专业合作社 700 多户种植太子参新品种“柘参 3 号”，由公司提供种苗和技术，社员负责耕作和管理，发展太子参、林下经济等中药材种植，着力打造中药材种植专业村，建立特色产业基地，带动建档立卡的扶贫户脱贫和为其他农户增收。

3. 带动层扶贫：充分利用在村建立的扶贫中药材加工厂，为更多的农民提供工作岗位和帮助；大力宣传太子参收购，吸纳全县群众进行太子参交易，增加农户收入。

（二）开拓创新扶贫

为鼓励扶贫户发展经济，激发贫困人口的内生动力，促进群众增收，与英山乡政府共同研究扶贫方案和措施，使得脱贫工作更有实效性。

1. 实施园区扶贫

在太子参基地内建立产业扶贫园，采取园区扶贫，吸纳扶贫户在园区务工，进行园区承包种植、委托种植等方式进行扶贫。

2. 提供政策保障

公司提供挂钩“村入园”的建档立卡扶贫户住宿，免费到县中医院体检；对子女入学困难的，开展助学；优先录用不影响手工劳作的残障人士。

3. 发挥辐射作用

推行“公司 + 合作社 + 农户”运作模式，采取在企业务工、承包种植、委托种植等经营形式，带动全乡流转 2000 多亩“村企共建”的种植基地吸纳用工，使基地周边农户实现增收，达到“企业发展、群众增收、互促共赢”的目标。

五、扶贫成效

（一）项目盈利

项目实施以来，自建种子种苗繁育基地 3 个，中药材生产基地 9 个，面积共 6269 亩，产量 596 吨，销售额 5203 万元。

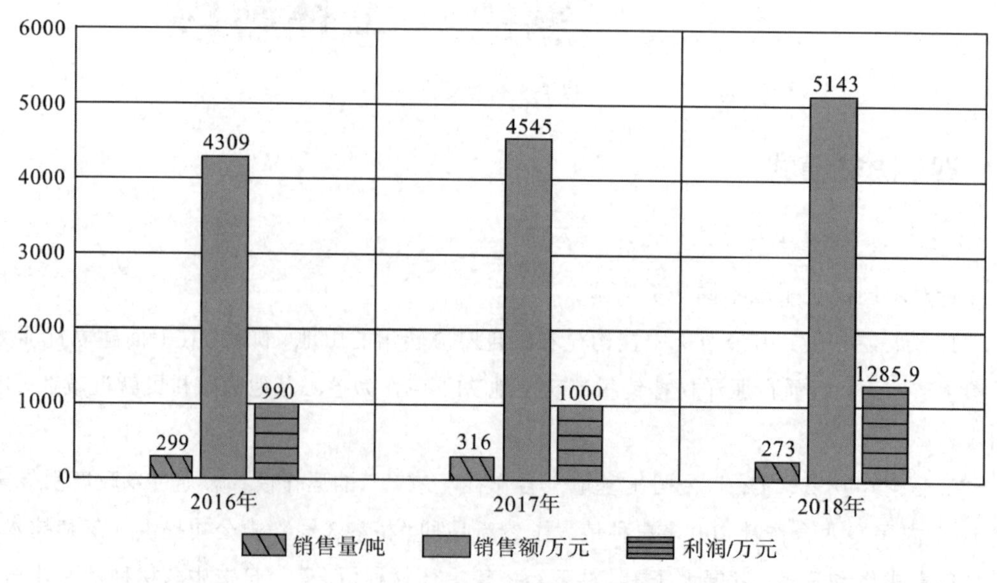

图 16 2016—2018 年销售情况

（二）扶贫增收显著

扶贫效果突显。与挂钩凤洋村的 13 户 61 人签订帮扶合作协议，已完成全部脱贫；通过“村企合作，产业扶贫”，新品种柘参 3 号（特点：个头大、品质好、产量高）的推广，辐射带动 500 户，惠及农户 1600 人，带动贫困人口增收 15800 元。

（三）产业发展上规模

本项目于 2016 年成为福建省扶贫协会的扶贫挂钩联系点，通过科技助力、产业升级、推广太子参新品种，并利用吸纳用工、委托种植，与村种植专业合作社合作发展来辐射带动等形式进行帮扶。

产业发展上规模。我司已建立太子参特色产业基地 3000 多亩（主要分布在英山乡凤洋村、岭头村、田头洋村、黄柏乡川木洋村等），辐射带动面积达 15000 多亩。

图 17　项目发展规模

（四）集体经济增强

集体经济增强。依托我司的有效经营，采取土地租金、财产性分红等措施，带动合作村的村财政增值，村财政从 2015 年的零收入到 2018 年实现 18.3 万元的突破，促进村集体经济发展。

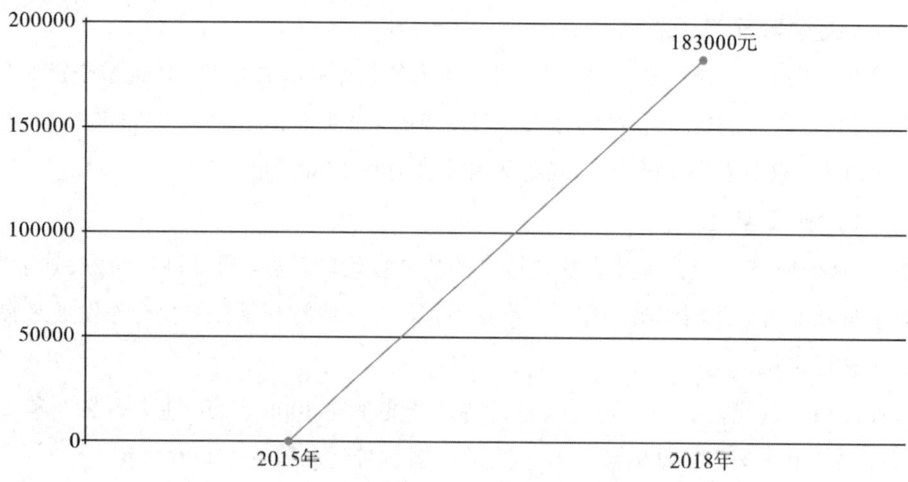

图 18　英山乡凤阳村村财增长情况

（五）助力“美丽乡村”建设

企业积极助推凤洋村完成“幸福院”、村中心广场、村口标志性石碑、防洪堤、高杆路灯等建设，赞助“柘荣太子参采收节”在凤洋村已经连续成功举办四届，为柘荣太子参在全省乃至全国提高了宣传影响力，让更多的人了解柘荣太子参，推动太子参产业发展；有效促进村庄“新、绿、亮、洁、美”水平，实现乡风文明、安居乐业并共奔小康目标。

图 19　首届柘荣太子参采收节

（六）助力生态环境保护

太子参在柘荣栽培已有近百年的历史，长期采用块根进行无性繁殖，普遍存在的太子参的种质退化、病害严重、产量和品质逐渐下降的问题。目前，在太子参栽培生产上，种参质量低劣是迫切需要解决的问题，广大太子参种植户对太子参优良品种的优质种参的呼声很高。项目推广使用的优质种参病虫害少，农药使用量比常规降低60%，不用或少用化肥，生产的太子参不仅产量高、品质优、商品性能好，而且对生态环境有一定的保护作用。

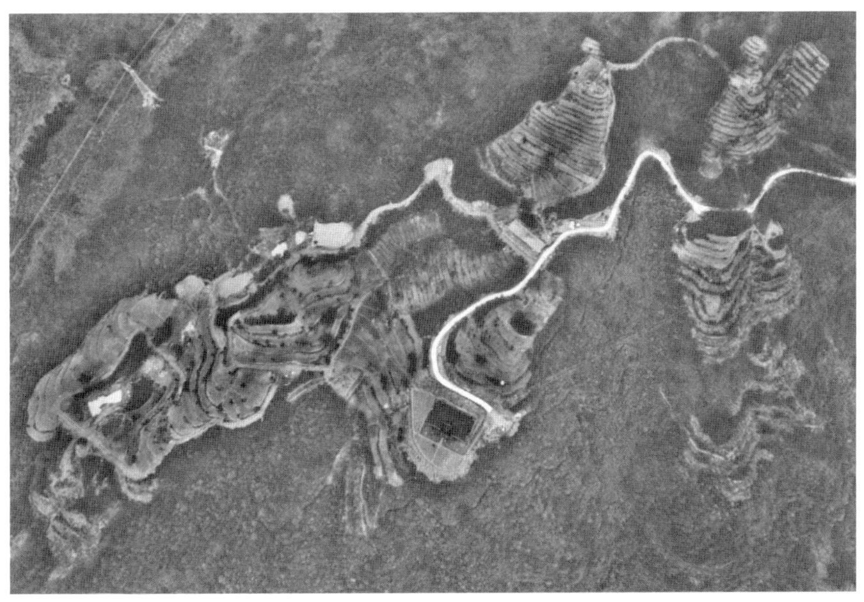

图20　“凤洋基地”的建设规划，充分考虑到生态环境的承载能力，由于柘参3号种质优势，不用农药或少用农药，从源头上把好环保关

六、所获奖项

本项目参与大学生创新创业赛事以来，先后斩获省级、国家级奖项，如图21、图22、图23所示。

获奖证书

应雄、田源洋、赵晓燕、代林春、秦祥祥、余秋纯、江美玲

你们的作品《“参而为民”——太子参产业化扶贫实践者》在“网龙杯”第五届福建省“互联网+”大学生创新创业大赛中荣获

金奖

指导老师：胡娟、何洁、毕建敏

特发此证，以资鼓励。

主办单位：

福建省教育厅、福建省中华职业教育社、福建省委统战部

福建省委网络安全和信息化领导小组办公室、福建省发展和改革委员会

福建省工业和信息化厅、福建省人力资源和社会保障厅

福建省农业农村厅、福建省知识产权局、共青团福建省委

福建省“互联网+”大学生创新创业大赛组委会

二〇一九年八月

图21　第五届福建省“互联网+”大学生创新创业大赛金奖

获奖证书

应雄、田源洋、赵晓燕、代林春、秦祥祥、余秋纯、江美玲

你们的作品《“参而为民”——太子参产业化扶贫实践者》在[illegible]福建省“互联网+”大学生创新创业大赛中荣获

精准扶贫奖

指导老师：胡娟、何洁、毕建敏

特发此证，以资鼓励。

主办单位：

福建省教育厅、福建省中华职业教育社、福建省[illegible]

福建省委网络安全和信息化领导小组办公室、福建省[illegible]

福建省工业和信息化厅、福建省人力资源和社会保障厅

福建省农业农村厅、福建省知识产权局、共青团福建省委

福建省“互联网+”大学生创新创业大赛组委会

二〇一九年八月

图22　第五届福建省“互联网+”大学生创新创业大赛“精准扶贫奖”

图 23　第五届中国“互联网 +”大学生创新创业大赛“青年红色筑梦之旅”赛道银奖

七、经验体会

“青年红色筑梦之旅”是以“红色”为主题，鼓励青年学生扎根中国大地，了解国情民情，走好新一代年轻人的长征路。以“筑梦”为主旨，把青春梦融入“中国梦”。从更大范围、更高层次、更深程度上推动创新创业教育与思想政治教育相融通，走进革命老区、农村地区，接受思想洗礼、学习革命精神、传承红色基因，将高校的智力、技术和项目资源辐射到广大农村地区，推动当地社会经济建设，助力精准扶贫和乡村振兴。中医药事业发展亦大有可为，作为中医药人更应肩负起社会担当，努力推广与发展中医药文化与先进技术，以创新创业为平台，主动投身到社会发展的各项事业中去。

（福建中医药大学推荐，执笔人：田源洋、毕建敏、何洁）

“创”出精彩，扬梦远航

——“水肥一体化智能管理团队”创业案例

一、创业背景

近年来，我国农业大田土地生产集约化势头迅猛，耕作精细化的要求不断提高，国家对发展节水农业十分重视，并为此陆续出台相关政策。农业农村部、工信部相继颁布《到2020年化肥使用量零增长行动方案》和《关于推进化肥行业转型发展的指导意见》，为肥料行业转型升级和水肥一体化发展指明了方向。

当前，国家已明确把合理利用水资源上升到农业发展的战略高度，强调合理调节科学用水、高效用水，提高水资源的利用率，着力加快农田水利基础设施建设，推动农业产业化向更高层次迈进。作为一项农业新型技术，其节水高效的优势显而易见，但成本、技术、产品等方面的限制也制约了其快速推广应用的步伐。

（一）“水肥一体化”发展现状

1. 发展现状

近年来，通过“水肥一体化”技术试验示范，在不同区域、不同作物开展系列试验研究，全国形成了多种适用技术模式。

以山东省为例，从1997年开始试验示范水肥一体化技术，为适应不同水源条件、不同管理条件、不同作物的“水肥一体化”技术发展需要，探索出了8种技术应用模式，制定了设施蔬菜和果树6种作物“水肥一体化”技术规程（地方标准）。据我省试验示范及应用情况统计，设施蔬菜和果树较常规对照增产20%以上，每亩节水50～200立方米、节肥20～60千克，2017年山东省加大财政扶持力度，提出财政补贴1亿元资金用于水肥一体化应用，全省推广面积约200万亩。

2. 存在问题

目前，大田粮食作物水肥结合高产高效机理研究较少，管理技术水平低，仍处于半自动化甚至粗放状态，无法实现科学精准智能化管理，大田智能化管理市场空白，亟须推出智能型水肥一体化设备改变这一现状。

国内现有水肥设备存在以下问题：

一是缺乏数据支撑，大田作业不精细。市面上针对大田作物的水肥设备由于缺少以科研大数据为支撑的决策系统，在实际应用中得不到认可，无法精确用水用肥。

二是一次性投入较大，农民认识亟须改变。蔬菜基本设备亩投入1500元左右，果园1200元左右，麦田500元左右。部分农民认为一次性投入大，且节水是国家的事情，在没有体会到省工、省时、增产、增收等切身利益时，主动采纳的意愿不强。

三是设备不配套，专用肥料价格偏高。由于目前设备采购多样化，质量参差不齐，企业安装设计不够规范，造成施肥器、水泵类型、过滤器、输水管网等设备不匹配，影响设备的使用效果和使用年限。还有企业重销售而轻服务，尤其是低价中标后，企业售后服务难以保障。专用肥价格较高、品种偏少、针对性差，农民使用积极性不高。另外，我国农业生产集约化程度低、分散经营也限制了自动化精准灌溉施肥设备的发展。

四是技术要求高，培训服务不到位。“水肥一体化”对农民来说是一项新技术，涉及田间工程设计，设备选择、购买、安装、使用、维护及肥料选择等一系列问题。由于缺乏系统的培训，许多农户担心无法正确使用，影响了农民使用“水肥一体化”设备的积极性。

（二）“水肥一体化”行业分析

1. 设备及技术分析

“水肥一体化”是一项设备建设涉及灌溉、施肥等多方面的综合技术。

灌溉设备。灌溉设备系统的建立是“水肥一体化”的基础，在设计方面，要根据地形、田块、单元、土壤质地、作物种植方式、水源特点等基本情况，设计管道系统的埋设深度、长度、灌区面积等。“水肥一体化”的灌水方式可采用管道灌溉、喷灌、微喷灌、泵加压滴灌、重力滴灌、渗灌、小管出流等。

施肥设备。在田间要设计定量施肥，包括蓄水池和混肥池的位置、容量、出口、施肥管道、分配器阀门、水泵肥泵等。肥料可选液态或固态肥料；固态以粉状或小块状为首选，要求水溶性强，含杂质少，一般不应该用颗粒状复合肥（包括中外产品）；如果用沼液或腐殖酸液肥，必须经过过滤，以免堵塞管道。

灌溉施肥的技术操作：

（1）肥料溶解与混匀：施用液态肥料时不需要搅动或混合，一般固态肥料需要与水混合搅拌成液肥，必要时分离，避免出现沉淀等问题。

（2）施肥量控制：施肥时要掌握剂量，注入肥液的适宜浓度大约为灌溉流量的 0.1%。例如，灌溉流量为 50 立方米 / 亩，注入肥液大约为 50 升 / 亩；过量施用可能会使作物死亡，造成环境污染。

2. 环境分析

近年来，中央高度重视“水肥一体化”技术推广。2012 年国务院印发《国家农业节水纲要（2012—2020）》，强调积极发展水肥一体化。2013 年农业部办公厅印发的《水肥一体化技术指导意见》明确指出：按照转变农业发展方式、建设生态文明要求，着力推进水肥一体化技术本土化、轻型化和产业化。2014 年中共中央、国务院印发的《关于全面深化农村改革加快推进农业现代化的若干意见》提出，要以解决好“地少水缺”的资源环境约束为导向，深入推进农业发展方式转变。2017 年“中央一号”文件《关于深入推进农业供给侧结构性改革加快培育农业农村发展新动能的若干意见》指出，推行绿色生产方式，增强农业可持续发展能力，引领现代农业快速发展。“十三五”时期，“水肥一体化”将全面发力。

公司的按需补灌“水肥一体化”专家辅助决策系统及“水肥一体化”相关设备与国家农业绿色发展、可持续发展、现代化发展的政策要求高度契合，是建设现代农业不可或缺的部分，是国家“十三五”和中长期发展纲要等相关政策重点支持的领域。

二、创业历程

初到大学时，几个怀揣着创业梦想的学生走到了一起。我们来自农村，深知面朝黄土背朝天的种植方式对农民而言是多么艰苦，因此立志要改变这一现状。来到山东农业大学农学院后，我们参与到了王东老师课题组进行具有代表性作物节水节肥的研究，参与了相关设备的研发，并前往山东省兖州区小孟镇史家王子村和肥城市边院镇南仇村等20个具有代表性的地区，选用黄淮海地区大面积种植的高产冬小麦品种“济麦22”。在播种期以生长季雨养处理为对照进行补灌试验，进行数据采集与分析，推出以“水肥一体化”技术、3s技术、农业专家系统等结合的“水肥一体化”智能管理系统，计划通过传感器采集作物生长信息、专家系统后台云计算、智能施肥机自动进行分区灌溉来自动为用户提供一整套量化方案。在满满的期待下，我们开始了创新创业之路。

因为热爱，一群人走到了一起成立了“水肥一体化智能管理系统”创业团队；因为越来越多的人热爱，团队越来越强大。2016年起，我们开始将理论和想法付诸实践，一步步走向基层，走进农村，公益与经济并行，我们一直在为2021年成立公司打基础，而且效果显著，推广范围在不断扩大。

拟成立的山东岁丰年稔生态农业科技有限责任公司将采取“三步走”式发展战略，目前第一阶段接近尾声，正处于一、二阶段转化衔接阶段。总体阶段分为前、中、稳定期，通过为期几年的发展，公司将成为以按需补灌“水肥一体化”专家辅助决策系统为核心，集研发与生产“水肥一体化”相关产品为一体的现代农业技术企业。发展阶段规划如下：

（一）前期（2017—2021年）：成立运营，建立机制

山东岁丰年稔生态农业科技有限责任公司计划于2021年成立，并开始正式运营。根据产品特性结合市场分析，公司前期市场定位在黄淮海地区推广冬小麦和夏玉米按需补灌“水肥一体化”技术。可通过媒体渠道进行产品宣传，根据顾客需求定制生产，根据特定的作物和环境条件设计最优产品。经过一段时间的发展，公司将会在黄淮海地区拥有一定知名度和社会效应。

（二）中期（2021—2023年）：注重合作，拓宽市场

中期是企业在初期资金和技术积累基础上的快速发展时期，这时的产品在山东省乃至黄淮海地区已占有一席之地，同时利用阿里巴巴等网络销售等方式进军全国市场。产

品不仅要在各大生态农业公司推广，而且产品还可以通过代理进驻各城镇，扩大机械的使用范围。在企业飞速发展阶段，要积极完善产品，开发新产品，使企业稳固地发展下去。

（三）稳定期（2023—2028年）：搭建平台，集约联盟

随着“水肥一体化”技术的不断发展，集中一体化生产更是成为趋势。针对这种情况，公司将加入生态农业联盟，增大公司优势。随着土地集约化不断扩大，“水肥一体化”技术必将引领农业的发展方向，公司必将成为行业领导者。

二、运营情况

目前，团队处于前期储备阶段，前期工作效果显著，基础良好。

团队于2016—2018年三年，在泰安、滕州、淄博、莱州、德州等全省20地地市推广试用“水肥一体化”设备。硬件累计推广1200亩，平均每亩增产小麦42公斤，累计增产5.04万公斤，新增产值11.6万元；网站累计推广2000余万亩，新增产值10.6亿元。同时，团队深入肥城、寿光、莒南、郯城、莱州等县市，开展实地调研，进行项目实地对接，助力乡村振兴。

经济社会效益预测：农作物的生长离不开土壤、水、肥等资源，能否高效利用这些资源优势关乎我国农业可持续发展的全面实行。如何提高化肥利用率，特别是结合节水农业的发展，既要高效利用化肥，又要节约珍贵的水资源，减少水肥资源的浪费，减少环境污染。为此“水肥一体化”技术是发展现代农业的重要途径。

在小麦、玉米等大田作物上，作物高产高效的机理研究较少，灌溉技术有待提高，尤其在大田作物智能化管理方面表现为专利空白。因此谁掌握了最新的技术，谁就能快速地占领市场，我公司拥有众多发明专利和成熟的技术支持，更依托以山东农业大学国家重点实验室多年科研大数据为支撑的专家辅助决策系统，整体效率提高。一旦成立将会占据巨大市场，产生巨大的竞争力，市场前景与发展空间十分广阔。

以种植500亩地5年期为例，500亩地5年纯收入增加76.2万元，设备成本5年40.3万元，500亩地5年净收入增加35.9万元。

团队成员包括指导老师王东教授，行业顾问刘立均经理以及来自农学、植科、机电、计算机、资环等不同专业的本科生和硕士生组成。团队将成立科技研发部、产品生产部、市场推广部、人力资源部、财务会计部等5大部门，各部门之间分工明确、相对合理。

团队将与山东农业大学王东老师课题组建立合作关系，利用科研经费进行网站的升级和数据的更新。与此同时，团队与东禾公司进行合作，将其公司生产的施肥机、微喷带等水肥一体化设备通过本团队进行售卖来获得经济效益。根据成本、性能、市场竞争者情况和公司营销目标制定不同的价格，核心产品价格如表1所示。

表 1　核心价格表

产　　品	价　　格
小麦专用型微喷带	0.95 元 / 米
加强护翼型微喷带	2.1 元 / 米
双桶溶混型施肥机	12000 元 / 台
决策系统会员	1000 元 / 人 / 年

主要财务报表预测如表 2 所示。

表 2　利润表　　单位：万元

	第一年	第二年	第三年
一、营业收入	230	590	1900
减：营业成本	104	239	698
营业税金及附加	13	40	137
销售费用	30	88	278
管理费用	21	58	213
财务费用	9	21	66
二、营业利润（亏损以“—”号填列）	56	144	508
加：营业外收入	0	0	0
减：营业外支出	0	0	0
三、利润总额（亏损总额以“—”号填列）	56	144	508
减：所得税费用	14	36	127
四、净利润（净亏损以“—”号填列）	42	108	381

四、所获奖项

• 第五届山东省“互联网 + ”大学生创新创业大赛省级银奖。

• 第二届全国农科学子创新创业比赛二等奖。

所获奖项如表 3 所示。

表 3　所获专利表

序号	专利名称	专利号
1	小麦专用微喷带	ZL201220356553.7
2	一种微喷带铺放卷收两用机	ZL201510011424.2
3	一种微喷带进退铺卷两用机	ZL201510011481.0
4	一种微喷带推摇收放两用机	ZL201510012375.4
5	一种宽边嵌丝微喷带悬挂升降系统	ZL201510170293.2
6	一种单边可悬挂微喷带灌溉系统（发明专利）	ZL201510169875.9

续表

序号	专利名称	专利号
7	一种基于微喷带灌溉的可升降水肥一体化系统	ZL201510170459.0
8	适用于地面灌溉水肥一体化的便携式溶肥注肥机	ZL201610592055.5
9	适用于高压喷灌水肥一体化的便携式溶肥注肥机	ZL201620789435.3
10	小麦玉米周年生产变量肥水一体化灌溉系统	ZL201410499375.7
11	一种水肥药一体化灌溉系统	ZL201510170292.8
12	多角注肥旋涡混匀器	ZL201620539284.6
13	肥料研磨搅打溶混泵	ZL201620535363.X
14	一种充电式小型电动旋涡搅拌注肥器	ZL201520016481.5
15	肥料精确定量智能搅磨循环溶混系统	ZL201610389641.X
16	水肥一体化远程控制和智能管理系统	ZL201610387766.9
17	一种液压驱动喷管喷雾机	ZL201510818593.7
18	作物按需补灌水肥一体化智能管理决策支持系统（著作权）	登记号：2016SR249669

项目：本项目核心产品共获发明专利12项，实用新型专利5项。

五、经验体会

每个人大学期间都有一段难忘的回忆，而令我们印象最为深刻的便是这一段双创经历。

2018年，全国“互联网+”大学生创新创业大赛设立了“青年红色筑梦之旅”赛道，旨在帮助农户脱贫增收，这一宗旨与团队科技支农、助力乡村振兴的初衷不谋而合。本着以赛促学、以赛促创的目的，我们积极参与“红色筑梦”之旅活动，深入田间调查水肥一体化的推广情况，利用暑期“三下乡”的机会前往肥城、寿光、莱州等地开展实地调研，面向农户免费开展“水肥一体化”系统培训，发放使用手册累计600余册，收集农户对“水肥一体化”的认识和推广问题30余条。我们认真梳理每一个问题，却发现由于注重于理论和数据采集，“水肥一体化”设备的高投入阻碍了项目的推广。因此，“水肥一体化”系统想要真正落地还面临着不少的挑战。但困难没有使我们放弃，我们多次和老师探讨问题，寻找解决方案，走访了当地农业局、农业生产合作社、当地种粮大户以及普通农户，进行面对面交谈，收集农户对设备的意见，并加以改进，重点寻找解决项目推广落地的措施。

在第五届“互联网+”大赛的备赛过程中，我们认真听取专家评委的意见，反复打磨、一次次修改，有时候在工作室一坐就是一天。在全体成员的共同努力下，我们走过了院赛、校赛，并实现了突破，站到了省赛舞台上，拿到了省级银奖。

凭借着高科技含量的技术水准、清晰的创业思路，我们在全国农科学子创新创业大赛中一路过关斩将，以华东地区复赛第一名的成绩冲进了全国总决赛，并取得全国二等奖的好成绩。这一次又一次的奖项，不仅是对我们长期付出的回报，更是艰苦创业之路的开始。在创新创业这条路上，我们会一直走下去，一步步落实项目，助力乡村振兴，创出青春的精彩，扬起梦想的航帆，不断前行！

（山东农业大学推荐，执笔人：程璐、李秋源、王恒通、王守冉）

"90后"牛倌勇当牧民致富领路人

——记锡林郭勒职业学院畜牧兽医专业毕业生刘志强

一、创业背景

刘志强，男，蒙古族，内蒙古锡林郭勒盟正蓝旗人，2016年毕业于锡林郭勒职业学院畜牧兽医专业，三好学生、优秀学生干部。刘志强毕业时放弃了伊利公司的高薪聘请，回到家乡创业养牛，艰苦的创业生活并未打消这位"90后牛倌"的信心，反而坚定了科学化养殖本地良种肉牛、用"互联网+畜牧业"的思维改变家乡传统落后的养殖方式的理想信念。

刘志强从小在锡林郭勒草原牧区长大，父母都是勤劳朴实的牧民。他一直记得父亲的话，"只要咱勤快，就不愁没有好日子过"。刘志强继承了父母勤俭持家的好习惯，刘家的日子也过得越来越好——从最初的维持生活的40只羊，发展到刘志强上大学时的15头牛。

与同龄人有些不同的是，这个牧区里长大的孩子特别热爱草原，喜欢跟牛羊打交道。高中毕业的刘志强在同学们都在一头雾水地搜索应该报考什么专业的时候，他毫不犹豫地填报了锡林郭勒职业学院的畜牧兽医专业。丰富的牧区生活经验，对草原畜牧业的喜爱以及想在草原干一番事业的想法让他目标特别明确——学好畜牧业技术，发展壮大畜牧产业。

上大学期间，刘志强经常和专业老师们一起探讨当地畜牧业的技术瓶颈，老师们对他的感情有点复杂，因为他问的问题有时候特别"刁钻"，甚至老师们也不能给出特别合适的解答。每当这时候，老师们总是拍拍他的肩膀，夸奖他的问题提得有水平，记下来，下课后一起解决。于是，刘志强就经常出现在了专业实验室最核心的地方，出现在老师们经常研究疑难杂症的地方，出现在教学养殖场、配种实验室……这个好学又勤奋的孩子让老师们都把他当成了助手，放心地把一些分解过的科研课题交给他做。

渐渐地，刘志强形成了自己的专业观点、职业价值观。他突然觉得自己以前"学好畜牧业技术发家致富"的想法是狭隘的——一个人可以通过自己的勤劳发家致富，但是有能力通过自己的知识改变一个地区的普通民众的生活，才是更有意义的事情。他的家乡，正蓝旗桑根达来镇，属于浑善达克科沙地边缘，那里养殖的牛被称为"沙窝牛"，价格在当地是最高的，可是牧民生活并没有因此而普遍富裕，甚至还有不少贫困户。这很大程度上是因为当地的经营水平低，一味地追求牲畜头数的增长。他们的行为换来的是草场退化和沙化严重。因恶性循环，畜牧业可持续发展的理想也越来越遥不可及。

随着职业价值观的改变，他最初的梦想也有了质的飞跃——他要学好畜牧业技术，探索适合当地发展的肉牛品种改良、养殖、加工的新路子，带领广大牧民一起奔向致富路！

他是这样说的，也是这样做的。从大二开始，他把越来越多时间投入到犊牛科学饲养、人工授精、胚胎移植等高新技术上，在老师的指点下，他的技术也突飞猛进。

图1　正蓝旗强鑫生态家庭牧场创始人刘志强

二、创业历程

大三面临实习的时候，刘志强选择了有更多实践机会的锡林浩特市伊利牧场。“扎实的专业技术、朴实勤快的工作作风、顺畅无误的沟通能力”这三项关键实习指标上，刘志强得到了全系的最高分。伊利牧场因此还专门给系领导打来电话，询问能否提前录取刘志强为正式员工——这种情况在实习还不到两个月的学生中还从未出现过。牧场领导甚至有毕业半年内给刘志强升职加薪的承诺。刘志强在得知了这个令人高兴的消息后，却出表现得特别低调、冷静，这让大家很奇怪。

只有班主任和辅导员明白刘志强的真实想法——他想创业。可是面对伊利牧场给出的优厚待遇，父母、家人甚至班主任都劝刘志强认真思考一下，伊利公司毕竟是国企，起步这么高，未来的发展是无可限量的。

实习期结束前一天，刘志强向系里递交了实习报告，同时向伊利公司递交了感谢信和辞职信，他怀着复杂而坚定的心情，最后一次谢绝了公司领导的恳切挽留，回到了家乡正蓝旗桑根达来草原。

创业之初，他突然明白，每一步都是坎坷和艰难。创业需要资金，没有钱，再好的想法也无能为力。没信息，没门路，怎么办？他想到了母校。在就业指导中心的协助下，他向当地就业局申请了大学生创业贷款，取得了大学生创业贷款10万元，2016年5月正式注册了正蓝旗强鑫生态家庭牧场有限公司，公司主要以肉牛养殖、品种改良、架子牛育肥为主营业务。

刘志强的父亲文化不高，是个朴实的牧民汉子，从起初不同意孩子回家“养牧”，到最后拗不过执着的儿子，爷俩还闹过好一阵矛盾。父亲说：“我好不容易让你念出书来，就是想让你走出这草原，到城市里做一番事业，你可倒好，国企的工作不要，非要回来放牛！”

真正做回“牛倌”，刘志强必须以父亲为学习目标，父亲给了刘志强最重的工作——喂牛、洗牛舍、除粪便、医治牛病、打草等等。他想让儿子知难而退。然而，倔强的性格让刘志强硬是挺了下来，他每天天不亮就起床，忙到晚上结束了，还要打开电脑学习最新的专业知识。

半年时间，本来不胖的他变得精瘦，但是眼神却更加坚定了。妈妈心疼儿子，经常给他改善伙食。父亲也渐渐改变了看法，觉得这个倔强的儿子也许真的能在畜牧业上做出点什么事情来。他加入了儿子的事业，成了刘志强创业团队中最重要的成员之一。

半年中，父子俩最大的事情是拿下了正蓝旗畜牧业局的“西门塔尔牛改良牛”养殖项目，得到了政府部门的扶持。他们的养殖规模也从 15 头牛发展成了 30 头牛。与此同时，繁育改良也在稳步推进，纯正的西门塔尔牛在刘志强家成为现实，新下的 10 只牛犊也茁壮成长，刘志强一家露出了久违的笑容。

刘志强和他的团队做了比较精确的测算，通过繁育改良和科学化养殖，每头西门塔尔牛比以前传统草原红牛增加收入 1000 多元，减去增加的成本费用 500 元，改良后的西门塔尔肉牛每头可纯增 800 余元。

创业两年后，刘志强的“强鑫生态牧场”已经发展到两百多头西门塔尔肉牛，带领家乡牧民采用“牧民合作社”的方式养殖西门塔尔肉牛 1800 多头，为牧民创收达上百万元。这个“90 后牛倌”，成了老百姓心中的致富带头人。2018 年，在嘎查委员会的选举中，刘志强一举高票当选桑根达来镇乌日图敖包嘎查（村）党委委员，成为正蓝旗最年轻的嘎查书记。

三、运营情况

2016年5月刘志强创办了正蓝旗强鑫生态家庭牧场，创业地点是家乡优质天然草场 5000 亩，以肉牛养殖、品种改良、架子牛育肥为主。经过 3 年经营，牧场存栏牛只达到 180 头，存栏西门塔尔基础母牛 100 头，年繁育犊牛 80 头，年出栏活牛 100 头，产值达 200 多万元，一条繁衍、防疫到出售一条龙服务的产业链基本成型。

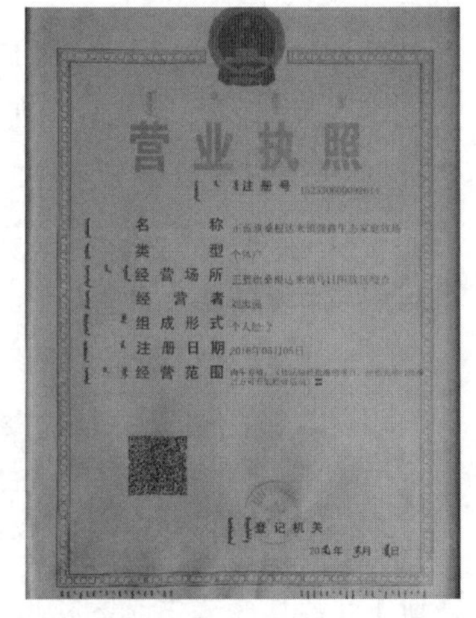
营业执照

名称

类型

经营场所

经营者

组成形式

注册日期

经营范围

登记机关

图 2　营业执照

在带动农牧民致富方面，刘志强紧跟时代步伐，响应党的号召，利用科学繁育改良当地牧群品种，带动牧民脱贫致富。除了自愿加入刘志强管理的牧业合作社的十几户牧民之外，刘志强发挥党员中心户的作用，和中心户一起做贫困牧民的思想工作，先后让嘎查的三户贫困牧民加入合作社，当年增收 5000 元以上。截至 2019 年，乌日图敖包嘎查所有贫困户实现整体脱贫，人均收入连续三年持续大幅增长。

回想 3 年前刘志强刚毕业的时候，这个“90 后牛倌”说：“在我眼里，牧区除了有碧绿的草原，更有一片广阔的发展空间。”他真的做到了。

图 3　刘志强工作场景

四、所获奖项

刘志强在校期间除了多次获得“优秀学生会干部”“三好学生”等荣誉称号以外，他最看重的是毕业前夕获得的奖项——2016 年荣获“创青春”大学生创新创业大赛内蒙古赛区金奖获。

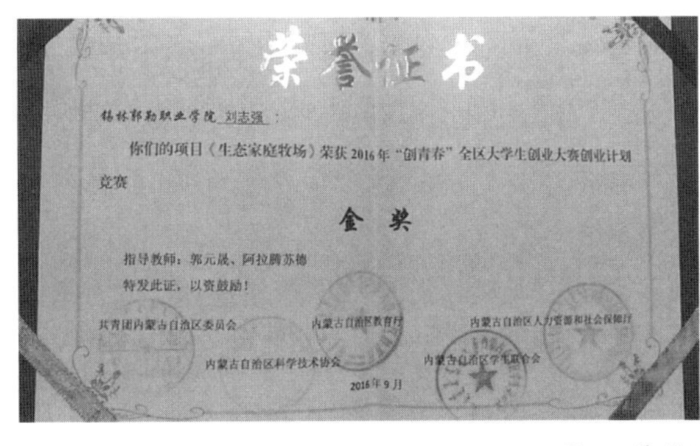

荣誉证书

锡林郭勒职业学院 刘志强：

你们的项目《生态家庭牧场》荣获 2016 年“创青春”全区大学生创业大赛创业计划竞赛

金 奖

指导教师：郭元晟、阿拉腾苏德

特发此证，以资鼓励！

共青团内蒙古自治区委员会　内蒙古自治区教育厅　内蒙古自治区人力资源和社会保障厅

内蒙古自治区科学技术协会　内蒙古自治区学生联合会

2016 年 9 月

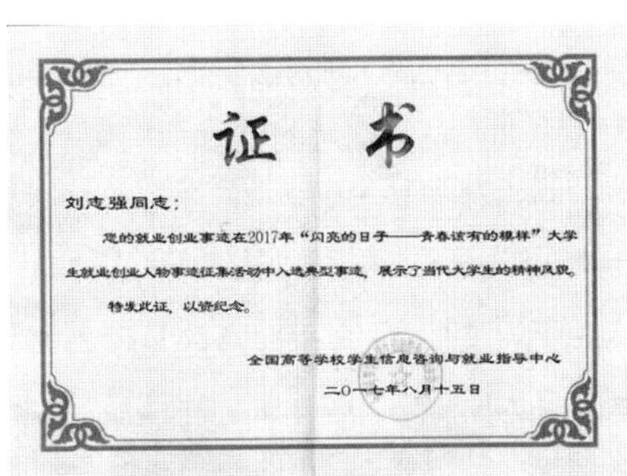

证 书

刘志强同志：

您的就业创业事迹在2017年“闪亮的日子——青春该有的模样”大学生就业创业人物事迹征集活动中入选典型事迹，展示了当代大学生的精神风貌。

特发此证，以资纪念。

全国高等学校学生信息咨询与就业指导中心

二〇一七年八月十五日

图 4　获奖证书

毕业后，刘志强的事迹仍然鼓舞着广大来自农村牧区的莘莘学子。鉴于刘志强的影响力，在教育部 2017 年“闪亮的日子——青春该有的模样”大学生就业创业人物事迹征集活动中，刘志强代表“草原上的高校”锡林郭勒职业学院，荣获“创业典型大学生”称号。

在教育部“2018 年高校毕业生就业创业研讨会暨 2018 年度全国高校创新创业典型经验高校经验交流会”上，刘志强荣获“2017—2018 年大学生就业创业年度新闻人物”奖。“2017—2018 年大学生就业创业年度新闻人物”表彰在基层就业、征兵入伍、创新创业等方面有突出作为 20 名优秀青年代表，刘志强作为内蒙古自治区唯一创新创业优秀青年代表上台领奖。他是我院建院以来在创新创业方面登上最高领奖台的学生，为锡林郭勒职业学院乃至内蒙古自治区争得了荣誉。

图 5　刘志强获“2017—2018 大学生就业创业年度新闻人物”

刘志强的颁奖辞是：“刘志强，2016 年于内蒙古锡林郭勒职业学院毕业后，回乡带领牧民科学养牛、脱贫致富，实现平均每户年增收近万元，富了乡亲，绿了草原，以一片深情演绎拳拳赤子心，耿耿桑梓情。”

五、经验体会

2018 年 6 月正蓝旗嘎查两委换届选举中，刘志强当选为乌日图敖包嘎查党支部书记和两委委员，那一刻刘志强深深感到自己责任重大，肩负着嘎查牧民给予的重任，他表示，作为中共党员一定时刻铭记《中国共产党章程》，自力更生，艰苦创业；作为“90 后”嘎查书记和当代大学生创业者，他心里暗暗发誓一定要带领牧民尽快实现科学养殖、脱贫致富之路。

记得 2016 年在毕业选择自主就业和自主创业时，刘志强毅然决然地选择了“为家乡畜牧业贡献力量”的艰辛创业之路，在创业期间也历尽艰辛坎坷，几度想放弃。他说，“每次想放弃的时候，当初的初心和使命让我咬紧牙关挺过来。”

（锡林郭勒职业学院推荐，执笔人：王军）

传工茶业：茶十代的推陈出“新”之路

——温州市瑞草堂茶业有限公司创业案例

一、创业背景

（一）茶行业背景

我国的茶文化历史非常悠久，是茶叶生产及消费上的世界第一大国。我国茶叶消费量自2014年起，步入个位数增长，茶叶年消费量达到191.05万吨，意味着茶产业的“茶叶消费时代”来了。从我国的市场茶企现状来看，我国茶叶市场现状，处于比较无序竞争、比较分散的状态，且茶企业大多数为中小型企业。

目前，我国茶行业产量已经维持10年连续增长，茶叶产能过剩压力加大，市场竞争加剧，同时茶叶行业集中度低，营销手段传统，没有发挥资源的优化组合，传统茶行业转型升级迫在眉睫。为此，要加强茶叶的专业化和品牌化打造。

（二）创业者情况

李前华，茶艺师、评茶员、农产品经济人，毕业于温州科技职业学院，原市场营销14届学生。

李前华来自铁观音的发源地——福建省安溪县，家族世代从事茶行业，父亲经营一家茶厂、茶馆和三家茶庄，拥有铁观音基地、永嘉乌牛早基地、武夷红茶基地。

李氏茶园位于福建省安溪县双都村，也是清朝发展起来的纯生态茶园，从采青到萎凋、发酵、杀青、揉捻、干燥、精制、加工后到包装都经过细致的研究，制茶过程分工明确，一系列优质产品在市场上脱颖而出，清朝年间就被列为上等好茶，因此茶园也被誉为“李氏生态茶园”。一代传一代，李氏家族的制茶工艺流传至今，“传工茶业”第十代传承人李前华，成功打破原先父辈的传统营销模式，开拓出了新的“传工茶业”品牌经营模式。

李前华就读于温州科技职业学院，该校是一所以“农”字为特色的综合性专科层次公办普通高等职业学院，学校先后于2014年7月被推选成为“全国茶艺与茶文化教育资源共享联盟”首届理事会单位之一（园艺教研室董占波博士被聘为联盟常务理事）；2016年12月牵头成立“温州市学校茶文化与健康联盟”，旨在搭建一个茶艺与茶文化教育资源共享、交流互动平台。

二、创业历程

李前华，福建安溪人，“90后”男孩，温州科技职业学院2014届市场营销专业毕业生。

曾经因为高考失利，被父亲恨铁不成钢的李前华，为了能更好地发扬李氏贡茶，开辟茶叶市场，选择了市场营销专业。在大学期间，他发愤图强，对自己的人生目标进行了细致的规划，他在学好营销专业知识的同时，虚心向陈国胜教授、董占波茶博士学习，积累知识与经验，以便开拓今后的茶叶事业。

从大一开始，李前华积极参加各种大大小小的技能竞赛与创业大赛，每一次比赛项目都离不开家乡茶，他利用市场营销的专业知识结合自身对安溪茶文化的了解，将安溪传统城镇茶文化、现代都市茶文化、现代农场茶文化、传统乡村茶文化等展现得淋漓尽致，赢得了学院领导以及老师们的关注与支持的同时，荣获了各项大大小小的奖项。他曾说："比赛带给我的不仅仅是一套规划方案，更重要的是对自己全面的剖析、人生的思考和对未来的展望，更要感谢家乡的茶文化带给我无比的力量与丰富的内涵。身在异乡，也从未忘记家乡。"在学校和政府的帮助下，李前华的创业项目渐渐步入正轨，开始面向温州进行销售。

在 2013 年的寒假，他带着团队前往金华学习并研究出一种新型茶——香橼红袍，荣获国家发明专利，同年，受到当地政府的专项资助。之后，他联合 40 位茶农成立佛手种植合作社，按照销售额"七三分成"共同经营合作社。为了更好地将产品进行推广，赢得更加广泛的市场，李前华在 2014 年创立品牌——"传工"茶业，意为：传统制作，工夫好茶！

三、运营情况

温州市瑞草堂茶业有限公司以"诚信经营为顾客、质优价廉共双赢"为宗旨，努力让消费者喝上传统健康好茶。公司前身为瓯海新桥善茶茶坊、佳兄弟茶庄，由李前华和他的创业团队创立。公司在温州科技职业学院、福建省质量文化促进会以及温州、安溪相关政府机构的支持下，全力打造"传工茶业"知名品牌。目前，公司旗下有 1 家传工——禅文化茶庄园；1 家福建省瑞草堂香橼专业合作社；2 家福建省瑞草堂茶厂、福建省闽侨韵乡茶厂、23 家"传工茶业"连锁实体门店；5000 亩茶园基地；全国荣江茶业、本元茶业、一品茶业等 352 家合作商。

李前华和他的创业团队利用互联网优势，创新形成"3+1"销售经营模式：（1）禅文化茶庄园，集茶叶生产、产品研发、文化传播和体验旅游为一体；（2）会心体验茶旅，体验式旅游茶园，茶文化科普培训基地；（3）私人定制茶苑，5000 亩丰产茶园，提供私人定制化服务；（4）公司团队自主研发产品——"香橼红袍"专利茶，并荣获国家发明专利。2018 年销售额达 450 万。

公司旗下茶厂 2017 年被福建省质量文化促进会授予"重质量守信誉"会员单位；2018 年聘请安溪铁观音王艺生大师和李金登大师为公司专家顾问，全面提升茶叶制作工艺。2018 年累计营业收入 2280.8 万元。与此同时，带动云南省、浙江省和福建省的后坪村、上陈村、双都村等 6 个村的 1000 余名村民就业，解决农村剩余劳动力的就业问题，增加农民的收入，同时迎来了近百位专家学者参观指导，被光明网、浙江在线等国家、省市媒体报道近百次。

四、所获奖项

2013年浙江省第五届大学生职业生涯规划大赛上，李前华的“香橼红袍”发布会项目脱颖而出，荣获大赛一等奖及最佳“创业规划之星”，“香橼红袍”受到了专家学者的一致好评。2014年5月正式发明“香橼红袍”专利产品；2015年荣获安溪县人民政府专利专项补助（该县唯一大学生）；2016年创业事迹入选浙江省教育厅编制大学生创业案例；2011—2019年期间协助家族参与茶叶各类大赛，获得“大师”“茶王”“金奖”等荣誉几十次。李前华和他的“香橼红袍”茶叶也引起了中国高职高专教育网、中国茶叶第一网、《浙江工人日报》《温州日报》、温州广播电视台等媒体的关注，报道百余次，原浙江省政协主席、中国茶文化研究会会长周国富等专家领导对李前华研究的“香橼红袍”进行多次指导、点赞。2019年创业项目《传工茶业——茶十代的推陈出“新”之路》获“建行杯”第五届中国“互联网+”大学生创新创业大赛铜奖。

五、经验体会

温州科技职业学院是一所以“农”字为特色的普通高等职业学院。学校多年来力争培养新时代农业创新创业人才。李前华是典型的大学生“农创客”，结合温州科技学院的创业教学实际，现就温科院大学生“农创客”培养经验总结如下：

（一）构建完善的大学生“农创客”培养教学体系

按照国家建设和完善中国特色现代职业教育体系的要求，温州科技职业学院的创新创业教育工作是由学校上层负责领导与统筹。学校设独立的创业学院，专职统筹组织各类创新创业教育工作。下设创新创业教育教研室，创新创业教育师资采用专兼相结合，并大力加强师资队伍尤其是双师队伍的建设，支持创业导师师资培训和优质教师的引进、交流。建设大学生创业园、创业实训平台等多个综合创业实训基地，强化实操训练。基于农类专业课程设置要求、农类产业需求、农类专业人才培养目标等实际，开展广普性创新创业基础理论教育与个性化实践教育，积极将创业教育融入专业教育中，提高教学质量。借助政府对口资源以及社会企业等各界力量，开展创业模拟实训培训、星创培训班、创新创业对接会等多种形式的培训项目。为大学生“农创客”创造全方位、多层次、多形式的教学条件。

（二）建立大学生“农创客”补助体系

在当今时代背景下，为鼓励与扶持大学生自主创业项目，各地方政府、社会以及高校自身提供了许多优惠政策、智力与资金等支持，温州科技职业学院也不例外。温科院以

“农”为主导，所设专业的课程内容和实训内容皆要求贴近乡村产业，学校充分利用自身的农科院科研优势，联合地方政府和企业，建立了多个“农创客”项目孵化场地与咨询指导服务。同时，学校与银行等多个社会企业单位合作，设立不以营利为目的、公益性的大学生创业基金以及小额贷款服务，这些资金支持，在一定程度上，能够缓解大学生在创业过程中遇到的创业资金短缺与运转困难的问题，助推大学生创业项目成功孵化。

（三）强化大学生“农创客”培养保障措施

大学生“农创客”培养的保障措施，旨在推动青年“农创客”人才“落地生根”的良性人才培养格局，对比提出几点建议：

其一，切实加强对大学生“农创客”培养的领导。现在高校内都设有创业学院，而“农创客”的培养有一定的专业性，除了需要创业学院的支持，还要有相关专业老师的大力支持。建议成立大学生“农创客”培养领导小组，领导小组的职责为设计顶层框架，审定培养计划，部署任务等。领导小组下设办公室，办公室的主要任务是具体组织培养工作，制定培养计划与总结，具体工作协调，农创客基地建设等。

其二，联合乡镇，搭建融合平台，建立大学生“农创客”基地。为确保大学生“农创客”项目顺利地落地开花，建议由高校牵头、指导，政府相关部门大力支持参与，在乡村基地创建大学生农创客基地，培育重点项目。结合乡村建设项目的开展，推动乡村振兴青年人才培养工程的全面实施。

其三，优化环境，营造良好的返乡创业社会环境。一方面，对于大学生返乡创业的相关政策政府要宣传到位，详细落实到高校，南京政府的“宁聚计划”是一个非常好的政策宣传案例。另一方面，政府、社会以及高校要积极借助线上与线下媒体，大力宣传优秀的大学生返乡创业典范，树立正确的积极的社会舆论导向，营造良好的大学生返乡创业氛围。

其四，重点抓好“产、学、研、创”，搭建全链式平台。鼓励师生在做好教、学、研的同时，与多方单位协同合作，共同推动科研成果和科学技术的产业化，推动行业经济的发展。

其五，强化“农创客”项目过程管理，提高项目实施质量。在项目实施前期，高校要做好对项目的指导，帮助其及时发现并解决问题，规避和纠正相关的风险问题。对项目实施中期要进行检查与考核，并及时跟进项目推进情况，对其在创业过程中出现的问题给予指导与帮助，确保项目能顺利落地开花。

（温州科技职业学院推荐 执笔人：刘洋、王晨之）

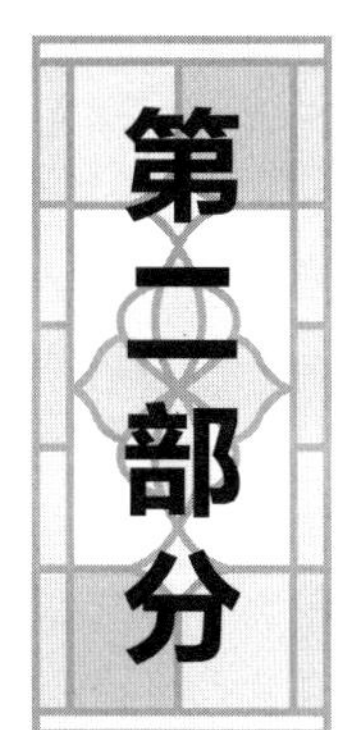

制造业

罗化新材料：全球激光荧光陶瓷的领航者

——江苏罗化新材料有限公司创业案例

一、创业背景

北京奥运会、上海世博会等重大赛事活动对LED照明的集中展示让人们对其有了全新的认识，有力推动了我国LED产业的发展。随着全球LED市场需求的不断加大，未来我国LED产业发展面临巨大机遇。

然而，目前LED核心技术和专利基本被国外垄断，全球LED领域的技术和专利，一半以上被美、日、德等发达国家中的少数大公司所占有。这些专利多为核心技术专利，国内企业尤其是中小企业很难寻找到突破口。此外，这些国外企业已在全球，尤其是在我国，精心部署了专利网，我国同类企业头上犹如悬了一柄达摩克利斯之剑，在“快乐”中“痛苦”前行。

在国外大公司和我国台湾的一些企业已经垄断了大部分LED核心技术的大环境下，国内企业只能把目光转向技术含量较低的下游应用市场。

美、日企业在外延片、芯片技术、设备方面具有垄断优势，欧洲企业在应用技术领域优势突出，各发达国家各有所长。而我国的LED还处于捉襟见肘的阶段，企业研发主要集中在下游的应用领域，在上、中游的研发投入相对较少。80%左右的产品集中在景观照明、交通信号灯等应用市场，在汽车照明、大屏幕等高端产品方面涉及得非常少。

与外国公司相比，我国LED专利申请明显处于劣势，尽管我国在电极、微结构、反射层、衬底剥离/健合等方面具有一定优势，但大多属于外围专利，且通过《专利合作条约》（PCT）途径提交的国际专利申请和向国外申请的专利不多。

我国LED行业除了核心技术竞争力不强之外，产学研合作极为松散，随之而来的是企业随时面临专利被侵权的风险，随着LED市场的进一步扩大，中国企业面临的专利风险将越来越高。对国内企业而言，加强自主研发、壮大规模、提高产品质量与技术水平是国内LED产业健康发展迫在眉睫的任务。

二、创业历程

罗雪方在与国内外客户的业务接触中发现，我国的LED产品产量虽然占据了国际市场70%的份额，但缺乏核心技术和专利，“Made in China”一直是廉价的代名词，我国只是发达国家高能耗、高污染、高成本、低技术、低附加值的“世界工厂”。她被这种现状深深触动，决心要在LED发光领域发展中国人自己的核心技术，变“中国制造”为“中国智造”，因此研发、生产新型发光材料成为她的创业梦想。

2013年10月罗雪方创办了江苏罗化新材料有限公司，她对LED整个产业链进行了仔细研究，发现LED荧光粉是显示照明、光电领域中的支撑材料，荧光粉的光电参数，对LED产品有直接的影响和作用，要想在LED技术领域取得突破，必须要突破现阶段LED荧光粉的技术瓶颈。

发光材料是一个高门槛高科技的产业，做技术不能一味地写论文，而要不断做实验，必须经历从基础研究到应用研究这个过程。因此，罗雪方始终将创新作为企业发展的驱动力，她认为创新驱动的实质是人才的驱动，把引进行业顶尖人才、培养创新意识作为企业发展的首要任务。

创业之初，罗雪方在面临人才、资金等诸多困难的情况下，坚持“以人为本、科技兴企”的经营理念，花费巨资筑巢引凤，在日本东京与美国洛杉矶等LED技术发源地设立研究中心，聘请“国家千人”特聘专家解荣军博士担任技术总监，形成行业内领军人物、博士、硕士、本科生等多学历层次、多学科交叉的创新型研发团队，同时与厦门大学等国内外知名高校、科研院所开展产学研合作，建立了江苏省研究生工作站、博士后工作站，吸引高端人才和智力在企业的聚集，促进了产学研的深度融合。

与此同时，罗雪方在管理制度上大胆创新，通过股权激励作为吸引人才、留住人才的机制，极大地激发了研发人员科技创新的热情；催生了一大批科技人才和科技成果。

现罗化公司自主研发的主导产品——CSP光源、Mini LED的荧光膜材料以及用于激光照明与显示的发光陶瓷材料，凭借属于自己的核心技术已申请专利百余件、授权专利30余件，填补了多项国内空白，并先后包揽了省市区各级科技项目近十项。罗化成为国内首家成功自主研发产品并投入量产的公司，并获得中国创新创业大奖赛优秀奖。

目前，该领域多个项目已完成科技转化并进入实际运用阶段，在显示与照明发光材料行业内，江苏罗化已位居国内领先地位。

三、运营情况

凭借深厚的技术积累和商业经验，优秀的人才队伍和管理体制，罗化新材料有限公司在很短时间内就得到了政府与社会的认可。企业销售额年平均增长率超过50%，研发投入占销售收入比重10%以上。公司获得“国家高新技术企业”“江苏省科技型中小企业”“江苏省民营科技型企业”“南通市科技型中小企业”等资质认定，并加入了“GMC国内优质制造商联盟”；进行ISO9001、ISO14001、OHSMS18001等一系列管理体系认证，2018年12月，江苏罗化荣获中国产学研合作优秀成果奖，并入选2018年度江苏省最具发展潜力科技人才创业企业。

研发团队创新性地完成芯片级封装CSP光源项目，率先推出教育照明全光谱CSP光源、双色温手机闪光灯用模组等。该技术实现了直下式以及侧入式无法媲美的轻薄化，让物美价廉的全面屏成为可能，抢占了大屏幕显示领域的制高点。同时，项目还获得了通州区乃至南通市科学进步奖。

2017年10月，罗雪方作为江苏罗化新材料有限公司创始人，携带拥有自主知识产权的CSP光源，在中国创新创业大赛国家赛中获得“优秀企业”称号，成为南通市首位登上了中央电视台财经频道《创业英雄汇》舞台的女企业家，与全国优秀创业者同台角逐，凭借产品的竞争力和良好的成长性，获得海纳亚洲800万元的全额融资意向。

2018年，罗化新材料在国内首家成功开发了拥有完全自主知识产权的全谱荧光陶瓷材料，与传统LED发光材料相比，具有导率高、耐高温、耐腐蚀、抗热冲击性好的特点，基于此项技术的激光大灯可实现600米的超远照射、激光电视寿命长达两万小时、同时屏幕尺寸更大、亮度更高、色彩更鲜艳，技术上实现了对传统LED照明的替代。该项目在第四届中国“互联网+”大学生创新创业大赛中从64万个项目中脱颖而出，获得大赛亚军的佳绩，得到了孙春兰副总理和多位国家部委领导的肯定，同年10月该项目获得了“创青春”浙江大学“双创杯”创业实践挑战国赛金奖。

近年来，我国学生近视呈现高发、低龄化趋势，严重影响学生身心健康，教育部门及各省、市、区都尤为重视。结合国家疾控中心的调查结果，专家们认为引起学生视力下降的直接原因是学校的光环境差所导致，视力处于发育期间的中小学生，长期在不符合要求的光环境下学习，视力必定受到影响。我国学校教室照明环境一直处于比较落后的状态，教室整体照度水平不够高，教室平均照度普遍低于国家标准，均匀度也达不到国家标准。

学生的视力问题是关系国家和民族未来的大问题，罗雪方和她的团队即刻决定设计适合学生、专门用于教室的健康照明。罗化教育照明应运而生，采用具有自主知识产权的CSP灯珠，具有照度均匀明亮、无频闪、无眩光、色温适中、无蓝光危害等优点，从根源上解决问题，为学生提供最专业的照明，避免不良灯光对学生眼睛造成危害，有效保护了学生们的视力。

2019年4月17日，罗雪方作为特邀嘉宾，出席了由人民网主办的首届国民视觉健康高峰论坛，介绍了光源与近视防控体系之间的关系，针对近视防控，开发教育照明产品。2019年受邀参加第六届互联网大会，获得“一带一路”教育科技创新奖。

四、所获奖项

罗雪方个人先后获得南通市科技部创新创业人才（候选人）、江苏省双创人才、江苏省“六大人才高峰”高层次人才、江苏省第五期“333工程”培养计划、南通市“江海英才”、通州区“510英才”等人才项目支持；被评为南通市“十大杰出青年”；获得南通市青年科技奖、南通市“三八红旗手”、通州区“五一劳模”、通州区十大“科技之星”、通州区首届美丽女创业创新者等荣誉。

在罗雪方的带领下，罗化新材料有限公司先后获得中国产学研合作创新成果优秀奖，第四届中国“互联网 +”大学生创新创业大赛总决赛亚军，创青春浙江大学“双创杯”全国大学生创业大赛金奖，第三届、第六届中国创新创业大赛国家赛优秀奖，“一带一路”教育科技创新奖；第五届“创业江苏”科技大赛三等奖；南通市及通州区科学技术进步奖。

五、经验体会

1. 创业需要勇气

提起在世界各地创业的温州人，大家不禁都会想起“财富”二字。

温州人对创业的热情和思路可谓首屈一指，用“宁愿睡地板，也要做老板”来形容一点也不为过。很多人在创业的时候心理可能很矛盾，有创业激情单干的同时，又有担心失败后的命运。正如马云曾经说过：“睡前思想千条路，早上起来走原路。”然而，岁月流逝，光阴不再，原本想创业的动力被时光慢慢消磨殆尽。

所以，创业需要破釜沉舟的勇气，以及说干就干的执着与勇敢。正如雷军所说，要做风口上的“猪”，而不是风口上的“林黛玉”，因为“皮糙肉厚”才是创业者最需要的勇气材料，而不是才华和美貌。不论做什么事情都需要勇气，创业更是如此。回想“罗化”创立之初，罗雪方也是顶着巨大的心理压力和物质压力，正是这种胆识和气魄才让罗化的发展越来越好。所以，只要做了决定，就应该坚定地走下去，这样一定可以遇到美好的明天。

2. 创业需要梦想

“针无两头尖，蔗无两头甜”，当人们高唱创新创业乐之时，难免出现了一些不和谐的音符，其中就有不少人急功近利地把创业当成了投机行为。究其原因，都是在创业动机上出了问题，为钱创业是肤浅的，梦想才是创业之路长久的活力源泉、指路明灯和不竭动力。

（1）梦想创业能够不忘初心，抵抗诱惑。

（2）梦想创业能够不惧艰险，百折不挠；创业成功是一个小概率事件，每一个成功的故事背后更多是失败，创业之路复杂而艰辛，唯有坚持梦想，才会有不惧失败的勇气和认真做好每一件事的决心。

（3）梦想创业能够创造价值，造福社会。三流的创业者创造产品，二流的创业者创造理念，唯有一流的创业者才能创造出造福社会的真价值。

“生活不只眼前的苟且，还有诗和远方”。创业不应是追名逐利的“垫脚石”，而应是追求梦想的“助推器”。拥有梦想，就像是拥有一个形影不离的知心好友，能够在看似寂寞的创业之路上一路相随，赐予力量，披荆斩棘，勇往直前。我们每个人心中都应该有自己的梦想，认准了就去做，不跟风不动摇。同时，我们不仅仅要自己有梦想，还应该用自己的梦想去感染和影响别人。

3. 创业需要坚持

成功是否有秘诀？丘吉尔认为成功没有秘诀，如果有的话，也只有两个：一是坚持到底，永不放弃；二是想放弃的时候，请回头再按第一个秘诀去做。“万事只怕有心人。”成功需要厚积薄发，需要忍受煎熬，直到成功那一时刻。越接近成功越困难，越需要坚持。无论创业还是人生，我们缺少的不是能力、技巧、模式，而是缺少坚持和毅力。只有坚持量变，才能完成最后的质变，才能突破成功的临界点。才能取得成功。

中国有句老话“行百里半九十”，即走一百里，要走九十里才算走了一半，因为很多人坚持到九十里就放弃了。这些谚语告诉我们：拼到最后，拼的不是运气和聪明，而是毅力和坚持。因此，做任何事都贵在坚持！一个人若想凭借自己的努力成就一点事业，那么必须要有持之以恒的态度，不管遇到多大的艰难险阻，必须坚持下去，不退缩、不动摇！

4. 创业需要专注

新型发光材料具有世界公认的技术壁垒，科技门槛非常高，意味着研发异常艰难，难以在短期内取得经济回报。生产低端的 LED 发光材料，虽然技术含量低，但市场容量大，短期内会取得显著的经济效益，但“罗化”遵循“让自然光照亮世界的初心”。六年来，在缺少资金、缺少设备等“一穷二白”的情况下，靠着一股倔强的精神和坚定的信念，专注新型发光材料的技术创新和开发，产品开发和技术创新终于取得了硕果。

所以，成功源于专注。马克・吐温曾经说过：“只要专注于某一项事业，那就一定会做出自己吃惊的成绩来。”事实上，每个人都一样，没有谁天生就是伟人和名人，伟人之所以有所作为，名垂千史，关键是他们自始至终把专注倾注在自己追求成功的道路上。

投资界大佬巴菲特说，“我只投资我看得懂的公司”。虽然有很多人说他错过了互联网的大潮、浪费了很多机会，但他依旧是世界上最成功的投资家之一，因为他只专注与自己擅长的领域，将有限的精力集中到更有限的事情上。

（厦门大学推荐，执笔人：罗雪方）

哈工大学子的创新创业之路

——哈尔滨玄智科技有限公司创业案例

一、创业背景

李蕴洲、魏晋、解为然于 2014 年创立了 BLUE GHOST 团队，身为大一新生的他们以破哈工大纪录的形式获得机械产品数字化设计大赛全国一等奖。随后进入学校竞技机器人队学习机器人设计、制造、控制方面的相关技术。曹梦宇、李立东、刘东芊、白露、毛德强等一批优秀学生也先后加入团队。至今他们先后参与完成 10 个项目设计制作：基于激光雷达的自主导航机器人底盘、内行星式复合轮系的设计制造与应用、多通道 Zigbee 传感器组网平台、基于无线射频技术的安全电子围栏、静 / 动载复合吸能装甲结构设计等。在创新中获得国家发明专利 7 项，也在国内外的众多比赛中取得了一些成绩："互联网 +"大赛全国银奖，"挑战杯"大赛全国二等奖，"创响中国"中国创业精英集结赛总决赛第一名，International Capstone Design Fair 2016（国际顶点设计大赛）金奖，第七届全国大学生机械创新设计大赛全国一等奖等荣誉。

在每一个创新项目中，他们始终坚持创新应该从生活中来、到生活中去，从身边的点滴服务大众。本着用创新服务于生活这个目标，他们将智能搬运机器人项目置于日常生活中比较繁重的体力劳动行业中。针对目前快递、物流快速发展，快递员、配送员等服务人员日常工作量大，需要大量体力劳动这个现状。在长达 6 个月的方案优化后，他们大胆尝试自主设计结构，设计了两代采用创新的内行星式复合轮系结构的运载服务机器人，能够同时兼顾带载爬楼的稳定性与速度，且具有良好平地越障性能，同时结合双目视觉识别与激光 slam 技术为机器人增加了自动识别跟随及避障的功能，实现了物流配送问题的人性化与智能化。随后他们携带该作品参加到"挑战杯"全国大学生课外学术科技作品竞赛，先后获得省一等奖与国家二等奖。同时，该项目也在"互联网 +"全国大学生创新创业大赛中获得银奖。至臻亦不可止，创新路上他们始终未停歇，也从未忘记用科技改变世界的初心。

创新不能闭门造车，应当敢于弄斧到班门。在他们的创新路上，除了将自己的创新项目带到国内的比赛中，也参加了更高规格的国际大赛。在这个更高的平台上学习借鉴先进的技术和创新思维，同时也向世界展示中国大学生的创造力。智能越障物流机器人也在国际平台上获得了 E2FESTA 工业博览会杰出设计奖和国际顶点设计大赛金奖。此后，他们更多的希望与国外先进的技术碰撞出创新的火花。于是，2017 年 10 月他们带领团队参加世界机器人格斗锦标赛，与国外的战队来场技术上硬碰硬的较量。

在"铁甲雄心"世界机器人格斗锦标赛中，他们自行设计制造了一台 110kg 级的格斗机器人“深海巨鲨”。世界机器人格斗竞赛已经发展了几十年，而国内才刚刚起步并加入其中。从无到有，从有到强，他们从每一个连接件和螺钉的结构优化入手，从校核仿真到装配测试，完全自主研发了磁吸附履带、电路悬空防护、复合装甲防冲击结构等创新十足的技术，每颗螺钉都钉在他们学习并赶超国外技术道路的丰碑上。赛场上，他们的“深海巨鲨”依靠着自身强大的稳定性与过硬的防护能力，比出了狠劲儿与拼劲儿，并取得了16强的成绩。在淘汰赛中虽然惜败于英国职业机器人格斗赛冠军，但是他们仍然坚强地战斗至最后一秒并重创了对方的机器人。他们不屈的精神让在场的主持人和所有的观众都为之动容，共青团中央也为他们“深海巨鲨”机器人百折不挠、愈战愈勇的精神点赞。世界机器人格斗大赛的经历，让他们认识到了在技术与创新方面，他们同世界一流仍然存在着差距，虽然一时的努力不能让他们很快地迎头赶上，但是他们愿意低下头，敢于拼命追，相信路再远也终究会超越。2018年的他们通过不断的科技创新，在防御结构、大功率电系统、武器优化等诸多方面取得了重大的技术突破：结构上，用FEA仿真对整个机器进行分析，实现了整机重量削弱41.5%的同时保留93.7%机身强度。在武器系统设计上，用遗传算法数万次的迭代后使武器在保证动平衡、结构强度的同时打造最佳的能量输出效率。另外，还设计了自动卸荷装置，配合自主研发的大功率电机驱动系统，使武器最大蓄能达到55千焦，相当于将60公斤的物体击飞到90米的高空中。在护甲防御上，采用复合装甲。最外层是超高分子量聚乙烯，中间的泡沫铝是“嫦娥号”登月器足部支撑，能够吸能减震；内层衬套焊达500特种钢，作为能量反射层，能够实现最大程度的防护。经过一年多的大幅创新。终于在2019年，团队战胜了五个英美王牌战队，获得了世界格斗机器人大赛的全球总冠军。他们用技术实力，让世界见证中国新青年的极致创造力！

二、创业历程

创新是民族之魂，是时代主题；创业是发展之基，是富民之本。习近平总书记强调，“创新是社会进步的灵魂，创业是推动经济社会发展、改善民生的重要途径”。作为哈工大人，如何利用自己的创新能力去为社会创造更多的价值成为他们思考最多的问题。他们意识到大量创新成果如果不能更好地转化为服务于人民和社会的产品，那么将会失去很多的意义。创新源于生活，也一定要回归生活、回报社会，所以他们借着“大众创业，万众创新”的浪潮，勇敢地投入到创业道路中来。2017年12月，他们创立了哈尔滨玄智科技有限公司。

创业项目源于创新。首先他们以自主越障搬运机器人为基础进行项目商业优化，希望从用户业务场景出发，通过颠覆式的产品理念和高度整合的软硬件系统，运用自主知识产权开发出了一个实现了高效越障、自主导航、安全可靠的智能搬运机器人，并以此为核心，结合应用场景的真实诉求为客户提供高效实用的“智能配送解决方案”，针对目前电子商务物流“最后一公里”费用高昂、用户体验差的真实痛点，向物流公司提供适用于校园、小区、工业园区的高品质送货上门服务方案。该款机器人采用团队自主研发的内行星轮系结构，辅以内置动力结构和直接驱动承重轮，在保障整车速度和稳定性的同时，可以很好地适应复杂路面和攀走楼梯。基于这样的硬件特性，他们也研发了与之适配的自主导航系统，实现自主路径规划和智能避让。智能化与自动化的设计让其适用于真实场景，实现精准的点对点配送，在极大地增加终端用户体验的同时，降低物流公司的企业成本。通过与软硬件系统配套的终端 APP，面向顾客提供上门取件、预约送货、车辆追踪和机器人租赁等功能，用可视化的方式方便顾客的操作，也在最大程度上满足了用户定制化的需求，用户通过 APP 租赁付款之后，可以用其在机场、火车站等地搬运行李，也可以在大型商超实现货物装载和自动配送，利用其自动跟随的功能属性，满足客户多样性的搬运需求。

但是逐渐冷却的投资市场和高昂的研发投入，让这个刚刚成立不久的公司对项目的发展产生了怀疑。随着团队主力们在格斗机器人领域倾注了更多的心血，搬运机器人项目被淡化，作为了技术积累。更多的市场接触让这个年轻的团队产生了新的想法。

格斗机器人作为世界机器人五大赛事之一，是世界公认最有利于激发竞技精神以及创新激情的赛事。吸引了来自世界各地机甲格斗爱好者的参与，其中不乏 NASA 工程师、斯坦福、麻省理工等知名学府的学子。经过了 20 余年积累，赛事体系成熟，吸引众多流量。以美国博茨大战为例，其收视率至今仍位居美国综艺排行榜首位。与博茨大战合作的玩具品牌 HEXBUG 依托赛事卖了近亿台玩具。国内格斗机器人赛事于 2018 年兴起，以“铁甲雄心”“这就是铁甲”等顶级 IP 流量为例，赛事总点击量突破 30 亿，但是参与者仅限于高水平的爱好者。

他们发现格斗机器人无法产业化的原因有三：高成本、高门槛、低安全性。当下许多企业采用虚拟对抗的来解决安全性问题，却让用户体验感极差，而高技术门槛也限制了机器人格斗运动只适用于大型赛事，导致参与者局限于小众群体。为此，他们将高技术门槛的格斗机器人进行轻量化、模块化，匹配 TOTP 算法加密安全锁和高规格安全格斗舱保证竞技安全，有效转化增加了用户基数。在线下传统娱乐日趋式微，线上娱乐日趋僵化的现在，他们选择将格斗机器人变成消费级。

接下来团队严格从产品技术上把关，以求新求稳，一丝不苟地认真优化产品的每一个细节。凭借多年的积累，从高功率无刷电机控制及安全算法加密系统研发起步，团队将源于航天科工技术的格斗机器人轻量化，精准解决产业化难点。逐步推出了多款竞技机器人产品，将产品定位于“电竞实体化”，打造高沉浸式新兴科技娱乐产品进行高科技成果转化。针对新型科技娱乐业、高科技教育服务业、尖端电子科技业三大目标市场，细分市场，针对不同目标用户，打造优质品类。市场下游用户主要包括娱乐竞技类、教育类、科研类用户，用户覆盖面广而分散。目前，格斗机器人的发展在我国处于起步阶段，但随着大众的关注度和接受度逐渐提高，格斗机器人产业化发展大势所趋，未来发展潜力无限，不同年龄层的人都可以加入格斗机器人的行列。作为格斗机器人研发商，我司将用技术实力引领市场，以教育为托底，以实体体育竞技为产业模式，以对新能源、新材料、军工军民及机器人领域的反哺为目标，引领新时代的科技潮流。

三、运营情况

哈尔滨玄智科技有限公司成立于2017年12月，是一家竞技格斗机器人提供商，致力于构建一套集科技、教育、娱乐、赛事为一体的机器人生态。目前，公司拥有哈工大博士5名、硕士12名、成员共50余人，核心成员来自各个专业，学科互补。公司拥有完全自主知识产权的硬件和控制系统，依托哈工大机器人研究所、哈工大卫星研究所、哈工大航空宇航实验室等，在机器人领域有着深层次的技术积累。申请国家专利60余项，获得国际、国家创新创业奖40余项。公司从高强度结构及安全算法系统研发起步，玄智科技从高强度结构及安全算法系统研发起步，逐步推出了模块化迷你格斗机器人M-Battle系列以及消费级格斗机器人X-Battle系列，拥有完备的格斗机器人STEM教育体系以及丰富的机器人格斗赛事运营经验。目前，在哈工大的大力支持下，公司发展十分顺利，与多家大型企业签订合作协议，经过一轮融资后公司估值已达6600万元。

四、所获奖项

1. 工信部创业特等奖；
2. “春晖”创新成果特等奖；
3. 2016 International Capstone Design Fair Gold Priz；
4. 第二届“互联网+”大学生创新创业大赛全国银奖；
5. 第十五届大学生机器人大赛机器人创业赛全国特等奖；
6. “创响中国”创业精英集结赛总决赛第一名；
7. 第七届大学生机械创新设计大赛全国一等奖；
8. 第十五届大学生机械产品数字化设计大赛全国一等奖。

五、经验体会

作为一个学生创业团队，要从它的特殊性出发，既不能随便地冲入市场浪潮盲目发展，又不可完全在学校的庇护之下闭门造车。要结合工科生创办企业初始高技术、低市场的特点，既要逐渐加大市场运营方向的比重，又需保证团队的稳定和技术的更新。对于学生创业并不是直接引入运营大手就能迅速地把握市场方向，基础人才还需自己一步一步地培养，培养了解企业、意志坚定的一批人，才能让这种学生初创企业有更好的发展。

（哈尔滨工业大学推荐，执笔人：李蕴洲）

全球首创的全数字 PET 系统及产业化

——武汉数字派特科技有限公司创业案例

一、创业背景

大中型高端医疗设备不仅是现代医疗中不可替代的诊疗工具，也是疾病防控、公共卫生和健康保障体系的重要基础条件。

正电子发射断层成像仪（positron emission tomography，PET）是一种典型的大型尖端医学影像诊断设备，代表了当前医学成像领域的最前沿技术。由于 PET 具有超高的生化灵敏度，能从分子水平早期发现细胞代谢的异常，因而在恶性肿瘤、神经系统疾病、心血管疾病等重大疾病的早期诊断、疗效评估、病理研究等方面具有极大的应用价值。

目前，癌症已成为导致我国公民疾病死亡的第一大因素。根据 2017 年 2 月发布的全国癌症登记点数据：每天约 1 万人诊断癌症、每分钟约 7 人确诊患癌，每七到八人中就有一人死于癌症。另一方面，中国癌症患者的五年生存率仅为 30.9%，不及美国的一半。中国癌症患者生存率低的重要原因之一，是癌症的发现和治疗不及时。

癌症的发病率和死亡率在全球特别是发展中国家正快速上升，严重威胁人类的健康，并给国家带来巨大的经济负担。“早发现、早诊断、早治疗”是当前公认的对抗癌症的最佳方法。

PET 作为癌症与脑病等重大疾病的早期诊断利器，由于涉及核物理、电子、材料、精密制造、生物医学等诸多学科，技术门槛高，其关键技术和设备市场主要为少数跨国企业垄断；同时，受超高速闪烁脉冲信号采样问题的制约，传统 PET 近 40 年来未能突破模数混合的路线，长期存在“精度低、使用难、应用窄”三大短板，使其巨大潜力无法发挥。

针对以上问题，华中科技大学谢庆国教授于 2004 年在国际上首次提出“全数字 PET”的概念。该技术以“全数字”和“精确采样”为两个本质特点，完全抛弃了传统的模拟电路，从源头上颠覆了传统 PET 的技术路线。这两大特性又将带来“性能优异、使用便利、制造快捷”等革命性的优势。

近年来，医疗器械产业发展迅速，得到了国家及相关部门的空前重视，先后推出多项利好政策推动高端医疗器械行业发展，支持国产医疗器械产业转型，加大国产医疗器械支持力度。“十三五”科技创新专项规划，高端医疗器械被立为重点发展方向。

2014 年，数字 PET 发明人谢庆国和团队核心成员张博一起成立创业主体，致力于全数字 PET 从技术到产品、产品到应用的产业化进程。团队于 2015 年 8 月研制出全球首台全数字 PET 医疗装备，于 2018 年 1 月获得国家创新医疗器械特别审批，于 2019 年 5 月获批中国医疗器械注册证、正式进入市场。首台全数字 PET/CT 系统将 PET 引领进入高清、精准定量的时代。

首台临床全数字 PET/CT 正式获得市场准入许可，表明在技术层面，数字 PET 这条全新技术路线全线贯通；在设备层面，在我国高端医疗器械领域形成了一个标杆应用；在产业层面，有望带动稀土闪烁晶体材料、新型光电器件、智能化软件等产业链的发展。

以全数字 PET 为核心，团队已经申请、公开、授权专利 500 余件，其中发明专利占比超过 70%，覆盖中国、美国、日本、欧盟、非洲等国家或地区，初步完成了相关知识产权的全球横向布局；研究方向覆盖从关键材料、核心器件、到系统集成、应用研究的整个创新链，初步完成了相关产业链的纵向布局。数字 PET 形成了完整创新闭环，不容易被任何人“卡脖子”。

国产全数字 PET 以突破技术瓶颈的方式打破国际巨头的技术垄断，技术创新和自主产权方面一举而两得。该设备进入临床造福民众，是我国综合国力在高端医疗器械开发领域取得突破的重大体现，是“创新中国”与“健康中国”战略的典型案例，对国计民生具有重大意义。

二、创业历程

2001 年，青年学者谢庆国选择了 PET 作为他的研究方向，于 2004 年首次提出了全数字 PET 的概念。同年，张博来到华中科大就读本科，并于 2005 年加入了谢庆国的研发队伍。从本科到硕士，7 年时间里，张博见证了数字 PET 从原理发明一步步转化成技术、产品的艰辛历程。

数字 PET 团队在过去 19 年，一直致力于解决 PET 研发中最关键的数字化问题。在这个过程中，张博的导师谢庆国发明了 MVT 数字化方法，实现了 PET 高速闪烁脉冲的精确数字化，不仅攻克了 PET 前端数字化这一世界级难题，还进一步提升了 PET 的性能。

从本科到硕士，7 年时间里，张博见证了数字 PET 从原理发明一步步转化成技术，再到产品的艰辛历程。“记得谢老师刚刚提出数字 PET 概念时，业内的接受度并不高，但他却笃信这个全新技术的巨大潜力，坚持不懈地在数字 PET 这片无人区耕耘。正是凭着这股轴劲，数字 PET 开始陆续产出一系列成果。渐渐地，国际医疗器械巨头也看到了数字 PET 的价值和潜力，2009 年，西门子开始提出数字化方法，2010 年，飞利浦也跟着提出了它的数字化技术。如今在 PET 厂商中，‘忽如一夜春风来’，满城都是‘全数字’。这让我明白了一个道理：在追求真理的道路上，只要看准了、认定了，坚持不懈地去追求了，就一定能守得云开见月明！”

在华中科大的 7 年求学时光，让张博渐渐成长为具有优秀综合能力的人才。硕士毕业后，他被一家公司高薪聘请为技术总监。提到这段经历时，张博说：“正好那时也想去看看外面的世界，不过干了一段时间后，总觉得缺了点什么。”

2014 年，正在筹备临床 PET 产业化的谢庆国找到张博：“你是想干一份一眼可以望到老的工作，还是愿意拥有一个挑战与机遇并存的终身事业？”

谢庆国的话让张博醍醐灌顶。“原来我缺少的，正是一种为某种事业奉献一生的归属感。数字 PET 是真正可以改变世界、为人类造福的事业，这不正是我一直在寻求的可以给我归属感的终身事业吗？”抱着这样的想法，张博放弃了高薪职位，义无反顾地加入进来。

经过不懈的努力，团队研发的首台全数字 PET/CT 于 2018 年获得国家医疗器械特别审批，并于 2019 年 5 月 31 日取得国家三类医疗器械注册证，获得市场准入和对外销售的资质。

过去，GPS（GE、飞利浦、西门子）创造的 PET 产品在重大疾病的精准诊疗中作出了杰出贡献，也形成了成熟的技术体系。完全跟随 GPS 的技术路线，能够让产品开发的风险大大降低，但可能始终只能做一个跟随者。19 年来，数字 PET 艰苦耕耘，终于走出一条全新的数字 PET 技术路线，从根本上避免了知识产权的风险。

一流企业做标准。这其中最令团队感到骄傲的，便是“全数字 PET”这个定义与标准的贡献。以前我们描述 PET 技术的进步，都是以跟 PET 联用的 CT 的排数多少为标准。数字 PET 出现后，则是以“是不是数字 PET”作为衡量 PET 产品先进性的最高技术指标，“全数字 PET”这个词本身就是团队的一大贡献。

三、运营情况

数字 PET 团队 2004 年发明全数字 PET 技术；2009 年在世界首次研制出全数字化、模块化 PET 探测器，并首次实现 300ps FHWM 的时间分辨率；2010 年，全球首台动物全数字 PET 科学仪器问世，首次实现亚毫米级的空间分辨率，空间分辨率首次逼近物理极限，空间分辨率 / 晶体尺寸首次小于 1.1。

团队于 2014 年 4 月成立武汉数字派特科技有限公司，并任命张博为产业化负责人，组建并带领工程团队进行临床全数字 PET/CT 的整机产品开发及应用示范。

2015 年，鄂州市政府将全数字 PET 作为该市重大科技创新项目引进，张博带领的临床全数字 PET 创业团队在鄂州市梁子湖区成立了湖北锐世数字医学影像科技有限公司，武汉数字派特科技有限公司派特是锐世最大的股东。在鄂州市鄂州市委市政府的鼎力支持下，全数字 PET 项目进入快速产业化通道。

锐世公司成立后，张博全身心投入到临床全数字 PET/CT 研发工作中，仅用 10 人左右的团队，不到 9 个月时间就研制出了具有我国完全自主知识产权的全球首台人体临床全数字 PET/CT 样机。并且仅用不到 3 年时间，25 人左右团队完成了 3 台设备试制、通过型式检测、临床试验和医疗器械注册，并取得国家三类医疗器械注册证，运用业界“最短时间、最少团队、最小资源”，创造性地完成了“全球首台大型数字化影像诊断设备”的开发任务。这一成果的诞生也有助于打破当前高端医疗仪器市场被进口产品垄断的局面，提升我国在大型医疗仪器领域的国际地位。

自全数字PET/CT产品发布后，锐世公司受到全社会的广泛关注。得到了国家及地方各级政府领导的关怀与支持；与国内外相关领域的专家学者建立了长期合作；与多家医院进行了应用示范合作。数字PET相关进展也获得了《人民日报》、新华社、中央广播电视总台、《光明日报》、《经济日报》、《科技日报》、《中国科学报》等国家权威媒体的持续跟踪报道。

数字PET凭借原理性创新，在早期诊断、精准治疗、药物研发领域应用潜力巨大。已完成的数字PET 1.0版本不仅带来了性能革新，也带来了最核心的优势：成像方法和系统设计上的革新，能快速开发大批新型PET系统，基于此，2018年团队仅用4个月时间完成了全球首台脑部专用全数字PET原型机。

该设备是全球首台专用于脑部成像的全数字PET系统，解决了当前脑部专用PET仪器领域“有”和“无”的问题。在初步的系统评估中，实现了16.7 kcps/Mbq（市面上临床PET的2倍）的系统灵敏度和平均2.0毫米的空间分辨率两项关键指标的突破。

对国家来说，脑PET是助力脑科学研究人员探索未知、占得先机的科研利器；对人民来说，脑PET是应对老龄化社会下神经系统重大疾病高发问题的尖端医疗装备，其意义不言而喻。

目前，团队还致力于发展数字PET 2.0版本，能传统PET所不能，其中以质子刀PET、超级PET为典型创新应用，以期解决我国的重大科技与民生问题。

以项目为主线，团队在国际合作方面一直走在前沿，与芝加哥大学、伊利诺伊大学芝加哥分校、加州大学柏克莱分校、加州大学尔湾分校、莫斯科工程物理学院、芬兰国家PET中心、意大利地中海神经研究所、美国国立卫生研究院等多家国际知名研究机构在脑科学、肿瘤、神经、代谢疾病研究等领域持续开展深入的应用合作。2017年，团队在意大利地中海神经研究所创立海外分部，致力于数字PET的科学研究和应用示范。

数字PET是我国高端医疗产业中唯一集“高度原创”“技术成熟”“自主可控”三大优势于一体的原创技术。数字PET既是高端医疗器械，更是尖端科学仪器；既涉及数学、物理、化学、电子、医学等方面的基础学科研究，又有对稀土加工、光电技术、分子探针、软件工程等产业链的全面创新。相关产业发展，对推进我国大健康产业高质量发展、推动经济转型升级意义重大。

四、所获奖项

华中科技大学“全球首创的全数字PET系统及产业化”项目获第五届中国“互联网+”大学生创新创业大赛湖北省复赛主赛道冠军（最高分）和国赛金奖。

五、经验体会

高端大型医疗器械研发周期长、投入大，前期投入数千万元对于打造一个全新高端临床医疗器械产品也是杯水车薪。不到 3 年，公司已完成首台样机研制、临床试验、创新医疗器械特别审批、产品注册证及申报量产，无疑创造了奇迹。

“创业永远是一条最艰辛的道路。”回忆起 14 年来跟随导师投入到数字 PET 事业的艰辛创业历程，张博感慨万千。最开始缺少场地，大家只能在学校角落的一个废弃实验室落脚，区区 40 平方米的场地，要挤下整个创业团队十几个人。组装原型机时，为腾出空间，每张桌子都得来来回回挪动；最困难的时候，因为发不出工资，张博甚至以个人名义找银行借了信用贷款，给大家发放生活费。

“努力终于没有白费，早一点做出全数字 PET，中国高端医疗器械就能早一点迎来逆袭、更能早一点挽救更多生命。”对于张博来说，现在取得的成果只是一个起点，人生的下半段，还将为数字 PET 造福人类健康不懈奋斗。

“中国是目前全球最大癌症发病率和死亡率国家，我们需要有自己的高端医疗仪器，而不是将健康寄托在进口仪器上。我们多年来只做一件事，并且以后都将致力于这件事，就是将数字 PET 打造成国产高端医疗器械实现逆袭的突破口。”张博认为，守正创新、坚持不懈，正是数字 PET 项目能够拿到第五届中国“互联网 +”大学生创新创业大赛金奖的重要原因之一。

过去的 19 年不是终点而是起点，不忘初心，数字 PET 团队将继续努力，为解决人类健康重大关切、助力人类早日攻克肿瘤、脑病等重大疾病而奋斗！

（华中科技大学推荐，执笔人：张博）

分子克隆的全球引领者

——基因方舟项目创业案例

一、创业背景

（一）政策背景

生物技术产业是21世纪创新最为活跃、影响最为深远的新兴产业，是我国战略性新兴产业的主攻方向，对于我国抢占新一轮科技革命和产业革命制高点，加快壮大新产业、发展新经济、培育新动能，建设“健康中国”具有重要意义。

国家层面对加快推动生物技术产业成为国民经济支柱产业高度重视，2018年1月23日，国家知识产权局印发了《知识产权重点支持产业目录》，明确指出：为推动产业转型升级和创新发展，将干细胞与再生医学、免疫治疗、基因治疗、细胞治疗等列为国家重点发展和亟需知识产权支持的重点产业。2019年3月11日，科技部部长王志刚在“启动实施科技创新2030重大项目”会议上，表示2019年将加快重点产业技术突破和应用，发布国家生物技术发展战略纲要，大力发展数字化制造、智能制造等技术。

（二）行业市场

分子克隆是通过在分子水平上将外源DNA序列插入原始质粒载体，构建重组质粒的过程，而重组质粒作为分子克隆的关键过程产物，广泛应用于人类病因探测、新药研发、疾病治疗等领域研究，可谓是一切生命科学研究的必需品。同时主要客户群体科研院校、大型医院、生物制药公司、农牧科技公司和分子克隆相关研究者的数量众多，市场需求巨大。

截至2019年，我国分子克隆市场规模已经达到1108亿元，世界容量更是高达6925亿元。但是一方面目前国内的分子克隆产品核心技术被BioVector、Genentech、DSMZ等外国企业垄断，扼住了我国分子克隆产业的“咽喉”，产业发展受制于人；另一方面，当前国内外分子克隆技术还存在着成本高昂、时间漫长、效率低下、交叉污染严重等问题，迫切需要新的技术实现该领域的全球性突破。

（三）平台支撑

生物治疗国家重点实验室依托四川大学，实验室于2005年3月经科技部批准建设，于2007年12月经科技部验收正式成立。同时实验室也是教育部“985工程”I类科技创新平台，四川大学交叉学科研究中心。致力于生物治疗研究，范围广泛，主要包括针对重大疾病的生物技术药物、基因治疗、免疫治疗（疫苗治疗、抗体治疗、细胞因子治疗等）、调节血管生成治疗、干细胞及组织工程治疗、诱导分化及凋亡治疗等相关的基础研究、应用基础研究、关键技术及产品研发等，支持分子克隆技术的创新和改进研究。

实验室现有分子遗传实验室、组织工程和干细胞实验室、分子病理实验室、国家新药安全性评价中心（GLP 中心）、国家新药临床试验基地（GCP) 等 10 余个实验室和研究中心。近 5 年来，实验室共承担了国家重点基础研究发展规划“973”专项（首席科学家所在单位）和子课题、国家高技术研究发展计划“863”重点或重大专项、科技部基础研究重大项目前期研究专项、国家自然科学基金创新研究群体基金、国家杰出青年科学基金以及国家自然科学基金重点项目等在内的国家级重大课题 60 余项，国家自然科学基金面上项目和省部级科研项目 100 余项，每年在国际学术期刊等上发表研究论文 500 篇，技术、资金与人力等方面资源强大。

二、创业历程

2010 年 11 月，项目创始人江华和首席科学家苏丹教授组建技术团队，开始了分子克隆技术的改进研发。经过在实验室 1000 多个日夜的不懈努力，项目技术人员于 2014 年初成功发明和鉴定一段核心 DNA 功能序列——Core box，在全球分子克隆领域内首次实现了“无需限制性内切酶、无需纯化试剂盒、无需 DNA 链接酶”的三大重要突破。

依托该核心功能序列，团队不断探索，反复试验，于 2016 年 2 月独创快速分子克隆原料试剂盒。此后的日子里，技术团队继续苦干，精益求精，终于在 2018 年 5 月，成功开创高通量分子克隆方法，将传统流程中最耗时耗力的环节用 Core box 基因序列直接替代，仅需一步即可得到我们的产品——重组质粒，将分子克隆时间从原有的 22.5h 缩短至 1.5h，降低了 94% 的生产成本，实现生产效率指数级增长。

为了加快技术的产业化，团队大胆创新，于 2019 年 6 月自主研发第一代基因方舟分子克隆仪，该设备集齐基因混合、细胞转化、工程菌培养、质粒提取模块于一体，实现了重组质粒的快速量产，机械化操作更是杜绝了质粒产品的交叉污染。在分子克隆领域首次实现机器自动化生产取代人工操作，掀起分子克隆行业的工业革命。创业过程中团队不断吸纳生物技术、商业管理等多方面的优秀综合人才，公司基础组织架构逐渐完善，后期积极开展了品牌推广和产品营销工作，取得良好进展。

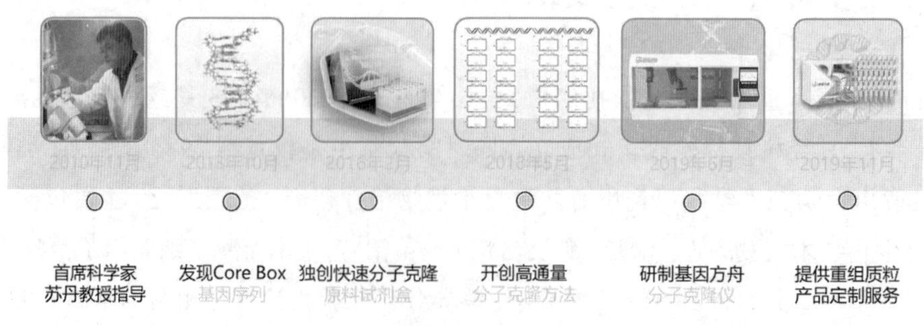

图 1　创业历程时间轴

基因方舟高通量分子克隆服务项目，从2010年到2019年，九年砺剑，在分子克隆领域不断探索与创新，致力于为客户提供全球领先的重组质粒产品定制服务。从自主研发Core box基因序列，到开发快速分子克隆原料试剂盒，突破高通量分子克隆方法，进而研制高通量智能化分子克隆仪，层层突破，产品核心指标完美超越全球寡头企业，真正从源头上打破了国外技术封锁，对改变生物科技产业格局与整合生命科学研究资源具有划时代意义。

三、运营情况

（一）产品服务

基因方舟，为客户提供全球领先的重组质粒产品定制服务，提供高性价比的重组质粒产品。目标客户通过质粒云平台向基因方舟提出需求，公司依据其个性化需求通过分析克隆仪进行定制质粒产品的高通量生产，实时反馈生产进度，实现产品交付。同时公司将依托运营中积累的海量质粒数据，逐步实现重组质粒资源库的构建，项目后期可通过质粒云平台进行目的质粒索引，直接提取所需质粒产品。

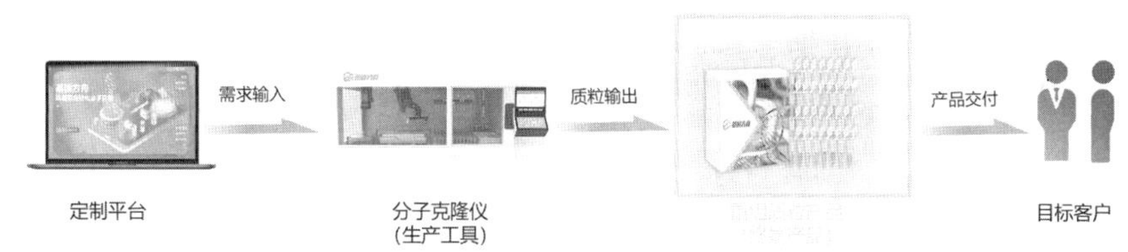

图2　服务流程

公司作为初创企业，在发展的前期，为了减少公司业务构成，减轻资金压力，将采取轻资产运营的模式，把非主营业务的分子克隆仪的设备生产以委托外包的模式，委托位于广东省佛山市的某生产单位进行代工生产（涉及商业隐私，公司名称不便展示）。该委托生产单位具备100万级净化车间，产品供货于Genscript公司、国防科技大学等多家大型企业，科研院校。

（二）营收构成

公司营收构成以重组质粒产品定制销售为主，辅以其他衍生产品。初期阶段，公司通过质粒云平台和高通量分子克隆仪为客户提供高通量重组质粒定制服务，采取服务定价法和阶梯式定价策略，根据客户需求质粒种类与数量制定不同的定价。以百个以上原核重组质粒为例，质粒价格为每盒（百个）20000元，相较市场价格降低了45.1%。后续阶段，公司通过对运营过程中的海量质粒数据进行云端整合，直接进行质粒快速生产，进一步降低核心产品价格，并拓展产品多样性，进行多肽、抗体和酶制剂等衍生产品的生产销售。凭借尖端科技，营收业绩可观。

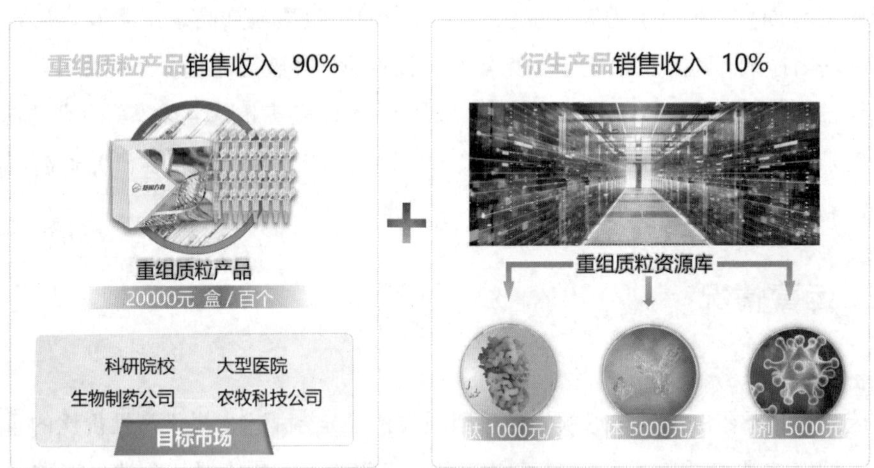

图 3　产品营收

（三）品牌推广

在市场推广渠道战略上采用线上线下推广相结合的方式进行，线下推广为主，通过团队科研成员在分子克隆领域的专业优势，对相关产品和技术进行 B_2B 模式推广，积累口碑，提升品牌效应，建立长期合作关系。线上推广为辅助推广方案，借助公司自身信息交流平台及合作伙伴官方网站的推广，为更多分子克隆领域客户提供帮助。

在品牌推广上，我们结合目标市场特点，通过行业会议与学术媒体进行精准推广，并已与北京擎科、上海生工等多家行业龙头企业实现渠道共享，快速推广市场。

（四）组织管理

项目创始人兼 CEO 江华博士拥有近 10 年分子克隆领域研究经验，参与八项国家自然科学基金项目，团队 CMO 拥有丰富的生物科技领域实践经历与从 0 到 1 的转化能力。团队其他成员由来自四川大学生物治疗国家重点实验室、华西医院、化学工程学院、商学院等多个学院不同专业学生组成，学科交叉，优势互补，具有强大的科研能力和资源整合能力。同时项目还拥有分子克隆等生命科学领域的国际知名教授担任专家顾问，如诺贝尔医学或生理学奖获得者费里德·穆拉德、中国科学院院士魏于全、中国科学院院士饶子和国家青年“千人计划”专家苏丹等。

（五）项目成果

团队目前已取得 4 项发明专利，多项在申，获得教育部科技查新“新兴技术全球首创”认证、科技厅技术成果“达到全国领先水平”评定。

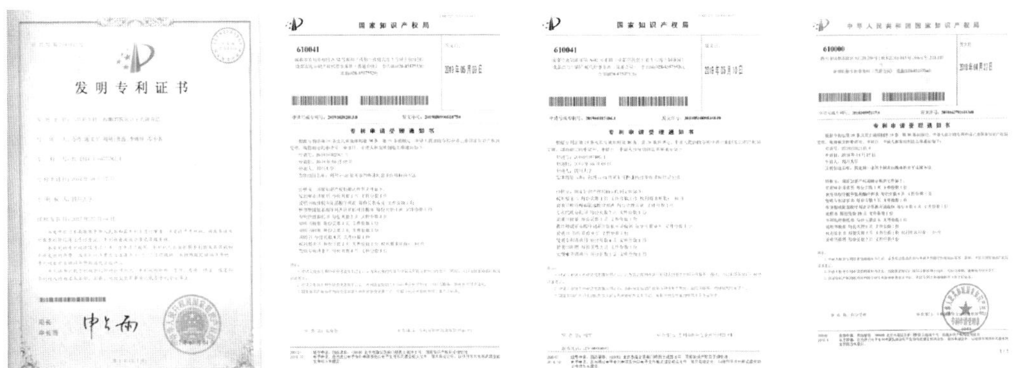

图 4　发明专利

团队已与 4 家生物科技机构分别签订了原料供应战略协议和渠道营销战略协议，并与北京擎科、四川川奕等行业龙头签订了 5 单共计 1400 万的购销合同，同时在华西医院、天津国际生物医药研究院进行了科技成果的应用推广。项目目前已和 36 家相关龙头企业和科研院校就研发、原料、推广及销售等方面达成了密切战略合作。并获得政府 100 万的创业资金扶持，以及 400 平方米场地 5 年免费使用权，预计于 2019 年 12 月中旬于成都市高新区生物医药创新工业园落地，开工生产。

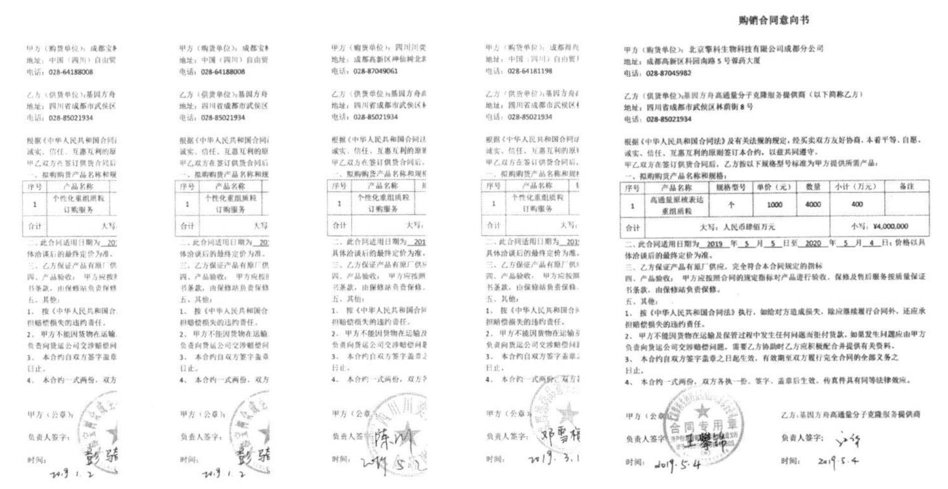

购销合同意向书

甲方（购货单位）：北京擎科生物科技有限公司成都分公司
地址：成都高新区科园南路 5 号蓉药大厦
电话：028-87045982

乙方（供货单位）：基因方舟高通量分子克隆服务提供商（以下简称乙方）
地址：四川省成都市武侯区林荫街 8 号
电话：028-85021934

根据《中华人民共和国合同法》及有关法规的规定，经买卖双方友好协商，本着平等、自愿、诚实、信任、互惠互利的原则签订本合约，以兹共同遵守。
甲乙双方在签订供货合同后，乙方按以下规格型号标准为甲方提供所需产品：
一、拟购购货产品名称和规格：

序号	产品名称	规格型号	单价（元）	数量	小计（万元）	备注
1	高通量原核表达重组质粒	个	1000	4000	400	
合计	大写：人民币肆佰万元				小写：¥4,000,000	

二、此合同适用日期为 2019 年 5 月 5 日至 2020 年 5 月 4 日；价格以具体洽谈后的最终定价为准。
三、乙方保证产品有原厂供应，完全符合本合同规定的指标
四、产品验收：甲方应按照合同的规定指标对产品进行验收，保修及售后服务按质量保证书条款，由保修站负责保修。
五、其他：
1、按《中华人民共和国合同法》执行，如给对方造成损失，除应继续履行合同外，还应承担赔偿损失的违约责任。
2、甲方不能因货物在运输及保管过程中发生任何问题而拒付货款，如果发生问题应由甲方负责向货运公司交涉赔偿问题，需要乙方协助时乙方应积极配合并提供有关资料。
3、本合约自双方签字盖章之日起生效，有效期至双方履行完全合同的全部义务之日止。
4、本合约一式两份，双方各执一份，签字、盖章后生效，传真件具有同等法律效应。

甲方（公章）：　　　　乙方：基因方舟高通量分子克隆服务提供商
负责人签字：王攀锦　　　　负责人签字：
时间：2019.5.4　　　　时间：2019.5.4

图 5　购销意向合同

（六）财务融资

企业盈利能力强，2021 年预计营业收入达 1.68 亿元，净利润 7569 万元，营收体量大，优势显著。公司拟 2019 年完成 1500 万元的天使轮融资，出让股份 15%，资金主要用于

公司正常运营所需的生产投入、运营管理、研发支出、专利布局和营销推广。团队针对地区分子克隆市场，在2020—2022年拓宽市场范围至全国各大地区，预计在2022—2024年进军国际市场，在国际分子克隆技术行业具有一定的市场份额。

四、所获奖项

图6 "互联网+"国赛核心团队合照

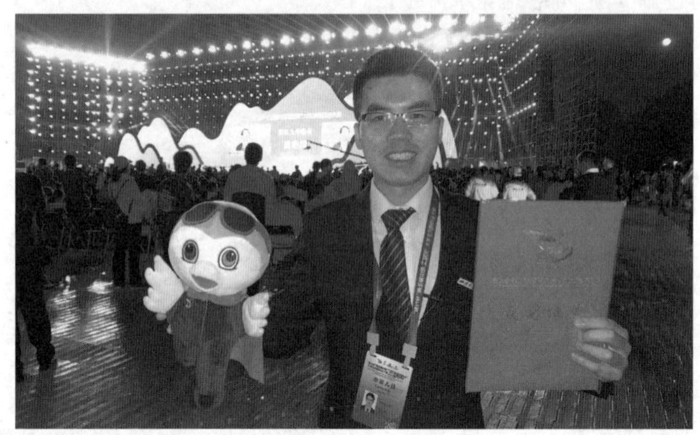

图7 项目CEO赛场留影

1. 第五届"互联网+"大学生创新创业大赛国家级金奖（进入前三十三强）；
2. 2019年"创客中国"产业互联网中小企业创新创业大赛创客组二等奖；
3. 2019人"香港科技大学—安讯科技"工智能百万奖金国际创业大赛二十一强；
4. 2019四川省第二届"天府杯"创业大赛·大学生创业组二等奖。

五、经验体会

（一）找准创业方向，紧跟政策导向和市场需求

国家政策不仅是产业发展的催化剂，更是创业发展的原始动力。近年来，中共中央国

务院陆续出台了推动创新驱动发展的系列文件，充分反映了国家对双创工作的高度重视。同时国家政府结合我国自身情况适时适宜地提出了具有针对性的政策，不断鼓励创新创业、推动形成良好的发展环境。在不断趋于利好的大环境下，创业者更要找准方向，当前新一轮科技革命产业变革蓄势待发，生物技术产业则是其中最活跃的领域之一。

生物技术产业是我国战略性新兴产业的主攻方向，近年来增长迅猛，产业规模不断壮大，已成为中国经济的一个重要增长点。在政策利好态势下，2015—2018 年，我国生物技术产业规模从 7209 亿元增加到 2018 年的 14896 亿元，增长了 1.4 倍，年均复合增长率达到 24.5%。现在正是生物技术产业发展的黄金阶段，分子克隆作为发展现代生物技术产业必不可少的基础性环节，截至 2019 年国内市场规模已经达到 1108 亿元，其重要过程产物重组质粒市场容量也甚为广阔迎来了发展的春天。

（二）掌握关键核心技术，实现自主可控

习近平总书记在两院院士大会上指出："实践反复告诉我们，关键核心技术是要不来、买不来、讨不来的。只有把关键核心技术掌握在自己手中，才能从根本上保障国家经济安全、国防安全和其他安全。"总书记的这一重要论述，道出了掌握关键核心技术的重要性。

当前，科技创新角逐空前激烈，我国科技领域关键核心技术受制于人的局面没有得到根本性改变。分子克隆领域同样被国外限制，团队深谙这一现状，在创业前期花费近四年的时间成功发现和鉴定 Core box 基因序列，实现了全球分子克隆领域的重大突破，做到了关键核心技术的自主可控，真正发挥科技引领发展的第一动力作用。

（三）促进产学研结合，推动科技成果转化

科技竞争与经济竞争的联系越来越紧密，科研的核心问题不单是追求技术的先进性，同时也追求科研成果能否转化为生产力、是否产业化的目标。我们不仅要有知识创新，也要鼓励产、学、研结合，让科研成果得到更好的应用。基因方舟项目团队在实现核心技术突破的基础上，积极与实践应用相结合，开发出高通量试剂盒，随后不断创新，成功研制出第一代高通量分子克隆仪，实现机械化生产。与相关企业开展积极友好合作，多渠道进行品牌推广和产品营销。此外利用国家鼓励政策入驻科技孵化园，在成都市高新区生物医药创新工业园落地开工，有效实现了科技成果的产业化，促进科学到技术、技术到应用的转化提速。

（四）产业报国，永不懈怠

积极响应国家双创号召，服务国家创新驱动发展战略，从中国西南地区的四川大学起步，走向全国，走向世界，以科技改变产业、改善民生、服务国家，这是基因方舟的报国之路。创业总是艰辛的，创业者要有情怀、有担当，基因方舟，立志创世界一流的生物科技民族品牌，做永续经营的高成长型企业。

（四川大学推荐，执笔人：王仪、江华）

面向水质和水文监测的 AI 水域机器人

——合肥星北航测信息科技有限公司创业案例

一、创业背景

近年来，我国水质安全在各种污染下越发令人担忧，特别是频发的水污染事故令城市猝不及防，让民众震惊。我国每年水污染事故（如图 1）都在 1700 件以上，全国饮用水源地水质不安全涉及人口达 1.4 亿人，因此水质安全的监测与保护刻不容缓。

图 1　巢湖蓝藻污染事故

本团队研制的“面向水质和水文监测的 AI 水域机器人”对于提高我国水质监测、水污染防控、水环境治理等具有重要意义！

二、创业历程

第一步：大创项目，打下技术基础

本团队早期依托国家级大创项目，研制了多种仿生学的水下机器人（如图 2），为后续的科技创业打下了重要的基础。

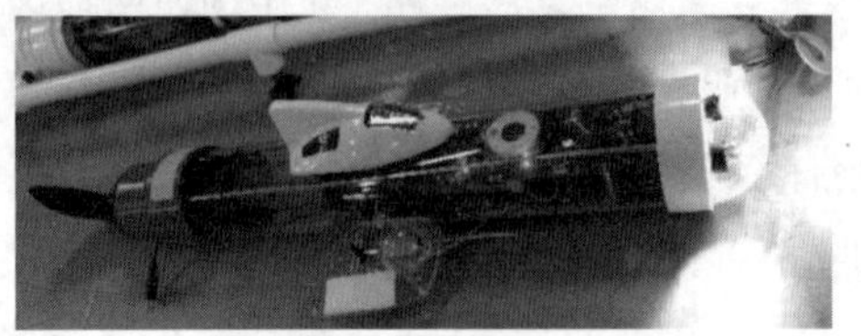

(a) 鳍型水下机器人

(b) 鲀型水下机器人

图 2　研制的多种仿生学水下机器人

第二步：创业大赛，训练创业思维

2016年团队研制的水质监测自主航行器“梦之舟”，参加了“创青春”全国大学生创业大赛，一举斩获金奖！

图3　“梦之舟”

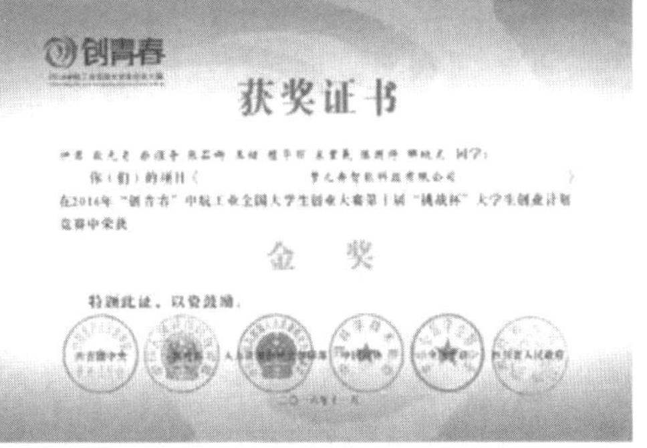

创青春

获奖证书

你（们）的项目（　　）

在2016年“创青春”中航工业全国大学生创业大赛第十届“挑战杯”大学生创业计划竞赛中荣获

金　奖

特颁此证，以资鼓励。

图4　“创青春”全国大学生创业大赛金奖

通过创业大赛的历练，团队总结了产品的技术特点和优势，思考了先进的市场营销策略，形成了完善的创业计划。团队成员的创业思维得到了极大的训练，为下一步的实践创业做好了准备。

第三步：创业实践，我们在路上

经过创业大赛的历练，团队以“合肥星北航测信息科技有限公司”正式开启了科技创业之路。公司注册资金 200 万，致力于面向水质和水文监测的 AI 水域机器人的研发、生产、销售和服务。团队成员全部担任公司的主要部门负责人。

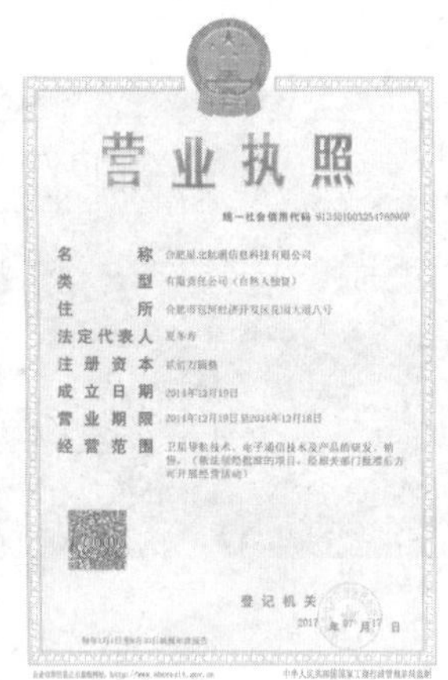

营业执照

统一社会信用代码 [illegible]

名　　称 合肥星北航测信息科技有限公司
类　　型 有限责任公司（自然人独资）
住　　所 [illegible]
法定代表人 [illegible]
注册资本 [illegible]
成立日期 [illegible]
营业期限 [illegible]
经营范围 卫星导航技术、电子通信技术及产品的研发、销售。[illegible]

登记机关
2017 年 07 月 17 日

图 5　注册公司，科技创业

2018 年公司迎来了业务的大发展：

1. 产品智能化升级

2018 年公司重点研制了面向水质和水文监测的 AI 水域机器人“精湖壹号”。

图 6　“精湖壹号”

该产品于 2018 年 12 月发布，得到了合肥工业大学校领导、各界创业人士和资本的高度关注。

图 7 "精湖壹号"成果发布会

"精湖壹号"主要技术指标：

• 尺寸：5.5 × 2.3 × 3 米　水质监测：总氮、总磷、氨氮、COD、

• 动力：舷外机 PH、溶氧量、温度、浊度、电导率

• 抗风浪等级：3 级等 11 种水质指标

• 最大航速：20 节　水质采样深度：0 ～ 10 米

• 马力：65 匹　水文监测：配备 ADCP，实时测量

• 续航里程：120 海里 流速和流量，自动生成数字流场图

• 作业模式：自主航行、自动作业　流速测量范围：0 ～ 10.2 米 / 秒

• 通信方式：MIMO+ 北斗短报文　流速剖面量程：0.2m 至 20m

• 通信距离：50 km（+）　避障方式：高清视频 + 毫米波雷达

• 导航技术：北斗导航 + 海事雷达　视频帧率：50 赫兹

• 导航精度：定位厘米级、测向 0.2 度　毫米波雷达测量范围：50 米

精湖壹号"主要功能及创新：

（1）AI 技术，实现了自主航行、自动避障、自动回收；

（2）基于机器视觉理论实现了水面目标的分析与识别，提高了自动避障的智能性；

（3）革新现有检测方法和手段，实现了总氮、总磷、氨氮、COD 等富营养化指标的船载自动化检测；

（4）基于声学多普勒探测模块，实现了水文数字流场图的在线自动化生成；

（5）大数据中心综合水质和水文检测结果，结合蓝藻水华形成机理，可对蓝藻爆发区域进行预测和干预。

2. 得到市场认可

2019 年"精湖壹号"产品在安徽省巢湖投入应用（图 7），有效取代了以往人工采样检测的方法，在总氮、总磷、氨氮、COD 这四项关键指标上的检测结果得到了巢湖管理局相关技术部门的精度校核，得到了一致的高度评价。

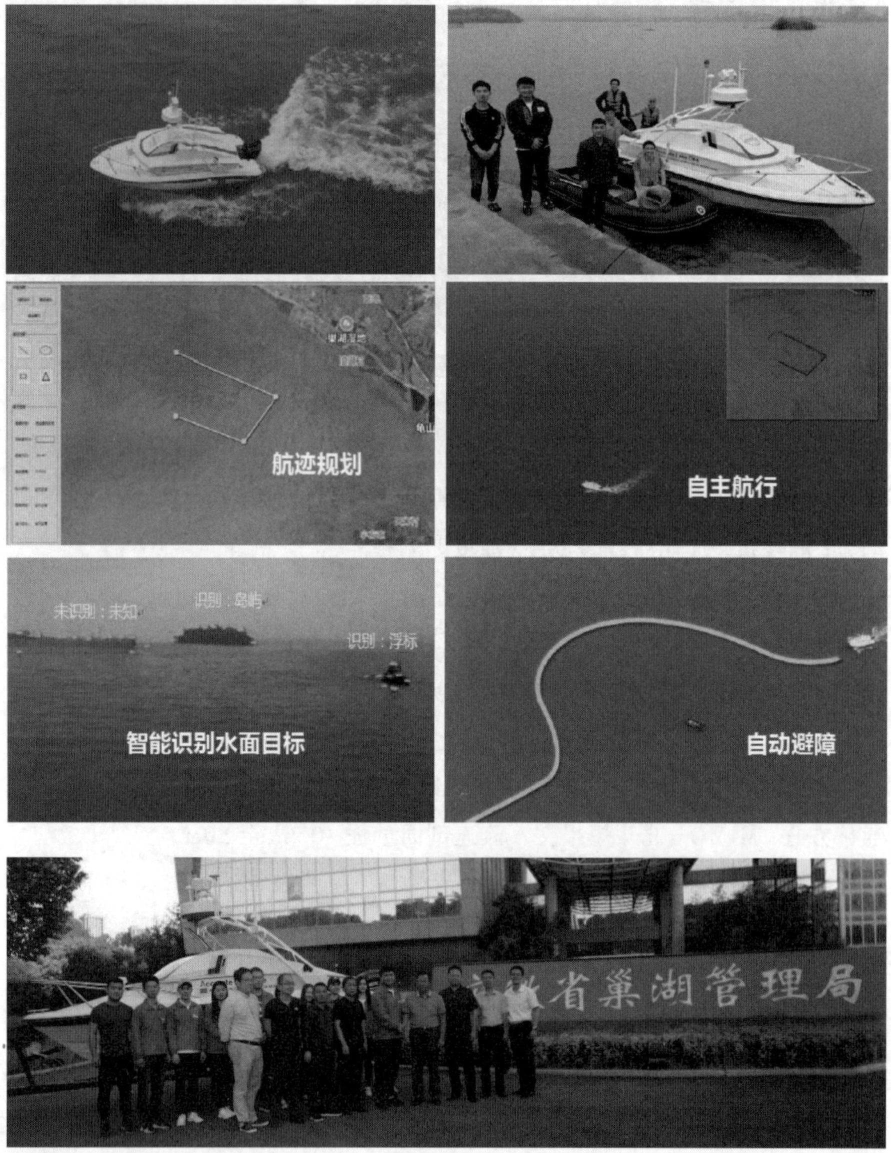

图8 在巢湖投入使用

图9 产品得到巢湖管理局高度认可

巢湖管理局局长余忠勇评价道：“该产品作为一种在线自动化的、精度可靠的水质检测技术，有效提升了我们管理部门对巢湖水质的监控能力。”

3. 创业工作得到省领导赞许

2019年2月，安徽省省长李国英一行调研了本团队的创业工作，高度评价了“精湖壹号”的先进性和智能性，对团队取得的成果和应用效益表示了赞许。省长鼓励大家进一步将创业成果推广到安徽各地，服务安徽，走向全国。

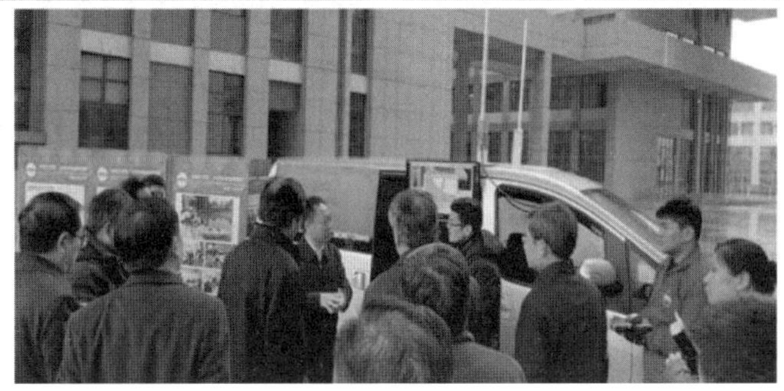

图10　省长李国英亲切指导

三、运营情况

1. 企业基本情况

合肥星北航测信息科技有限公司致力于“面向水质和水文监测的AI水域机器人”的研发、生产、销售和服务，拥有多项核心技术和自主知识产权，是典型的技术密集型企业。

表1　公司基本情况

公司名称	合肥星北航测信息科技有限公司
公司住所	安徽省合肥市包河经济开发区花园大道8号
公司定位	北斗导航、机器人、水质监测等技术及产品研发、生产、销售和服务
注册资本	200万元人民币
人员规模	目前员工15人，其中研发人员10人

图 11　公司办公场所

2. 近 3 年经营情况

由表 2 可见，近 3 年公司主营业务收入累计 209.2453 万元，主营业务投入逐年增长。同时税前利润额 3 年累计达 87.3828 万元，呈逐年上涨趋势。数据说明公司主营业务稳定发展，业务收入稳定上涨，盈利情况良好。

表 2　近三年经营业绩

起止时间	主营业务收入	主营业务成本	税前利润额
2016.1—2016.12	24.1365 万元	3.7902 万元	0.5943 万元
2017.1—2017.12	73.8370 万元	16.7510 万元	38.7801 万元
2018.1—2018.12	111.2718 万元	56.6980 万元	48.0084 万元

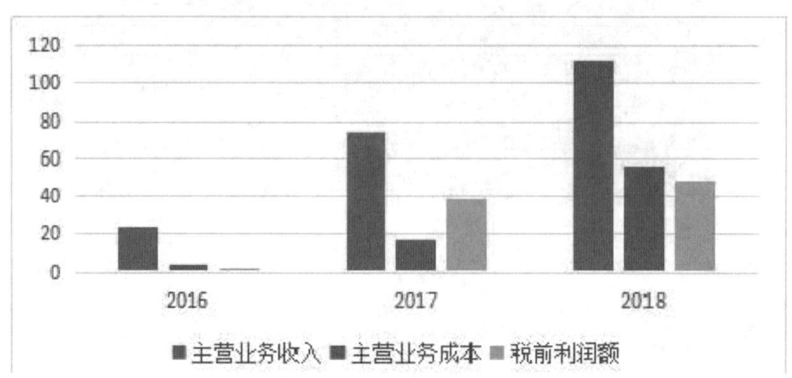

图 12　公司近三年经营业绩

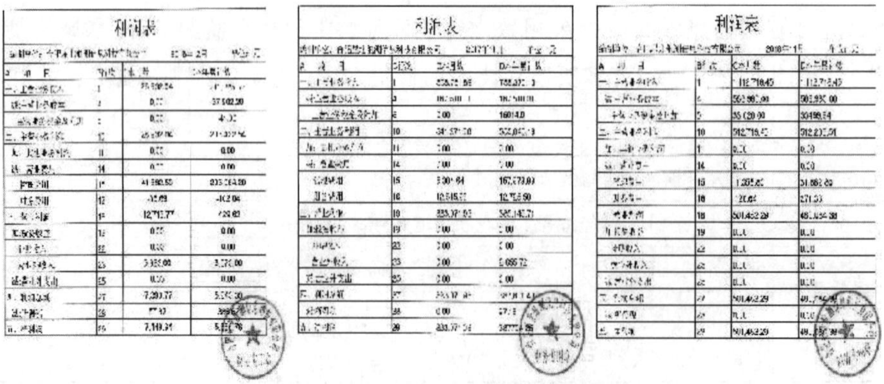

图 13　公司近 3 年利润表

3. 市场拓展与盈利预测

水域机器人在环境监测、航道测绘、军事反恐、海洋勘探等领域具有广阔的应用前景。

我国水污染事故频发，水质安全的监测与保护刻不容缓。相关部门在推进环保的同时需要相关设备的监测得出科学的数据，以便制定更加合理的政策、方针。按照目前生态环境部对重点流域的投入规划，可以预计在未来 5 年内全球水域机器人的市场需求将达 600 亿元，未来市场空间将十分喜人。

公司依托合肥工业大学，在省领导的关怀指示和合肥市政府的协调下，已与巢湖管理局达成了平台共建的协议，正牵头研发面向巢湖水质水文监测应用的 AI 水域机器人。其成果不仅在巢湖需求巨大，而且可以推广适用于安徽省大量的湖泊和河流，将产生巨大的应用效益和经济价值。

2019 年初至今，“精湖壹号”产品相继在合肥大房郢水库和巢湖水域投入应用，有效取代了以往人工采样检测的方法，解决了传统方式的自动化程度低、检测频率低、人工费用昂贵的不足，同时“精湖壹号”在总氮、总磷、氨氮、COD 这四项关键指标上的检测结果得到了巢湖管理局相关技术部门的精度校核，得到了一致的高度评价。

目前，众多河流、湖泊和水库的管理部门都在与我们的市场部联系，希望能引入我们的产品以提高管理效率和水平。该领域的市场需求迫切。经预测，公司未来五年的营收和利润如表 3–3 所示。

表 3　未来五年公司销售盈利预测

单位：万元

项目	2020 年	2021 年	2022 年	2023 年	2024 年
预计营业收入	2300	4600	11500	18400	23000
预计营业成本	1400	2800	7000	11200	14000
预计销售毛利	900	1800	4500	7200	9000
预计销售毛利率	39.13%	39.13%	39.13%	39.13%	39.13%
预计净利润	218.27	478.27	1061.03	1834.53	2123.53
预计销售净利润率	9.49%	10.39%	9.22%	9.97%	9.24%

可见，产品前五年预期平均销售毛利率为 39.13%，平均销售净利润率为 9.49%，公司未来盈利状况良好，呈现持续发展态势。

4. 下一步发展计划和策略

（1）发展计划

公司以研发和营销为重点，使公司在业界处于技术领先地位，并迅速打开市场。

2021—2022 年，品牌战略：开展多种有针对性的宣传活动，提高品牌知名度；注重服务质量，给顾客提供最大价值，提升企业形象。

2023 年，多元化经营战略：利用公司在 AI 水域机器人研制方面的技术积累，开发其他相关产品，实现产品多元化、多样化发展。

（2）发展策略

我们将着重从人才、研发、销售三个方面着手，制定合理、有效的可持续发展战略。

（3）人才战略

①坚持“以人为本”的理念；

②坚持企业文化建设，增强企业的凝聚力；

③建立员工股权激励，增强员工对公司的归属感。

（4）研发战略

2019—2020 年，稳定产品质量，获取权威部门技术认证，联合相关部门起草行业标准，提高产品的市场认可度。

2021—2022 年，注重技术服务。以市场反馈引导产品的后续研发，促进产品的系列化、差异化，扩大产品应用领域。

2023 年，进一步增强产品性能。推出换代产品，形成一个产品群，实现产品多元化发展，以保证企业长期稳定发展。

（5）销售战略

通畅的销售渠道和合理的营销方式是企业经营的关键，公司提出“产品销售 + 数据服务”的多元化销售方式，即在某些监测水域，通过我们的 AI 机器人完成水质和水文检测，获取专业的测量数据，然后为用户提供有偿的数据服务。该策略有助于公司迅速开拓市场，推动新技术的应用，达到公司的发展目标。

四、所获奖项

1. 2016 年，获“创青春”全国大学生创业大赛“金奖”；

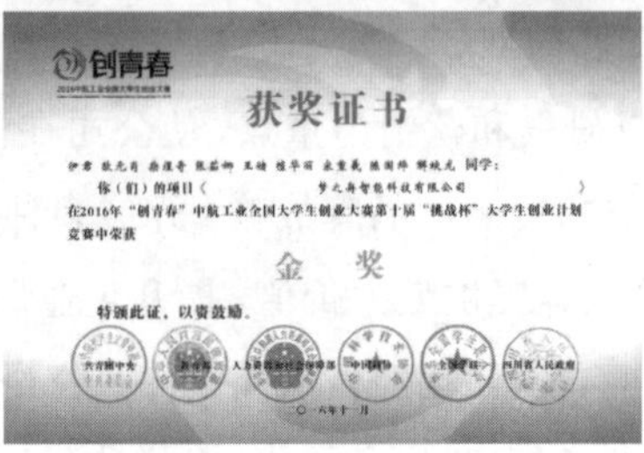
创青春

获奖证书

同学：

你（们）的项目（ 梦之舟智能科技有限公司 ）

在2016年“创青春”中航工业全国大学生创业大赛第十届“挑战杯”大学生创业计划竞赛中荣获

金 奖

特颁此证，以资鼓励。

二〇一六年十一月

图 14 “创青春”全国大学生创业大赛金奖

2. 2019 年，获第十二届全国大学生创新创业年会“入选奖”。

图 15　第十二届全国大学生创新创业年会展示

五、经验体会

1. 学科交叉，团队合作至关重要。

从水下机器人到“梦之舟”再到“精湖壹号”新产品集成了北斗导航、机器视觉、深度学习、智能控制、水质检测等技术，涉及了电子通信、人工智能、水环境保护等多学科交叉。成果的完成更是一大批不同专业同学精诚合作的结果，这让我们充分体会到了团队协作的力量和重要性。

2. 创业不是科研，性价比是王道。

在产品研发初期，我们虽然找到了一些可快速实现的技术方案，但成本较高，由此叠加出来的产品价格居高不下，难以被用户接受，甚至很多用户首先关心的就是价格，因此性价比成为赢得用户的关键。为了赢得竞争，团队成员花了大量时间和精力去优化技术方案，降低成本，并反复实验和测试，最终打造出高性价比的产品，赢得了用户的青睐，我们也在此过程中加深了对各项技术的理解，积累了更多宝贵经验，体验到了更多的艰辛和快乐。

我们是全国大学生“小平科技创新团队”，致力于面向水质和水文监测的 AI 水域机器人的研究、应用与产业化。我们将在十九大提出的“绿水青山就是金山银山”目标指引下，在各界人士的支持下，继续科技创新，激情创业，力争成为 AI 水域机器人行业的领头羊，为我国水环境保护贡献青春力量！

（合肥工业大学推荐，执笔人：吴振昊、洪韵晴、王振举）

勇立时代潮头，引领科技潮流

——焦作市兔比科技有限公司创业案例

前言：在当今社会积极号召“大众创业、万众创新”的时代背景下，越来越多的有志青年前赴后继地投身到创新创业浪潮之中，努力追寻自己的“创业梦”。而在有着“小城办大学典范”美誉的河南理工大学校园里，就培育了这样一支朝气蓬勃、发展迅猛，志在以科技创新引领智能家居产业高速发展，以“做一个标榜国际的 Made in China”为企业愿景的大学生创业团队——兔比科技团队。后文将通过焦作市兔比科技有限公司总经理王圳的自述来呈现兔比科技团队艰辛而又充满成果的创业历程。

一、创业背景

习主席曾说过：“现在，青春是用来奋斗的；将来，青春是用来回忆的。”从小本人便梦想着成为一名发明家，立志用科学技术造福于民；初中时期，本人开始热衷于应用所掌握的科学知识去发明创新，踊跃参加各大发明创新大赛；高中时期，本人号召身边志同道合的同学一起组建科技创新实践小组，开展丰富多彩的科技创新活动，这些经历都为我在大学生涯立足实业并成立焦作市兔比科技有限公司，欲推动智能家居市场新一轮革新的浪潮进行了良好的铺垫。

四年前的那个金秋九月，刚踏入河南理工大学校门的我便积极地响应国家“大众创业万众创新”的时代号召，加入了由同校学长组建的仅有两名成员的创业团队，共同追寻内心深处的“科创梦”，力争成为一名科技创新的缔造者。

图1　中国最佳合伙人

二、创业历程

2015年11月2日，由三位在校大学生共同组成的青年创业团队——焦作市兔比科技有限公司正式注册成立。我们根据自己的性格特点及自身的实际情况明确了初步的分工合作方案。有了初步的分工后，我们便要开始确定合适的创业项目。

科技源于生活而高于生活。我们便开始从自己的大学宿舍生活需求出发，意在研发一款具有隔空操控、功能新颖、外观精致及小巧便携等特点集于一身的智能台灯。有了初步的想法后，团队成员便全身心地投入到研发工作中。经过近三个月的实验室研发，公司的一代项目——Tobe智能灯初具雏形并向国家知识产权局提交了实用新型专利申请。顺利完成产品初步的研发工作后，各种问题便如潮水般接踵而至。

首先，从实验室阶段的研发成果到实现产品流水线式的量产仍然存在着巨大的差距。如果想要实现产品的量产工作，就必须开发产品模具，而开发一套模具的成本竟高达上万元。奈何这对于资金匮乏的初创团队而言真是一笔不小的数目。正处于焦头烂额，冥思苦想如何筹集模具开发费用的我们，幸运地遇到了一位同为创业者的贵人，他在聆听了我们的创业想法后，愿意无条件地帮我们垫付开发模具所需的费用，这使得模具开发工作得以正常开展。

其次，由于团队成员缺少足够的产品生产经验，模具的开发工作似乎并没有想象般的顺利。无数次的推倒重来，无数次的方案调整，无数次的细节优化，我们能做的唯有迎难而上，不惧挑战，夜以继日地对产品及产品进行更加深入地研究。经过近两个月时间的打磨，一代项目——Tobe智能灯的模具终于2016年6月底开发完成。

图2　Tobe智能灯Ⅰ代

随后，团队成员便想尽一切办法开始筹集第一批产品的生产资金。正是在这时我们遇到了后来加入我们公司的澳大利亚籍股东Issah（伊萨）。伊萨是一位企业管理专家，担任悉尼科技大学研究生导师，曾领导悉尼科技大学研究生团队完成了众多战略信息技术项目并将业务拓展至多个国家地区。他在听闻我们的创业项目及创业经历后，给予了高度的评价及认可，毫不犹豫地选择投资并加入我们的团队，这也是伊萨投资的第一个涉及信息技术硬件和软件领域的产品。伊萨的投资不仅为年轻的兔比科技团队注入了首批产品的生产资金，更为团队人员注入了十足的信心。

功夫不负有心人。在团队全体成员的共同努力下，Tobe 智能灯终于在 2016 年 11 月完成了产品小批量的试产工作并于 2017 年 3 月在河南的多所高校校内开展了试销活动，公司的第一项专利也于同年 4 月份通过了知识产权局的正式授权。

图 3　校内开展试营销活动

就当一切事情似乎都按照计划顺利进行时，兔比科技竟触不及防地遭遇了一场灭顶之灾。2017 年 7 月，Tobe 智能灯的代加工厂家因资金链断裂而倒闭。这意味着我们前期所有的投入在一夜之间付诸东流！那时的我们俨然已经身无分文。但是，一支足够优秀的团队并没有因为遭遇代加工厂家倒闭的风波而轻言放弃，反倒是越挫越勇，因为我们清楚地意识到身后没有任何退路，必须得坚守内心深处的信念。所有人仿佛在一瞬间拧成一股绳，齐心合力渡过兔比科技所面临的寒冬，这个寒冬是如此的漫长与煎熬，但是兔比科技团队的每一位成员都没有因此而临阵退缩。永不言弃难道不就是所有创业者应该具有的美好品质吗？

如此境遇之下，唯有冷静思考与处事不惊才能够获得新的创新与突破。对市场动向有着敏锐嗅觉的我们深刻地意识到：随着国民生活水平的不断提高，人们对智能家居系统的需求愈来愈强烈。然而，目前市场上现有的智能家居系统却普遍存在着替换成本高、改造工程量大、产品兼容性差及产品体验度低等缺陷，这使得智能家居产品难以得到迅速普及与推广。在这样的行业背景之下，兔比科技大胆创新，勇于尝试，秉持着在产品技术上做“加法”，在产品操控上做“减法”的产品开发原则，提出了一套创新的技术思路——便携非接触式无线控制技术。通过此技术可将家中现有的普通家用电器直接进行升级改造，而无需购买昂贵的智能电器，也无需改变原有的电路走线，可轻松实现一千元构建一套智能家庭控制系统的目的，从而满足客户对“智慧家庭户型”的强烈需求。

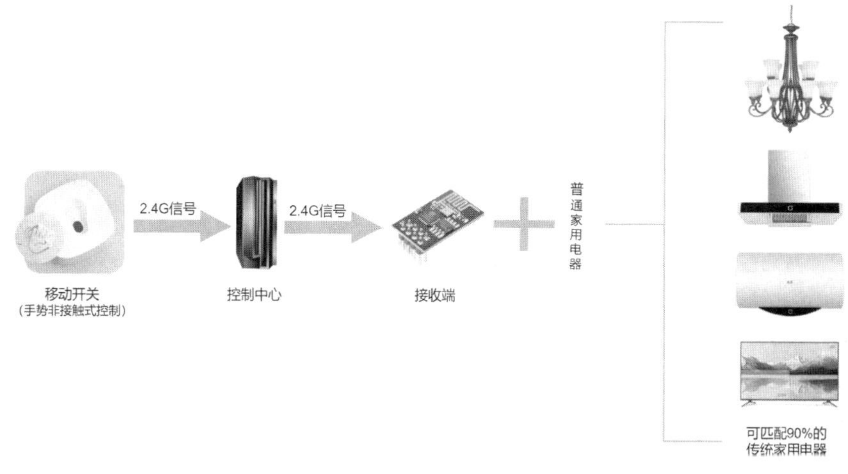

图 4　智能移动开关产品方案

还未完全从一代项目代加工厂家倒闭阴影走出的我们，毫不犹豫地投入到二代项目——OneSwitch 智能移动开关项目的产品研发工作当中。凭借着政府部门对科技型中小企业的大力扶持，我们通过自己的努力争取到了多笔由政府提供的创业扶持资金；还凭借着一代项目的技术研发及生产经验，游刃有余地完成二代项目的研发及生产工作。仅仅在 2017 年下半年短短半年的时间内，兔比科技便成功获得了由国家知识产权局颁发的 5 项专利授权证书，并完成了智能移动开关初步的研发工作。这也进一步明确了兔比科技未来的发展方向，我们将立足于非接触式控制技术，将此科学技术做精、做细、做深，将兔比科技做大、做好、做强。

与此同时，我们并没有放弃对一代项目进行进一步的升级改造工作。因为对于兔比科技团队而言，Tobe 智能灯就像是我们的第一个“孩子”，她是如此的平凡却又非凡。兔比科技团队整合 Tobe 智能灯 Ⅰ 代的优点及市场销售反馈的改进建议，联系上新的生产厂家对 Tobe 智能灯升级版进行了大量的优化与调整，并于 2018 年 1 月完成了新产品的开模工作。

自从大一开始创业成立兔比科技以来，至今已经三载有余！回头望，深感创业的艰辛与不易。庆幸的是有母校作为坚强后盾，在创业路上予以支持，兔比科技方得以稳步发展。2019 年正值河南理工大学建校 110 周年之际，作为从河南理工大学走出来的学生创业团队，我们怀着感激之情与母校强强联合，共同推出了 Tobe 智能灯校庆纪念款产品并对外进行销售。这不仅是母校对我们兔比科技团队科技成果的肯定，更是对大学生创新创业的认可与支持！

图 5 Tobe 智能灯校庆纪念款产品

随着兔比科技研发团队的日益完善及研发成果的日趋成熟，越来越多的企业与兔比科技展开了友好深入的合作。截至至目前，本公司完成了包括手势控制智能灯系列、基于手势识别控制技术的油烟机、手势控制模块及敲击控制模块在内等多项核心内容的技术开发工作，且已通过国家知识产权局授权 5 项实用新型专利及 1 项外观专利，实质审核 1 项发明专利及 1 项实用新型专利。当前，本公司已经与广东省的多家 OEM 油烟机生产厂家及国内多家灯饰经销商开展了初步的试生产及试营销活动，计划于 2019 年年底前将相关产品大量地投入生产线并迅速地推向市场，生产的产品准备出口销往澳大利亚、新西兰、南美洲、印度及巴基斯坦等地。

2018 年 1 月，兔比科技通过了河南省科技型中小企业认证。紧接着于 2018 年 4 月通过了国家科技型中小企业认证并受邀参加由共青团中央牵头的“青年创新创业板”挂牌。2018 年 12 月 26 日，本公司成功在中原股权中心新四板挂牌展示（企业代码：204757），反映了本公司具备了雄厚的研发实力及广阔的发展前景。

三、运营情况

通过兔比科技团队成员三余载的辛勤研发与不懈努力，公司运营逐步趋于稳定，越来越多的企业客户主动与本公司寻求技术及市场方面的合作。

在技术研发合作方面，本公司获得美国 Arrow Electronics（艾睿电子）的官方认证授权；优先获得美国专家团队一对一的技术人员支持、技术建议和设计评审；被允许访问 IBM 沃森物联网平台资源，拥有申请 IBM 全球企业家计划的机会。除此之外，本公司先后与深圳市多氟多新能源科技有限公司、深圳市芯通微科技有限公司等开展了技术研发合作。

图 6　技术专家 Dennis 访华考察本公司并签订技术交流合作协议

在市场合作方面，本公司已与焦作市华艺灯饰、EDS 线上商城（建材商线上合作平台）、佛山市荷美电器有限公司、中山市红樱电器有限公司、中山市启宙电器有限公司及海南嘉誉建材贸易有限公司达成深入的市场合作共识，手势非接触式油烟机 2020 年产量预计将达到百万台，产值高达千万元。其余产品将在试生产后陆续推向市场，非接触式控制技术的市场前景广阔。

在赛事荣誉方面，本人带领团队斩获第四届“创青春”中国青年创新创业大赛河南省商工组金奖（唯一）、第五届全国大学生“互联网 +”创新创业大赛河南省特等奖（国家铜奖）、2018 年“创青春”河南省大学生创业大赛创业实践赛一等奖、第 23 届全国发明展览会创业奖铜奖、“挑战杯”大学生课外学术科技作品竞赛省级三等奖、第二届“火马杯”焦作市青年创新创业大赛三十强、首届“理工杯”创新创业大赛特等奖等赛事荣誉。

图 7　第五届中国"互联网 +"大学生创新创业大赛合影

除此之外，我们的创业事迹还得到了中国青年网、共青团中央、人民日报、河南广播电视台、焦作市广播电视台、焦作日报等社会各界媒体的广泛宣传与报道。

图 8　接受社会各界媒体采访

四、所获奖项

表 1　所获奖项

序号	项目全称	获奖时间
1	实用新型专利证书 专利号: ZL201620494802.7	2016 年 12 月 07 日
2	实用新型专利证书 专利号: ZL201620954741.8	2017 年 04 月 26 日
3	实用新型专利证书 专利号: ZL201720097229.0	2017 年 09 月 22 日
4	实用新型专利证书 专利号: ZL201720097230.3	2017 年 09 月 22 日
5	外观设计专利证书 专利号: ZL201730030794.0	2017 年 09 月 22 日
6	实用新型专利证书 专利号: ZL201720168947.2	2017 年 10 月 10 日

续表

序号	项目全称	获奖时间
7	实用新型专利证书 专利号：ZL201920092683.6	2019年09月24日
8	河南省科技型中小企业A级认证 备案号：2017S0800028	2018年1月
9	全国科技型中小企业认证 备案号：20184108110000l129	2018年4月
10	中原股权交易中心新四板挂牌展示企业 企业代码：204757	2018年12月
11	第五届“互联网+”大学生创新创业大赛成长组省级一等奖（第一）、国家铜奖	2019年10月
12	第四届“创青春”中国青年创新创业大赛河南省赛商工类初创组金奖（唯一）	2017年9月
13	第十二届“挑战杯”暨“创青春”大学生创业大赛实践赛省级一等奖	2018年6月
14	“挑战杯”大学生课外学术科技作品竞赛河南省三等奖	2017年5月
15	2017“火马杯”焦作市青年创新创业大赛30强	2017年10月
16	第23届全国发明展览会创业奖——铜奖	2019年11月
17	河南省大学生创新创业项目立项	2017年6月
18	河南省创新创业项目立项	2017年6月
19	中国发明协会会员证——王圳	2018年7月
20	2017年“中国大学生自强之星提名奖”——王圳	2018年5月
21	2018年全国大学生创业实训营（第二期）参训证书——王圳	2018年7月
22	第二届“河南理工大学最美大学生”——王圳	2018年11月
23	2017年河南理工大学“科技创新之星”——王圳	2017年10月
24	河南理工大学2017年暑期社会实践活动先进个人——王圳	2017年11月
25	河南理工大学2017年度“创先争优”表彰之创新创业优秀代表——王圳	2018年3月
26	第十届“挑战杯”大学生创业计划竞赛组织工作“先进工作者”——王圳	2016年6月
27	河南理工大学物电学院第一届“学院之星”之“创业实践”之星——王圳	2018年6月
28	河南理工大学物电学院第一届“物电杯”科技创意大赛先进组织工作者——王圳	2018年7月
29	河南理工大学光电科技协会筹备组成员——王圳	2016年10月
30	河南理工大学光电科技协会技术部部长——王圳	2016年10月
31	河南理工大学光电科技协会副会长——王圳	2017年9月
32	河南理工大学物电学院第一届“物电杯”科技创意大赛赛事组委会负责人——王圳	2018年3月
33	河南理工大学物电学院“物电杯”科技创意大赛学生评委——王圳	2018年6月

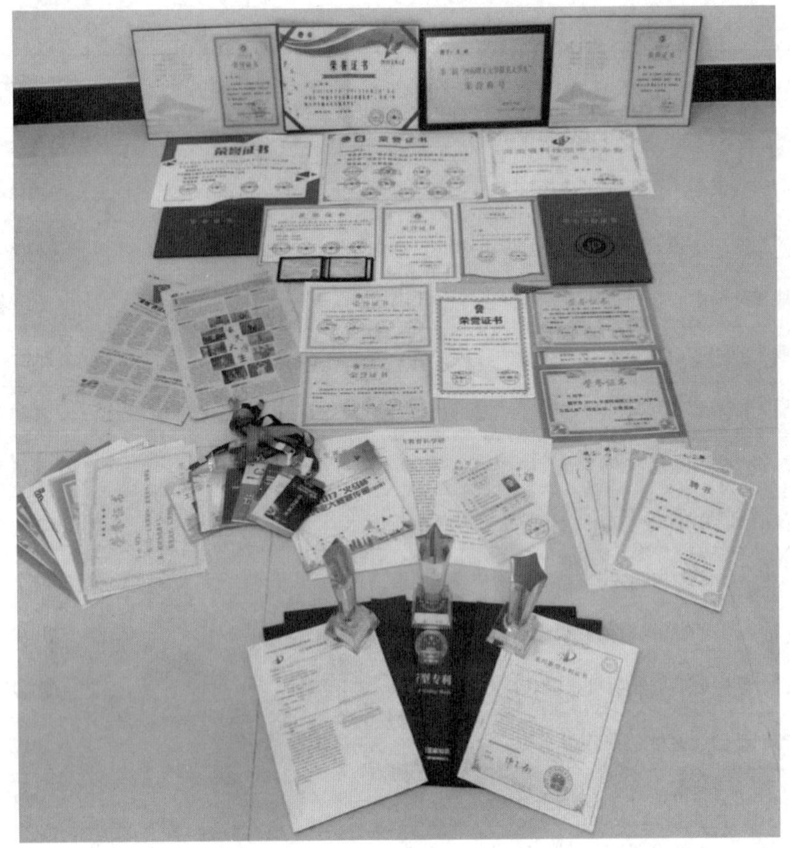

图 9　荣誉证书

五、经验体会

自成立焦作市兔比科技有限公司并担任总经理一职以来，我始终秉持着一种创业理念：没有挑战性的挑战，不配称为挑战！大学生创业的道路，注定不可能是一帆风顺的。

无数的光环与成果背后是无尽的辛酸与汗水。创业路上，我们受尽了许多人的嗤之以鼻与冷眼相待；我们还度过了由于商业合作不慎，导致公司损失惨重、负债累累、衣食紧张的日子；我们甚至还历经了生产厂家倒闭，团队多年付出的宝贵心血在一夜之间付诸东流，公司面临着生死抉择的窘境。创业路上有欢笑，有挫折，但更多的是团队成员咬牙坚持后的会心一笑，也许这才称得上是创业吧！

不论如何，正因为热爱，所以值得坚守；因为坚守，所以值得回忆。我们仍需负重前行，因为我们明白：科技创新是一个永无止境的过程。相信平凡的我们，终将会在不懈努力过后成为一名非凡的科技创新缔造者；同时也相信，兔比科技将在全体创始团队成员的共同努力下，会焕发出越发明亮的光芒，会发展成越发强大的企业，从而在智能家居市场掀起一场改革浪潮。

（河南理工大学推荐，执笔人：王圳）

云思顿智能分类垃圾箱整体系统
——南京云思顿智能科技有限公司创业案例

一、创业背景

公司创始人云曙先2014年毕业于南京工业职业技术学院，在上大学期间，为学院电子科技协会会长，带领协会成员积极投身发明创造中。他们是如何着手对智能垃圾分类进行研究的呢？云曙先说，当时在学校期间，看到食堂门口垃圾桶垃圾溢出，垃圾的恶臭促使他决心设计一款能够进行垃圾分类，又能进行垃圾满溢报警的智能垃圾桶。于是，云曙先带领团队成员进行初试，作品模型就这样产生，作品参加2012年国际大学生互联网创新创业大赛中国赛区江苏省赛区获得一等奖，后又获得国赛二等奖。凭借这些好成绩，2013年1月15日，云曙先在南京工业职业技术学院金蝶大学科技园注册了个人独资企业——南京博唯奋发智能科技中心个人独资企业，进行智能科技产品的研发和销售。

近几年来，垃圾分类的浪潮在国内多个城市迅速拉开，南京、杭州、深圳、桂林作为首批试点城市，因地制宜地推进垃圾分类。而垃圾箱作为人们日常生活中最常用的垃圾存放的源头装置，智能垃圾箱的应用将成为推进绿色环保发展的关键。其前景可观，消费市场巨大。全国大中小城市创建“国家卫生城市”活动，是各级城市物质文明和精神文明建设的重要组成部分，是建设社会主义文明城市乃至文明国家的基础性工程，在城市经济和社会发展战略中具有重要的地位。在国家大政的主导下，环卫领域给了云曙先更多的机遇。

创业的路并非一帆风顺。在创业初期，公司人数较少，公司技术员曾因产品故障，来回折返项目地和公司10多趟；公司业务员曾因交货周期紧迫，跟着大货车压货睡在车里面，跑遍半个中国，他们也曾因现金流断裂等情况而陷入困境，但这一群充满干劲的小伙，克服重重困难，硬是把云思顿智能垃圾箱系列产品不断的销售到了越来越多的城市。在公司忙碌时，他们也曾创造出连续一个月未放假休息不断加班的情况，他们以顽强的毅力去把自己的激情付诸实际。公司规模由原来几人发展到近100人。

在发展过程中，公司也不断探索新的合作模式，和包括南京工业职业技术学院在内的多个职业院校、高等院校等单位达成长期合作协议，不断增强研发实力，不断增强产品创新升级能力。他们免费给学校投放广告智能垃圾箱来获取广告收益。此外，公司还在智能垃圾箱中植入YSD-IBEACON，将线下广告导入线上，更精准地寻求智能垃圾箱与实际生活的更深入融合。

二、创业历程

南京云思顿智能科技有限公司成立于2013年11月，注册资金150万元，位于江苏省南京市栖霞区紫东国际创意园G3栋5楼、南京市江宁区将军大道100号金智科技园C栋3楼，是一家专业于智能垃圾箱系列产品研发生产销售及智能垃圾分类处理整体解决方案提供的一家新兴大学生创业科技型公司。

公司集智能垃圾箱研发、生产、制造、销售为一体，是全国最早做智能垃圾箱系列产品及智能垃圾分类整体解决方案提供商之一，团队目前拥有已授权7项发明专利、29项实用新型专利、6项外观设计专利、1项软件著作权，多项技术全国领先。公司也获得了不同种类的战略投资。公司在2013年获紫金创投投资，2015年获金智集团战略投资，2018年获三石集团战略投资。

公司在发展过程中，结合市场变化，相继在国内成立9家分公司。2014年成立了南京梦勋智能科技有限公司和南京云思顿广告传媒有限公司，在2016年公司和江苏金智科技股份有限公司合资成立了南京苍耳文化传播有限公司，2017年成立了南京云思顿环保科技有限公司，进一步深化智能垃圾分类运营和宣传，2018年成立了云思顿信息科技有限公司，深耕校园市场。诸多分子公司成立进一步壮大了公司的实力。南京云思顿科技有限公司2019年销售额超1.2亿。

在运营智能垃圾箱的过程中，公司调研了全国各个城市的垃圾箱和整体环卫系统情况，根据这些情况，聘请意大利等设计师为公司设计了一批不同型号，外观美观的智能垃圾箱，由此不断打开国内市场。一路走来，公司完成了包含南京紫东国际创意园项目在内的国内多个城市数十个大型智能垃圾箱系统项目。目前，公司产品已经遍布全国31个省市，在全国拥有超10家分子公司和超7家代理商，产品远销印度、迪拜、加纳等多个国家。

公司积极进取，参加国内外展会，去学习新理念，分享公司技术和产品，经过努力，公司产品在2014年被南京市创业博物收录，成为了同年全国科技活动周参展单位，并参加国内多地产品展览，2015江苏省工业设计展，2015“江苏产品万里行兰州站”，2016“江苏产品万里行太原站”，2016吉林“环卫展”，2017年江苏省移动研发中心展示，2017苏州移动“华为物联网”发布会展示等。

公司的快速发展也得到了国内众多媒体的关注：《光明日报》、《新华日报》、中央电视台、中国教育电视台、中国新闻社在内的多家媒体，对公司及公司智能垃圾箱产品进行了相应的宣传。

三、运营情况

为了深入学习和贯彻习总书记关于垃圾分类的讲话精神，公司将绿色节能、环保低碳、智能美观等要素融入公司产品设计，提供智能分类垃圾箱箱整体系统及相关云数据平台管理服务等。

1. 室内智能分类收纳桶项目

公司着力研发室内智能分类垃圾桶产品。按照有关标准，垃圾分为四大类，即可回收物、厨余垃圾、有害垃圾、其他垃圾。主要用于公共场所室内，包括地方行政机关、企事业单位办公楼、写字楼、商场、展馆、学校等，以及城乡家庭室内居家使用。室内进行垃圾分类收纳，处于垃圾源头进行垃圾分类收纳，可以在源头上解决问题，避免中间环节产生的各种垃圾分类难题。从用户反馈回来的评价可以看出，改款产品可以实现室内垃圾基本分类，而融入高科技遥感开合，则解决了传统垃圾桶分类上存在的众多诸如异味和蟑螂虫蚁等问题。

2. 户外智能垃圾箱项目

除了研发室内垃圾分类产品外，公司还研发户外大型垃圾分类产品云思顿智能垃圾箱（桶）。该款产品结合了机械技术、电子技术、物联网技术、移动互联应用、数字多媒体传媒等相关技术及应用。针对垃圾箱这一社会环保服务类产品的特性，主要定位在市政垃圾箱及公共场所使用，如政府机构、事业单位、文博和体育场馆、大型商场等公共场所，不仅给各类公共场所带来卫生和环保，还避免了病毒的感染与疾病的传播。

图 1　云思顿智能垃圾箱（桶）的应用

3. 大型能智能环保分类箱（房）项目

公司根据用户需求，设计个性化大型智能环保分类箱（房）产品，使用寿命达 10 年以上。在设计上，采用市电和太阳能电池双模供电，有效解决节能环保问题。从原有“二分类”、“四分类”提高到“七分类”，可以实现垃圾智能分类投放，不会产生垃圾乱投放或误投放问题。针对垃圾箱存储垃圾异味消除问题，通过生物降解方法来降低和消除异味，通过自动压缩从而增大垃圾箱容量，有效提高垃圾箱利用率。垃圾箱内部内部嵌入智能检测模块和互联网通讯模块，可以将测到数据信息传至后台大数据系统。产品能实现垃圾箱（房）装满垃圾后自动将信息发送给垃圾清运单位人员，及时进行垃圾清运。为进一步宣传垃圾分类政策，箱体周围可用于垃圾分类公益性广告和个性化商业广告。

图 2　室外街道大型智能分类垃圾箱（房）

4. 产品云数据后台服务

公司除了研发和销售产品实体外，还向用户提供后台数据服务。公司立足于大数据平台，设计有系统网页端、手机移动端 APP、微信公众号、小程序和 PC 端五大后台系统。在此基础上研发出一套云思顿智能垃圾分类整体解决方案首创全国“互联网 + 三端本地”一体化智能垃圾分类运营方案及系统。通过前端智能分类垃圾箱切入各个细分类垃圾分类实施场景。前端收集的分类垃圾通过智能化运输到末端处理系统，形成闭环，达到资源化、减量化、无害化，同时赋能六大商业模式，增强盈利能力，包括智能资源回收，政府补贴，大数据收入，增值业务收入、广告收入、活动收入、其他收入等。

5. 公司产业具有的优势

产品拥有多项国家专利，在垃圾桶行业中，市政智能垃圾桶存在一定的市场空白，给了公司员工认真研发的机会，而且公司已经形成了一定的销售规模，具有相对成熟的产品经验。

公司产品由国内外顶尖的设计师参与设计而成，外观美观、功能实用。此外在智能产品公司中，其他公司对智能垃圾桶智能模块和结构相对把控不足，而公司一直在进行此类产品的升级研发和稳定性测试，所以公司产品有绝对的竞争优势。

6. 公司近四年平均绩效指标

公司 2018 年营业额达 10853 万元，净利润达 2303 万元，近四年平均绩效指标下表所示。

表 1　近四年平均绩效指标

近四年平均绩效指标	
销售收入增长率	97.00%
利润增长率	143.00%
净资产增长率	104.06%

四、所获奖项

1. 2014 年获挑战杯”创业实践挑战赛江苏省金奖；

2. 2014 年获“挑战杯”全国职业学校创新创效创业大赛全国一等奖；

3. 2014 年获“智能垃圾桶系统”项目被省教育厅、科技厅评为“最具潜力创业项目”；

4. 2015 年获江苏省首届“互联网 +”大学生创新创业大赛省赛二等奖；

5. 2015 年，公司项目被评为江苏省优秀创业项目；

6. 2015 年，被评为南京市“创业明星”；

7. 2015 年获江苏省轻工业协会科技发明二等奖；

8. 2016 年荣获“江苏省青年双创英才”称号；

9. 2016 年获第二届全国大学生“互联网 +”创新创业大赛省金奖全国铜奖；

10 2016 年入选江苏青年精英亚洲培训营，赴韩国交流学习；

11. 2018 年获全国大学生“互联网 +”大赛江苏省一等奖、全国铜奖；

12. 第四届中国“互联网 +”大学生创新创业大赛全国总决赛主赛道铜奖；

13. 第四届中国“互联网 +”大学生创新创业大赛江苏赛区一等奖。

图 3　获奖证书

五、经验体会

云曙先说在南京云思顿智能科技有限公司里，有一种精神时刻在警醒着大家，这也是公司文化的精髓所在。云曙先把公司精神总结为 24 个字：仰望天空、脚踏实地；团结拼搏、仁爱奉献；开拓创新、敢为天下。云曙先对自己走过的创业之路，体会颇深。

1. 创业是不容易的。创业前一定要做好各种准备，尤其是思想和心理准备。创业成功率在全球范围内都相对比较低，所谓“九死一生”，一点也不夸大。但是，创业也面临着巨大的机会，敢闯敢想敢干的人就更容易成功。

2. 创业前途是光明的，道路是曲折的，梦想是伟大的。有梦想就一切皆有可能，梦想让人执着，思想指导行动，行动结出果实，只要具备百折不挠的精神，打不死的“小强”精神，相信就一定会成功。

3. 解决问题的能力很重要。创业过程中会遇到很多问题，即使你不具备太多的技能，但解决问题的能力非常重要，本质上讲创业就是解决一个一个的问题。有的问题是现在的，有的问题是以前的，有的问题是未来的，问题解决了，相对应的回报就来了。

4. 人才是创业核心战斗力。在创业必需的各种生产要素中，人是最重要的一个环节。事业、生意等其中重要的一个核心就是人与人交流的问题，机器是不会说话的，世界的各种产品，商品和服务最终指向都是人，所以抓住人的核心就很关键，所谓服务即营销在企业内部来讲，人才也是非常重要的。企业的发展过程中各种问题的解决都需要各类人才去发挥，才能使企业这台大机器运转的越来越好。

5. 坚持以市场为导向。有道是“需求是发明之母”，解决了人民最急切的需求也就是市场的需求。市场的需求决定了产品的研发方向，中小企业尤其是刚创业的小企业，一定要注重市场，因为市场销售是公司命脉，只有不断创收，公司才能存活和发展，纯粹靠投资人和政府补贴不能长久。另外一点就是创造一个市场肯定比在原有市场中取得新突破要难得多。

6. 创业贵在坚持。谁也不能保证创业一定能够成功，但一直坚持下去创业成功的概率就会大很多，要选择有更多附加值的产品和服务，要跟上国家的大节奏，赶上时代潮流，跟上变化，准确抓住国际发展潮流。

当公司处于低谷时，如果你是创始人，就需要顶住压力，力挽狂澜，将公司带回正轨。因为云曙先认为创业的成功，并不是一步登天，而是在创业前做一定的积累，包括知识方面的积累、实践方面的积累等。所以说，在很多情况下，创业成功是有条件的。满足条件之后，创业成功才能指日可待。

“会当击水三千里，自信人间两百年”是云曙先执着努力的不变信条，相信他会在成功的路上越走越好。我们生在一个美好的时代，就当用我们的青春和热血去创造美好的未来，中国和世界也将会因为我们的努力而变得更加精彩，云曙先也将为中国的环保事业而不断奋斗，他的智能垃圾箱将让城市变得更加的清洁和美丽。

“仰望天空，脚踏实地，行胜于言。”发明创造存在于每个生活细节，产品的完善在于每一个点滴，市场的突飞猛进在于创业者每一秒的努力。

（南京工业职业技术学院推荐，执笔人：赵志宏）

轮球式自平衡机器人：以青春之名

——大连球球时代科技公司创业案例

一、创业背景

轮球式自平衡机器人是通过球体与地面单点接触，实现球体全方位移动的平机器人。相较以往的机器人，它的平衡性和灵活性都是巨大的突破。通过给这个平台搭载不同的功能，可以打造更多商业化的轻负载移动机器人。“一开始，团队只是想做一个‘皮卡丘’外形的儿童玩具，后来想做升级版的平衡车，团队给它起名‘OROBOT-BIKE’，我们的终极目标是做一辆概念车。当这个移动的平台摇身一变为交通工具时，它将彻底颠覆我们现在的出行方式。”团队工程师彭廉清说。这一改变未来的畅想最初缘起于吴振宇老师的招募令。

2017年的冬天，多次指导大学生创新创业训练的吴振宇老师，在观察和实践中有了打造球形移动方式机器人的初步想法，项目组招募令由此诞生在了创新创业学院的班级群里。于是，5位来自不同专业、各有所长的理工科同学成为了现在这支团队的“技术元老”。伴随着2名商科同学的加入，专利申请、策划商业计划书、做财务报表、谈融资等工作也开始着手。此外，1位英语专业同学加入团队，负责项目宣传海报展板等，初步建立起这个洋溢着青春与热情的公司。

二、创业历程

项目一经推出，就受到不少投资人的青睐。借助路演和比赛，已有上千名投资人接洽。“投资人的意见对我们帮助很大，我们是在比赛中一步一步找到方向的”团队成员李运恒说。从儿童玩具到交通工具的思路转变得益于“首届智能机器人全国创业大赛”中一位评委不经意的点评“你们这个东西能载人吗？”一语点醒梦中人。“当时，我们就觉得‘载人’也许是一种发展趋势，如果以这个机器人为载体设计一辆车，它将远比现在的车更智能、更方便，这才有了后来的构想。”

在嵇俊恺的眼中，项目未来满是憧憬。“你可以想象当一个人站在球上就可以移动，我们以后的出行方式就会完全改变，那将是一种颠覆性的交通方式。比如现在送外卖都骑平衡车，当走到西门下面栅栏的时候，两个轮通过很困难，需要人从车上下来。但OROBOT-BIKE不同，只要人能通过它就肯定能通过。将来我们还想做概念车，用球代替现在的轮胎，出行体验将完全不同。”

然而，创业道路坎坷，与每一个科技创业团队一样，单是在技术创新方面就已多次遭遇困境。“做第二代新产品时，通宵调了两天多都没头绪，从早调到晚，最后又回到了原点。”彭廉清无奈地说，“为了给机器人做个‘支架’，让它抗干扰能力更强，五一期间我在办公室窝了七天，最后套上发现，支架滚珠的摩擦反而会影响机器人的稳定性，白做了……”

学生团队在创业的同时，还要兼顾学业。工作和考试交织在一起，对团队成员来说是个不小的挑战。就拿谈融资这事儿来说，刚好赶上考试周，左嘉铭经常一考完试就立即飞到外地去谈，回来再继续参加下一门考试。负责产品运营的嵇俊恺也不无感慨，考试周期间，一边复习一边盯着 QQ，一来消息，就马上拿出电脑修改计划书。公司刚刚成立，公司上的事需要经常跑银行，专利申请也需要一次次去校外面谈，9 个人经营显得有些吃力。尽管这样，他们还是很好地兼顾了学业，多名成员获得过学校一、二等奖学金，国家奖学金及各类专项单项奖学金。“其实大学比高中轻松多了，课后有很多空闲时间。有的人看剧、打游戏、做社会工作都要花费大量的时间，我们只是把这些时间用来创业了。”

创业多磨难、高风险。团队成员觉得创业必然有艰辛也有风险，如果因噎废食，害怕失败而不敢尝试，那就永远不可能成功。正如科比说过，“总会有人成功，为什么不能是我？”

“创业之路，道阻且长。”“坚持”是这个团队勇往直前的最高信仰。调试第二代机器人的时候，团队没有头绪，好几次都回到了原点，但也没有放弃。就在调试了无数遍之后，机器人一下子站了起来，就在这一瞬间，所有人都抑制不住自己的欣喜鼓掌叫好，为这份感动，也为坚持不懈的自己。

图 1　第四届中国“互联网 +”大学生创新创业大赛合影

三、运营情况

团队于 2018 年 6 月 1 日正式成立大连球球时代科技有限公司，已与“洪泰智造”“新松机器人”洽谈融资合作，并已入住“大工 π 空间”“知你创业孵化基地”，公司技术研发实力不断雄厚，人才齐全，团队设有硬件工程师、软件工程师、机械结构设计师、外形设计师和市场营销团队等。在校有“机电实践班实验室”“智能车实验室”“机器手国家级重点实验室”等实验室提供技术支持。团队在国家级、省级、校级等科技创新创业比赛中荣获团体奖项十余项，个人奖项共计 20 余项。团队成员均于 2018—2019 年获科技创新奖学金。

图 2　首届中国高校机器人创意大赛合影

四、所获奖项

1. 国家级大学生创新创业训练创业实践项目；

2. 2019 年第十二届全国大学生创新创业年会“最佳创意”奖；

3. 2018 年全国“创青春”大学生创业大赛铜奖；

4. 第四届“互联网 +”大学生创新创业大赛国家级铜奖；

5. 第十七届全国大学生机器人大赛机器人创业赛二等奖；

6. 第三届全国高校智能交通创新与创业大赛一等奖；

7. 2018 年 BOE 创新挑战赛全国总决赛三等奖；

8. 首届中国高校机器人创意大赛二等奖；

9. 2017—2018 学年“互联网 +”大学生创新创业大赛省级金奖；

10. 2018 年第十二届 ICAN 国际创新创业大赛省级一等奖；

11. 2018 年“创青春”辽宁省大学生创业大赛金奖；

12. 2018 年大连理工大学创新创业优秀项目展演一等奖；

13.“星耀计划”大连理工大学首届校友科技创新大赛冠军；

14. 2017—2018 学年大连理工大学 BOE 创新挑战赛一等奖；

15. 2017—2018 学年大连理工大学智能交通创新与创业大赛第一名；

16. 2017—2018 学年大连理工大学“互联网 +”大学生创新创业大赛二等奖。

五、经验体会

公司 CEO 左嘉铭：从团队组建到创立公司，到获得融资和诸多奖项，仅仅用了半年多时间。这半年的收获对于团队中的每一位成员来说都是创业路上最大的财富。第一通过不断参加比赛，在比赛中锻炼路演技能，不断积累经验，听评委点评自己的作品，听投资人给出独到的建议。我还记得参加中国高校智能机器人大赛的时候，由于是第一次参赛，材料都准备得不充分，比赛前在实验室通宵改 PPT，第二天早上五点赶去机场飞往浙江。比赛的形式是路演，于是一天之内反复介绍产品介绍了三十多遍，一天下来筋疲力尽。但也正是在这些重复当中让我突然想到了产品新的应用场景，从而将产品的层次提高了一个台阶。回来在飞机上，我突然意识到是时候该注册公司了，于是才有了现在的大连球球时代科技有限公司。我想不要为了创业而创业，而是当前期的知识储备足够，再加上瞬间萌发的灵感，机会自然会找上门来，一切就水到渠成了。

第二点是创业者一定要对自己的产品有自信，没有不好的产品，而是看你有没有找到合适的应用场景。首先很多时候找投资人面谈的时候，自己对产品满怀信心，详细介绍了一番，以为这回能捞一笔，实际上对方却根本不感兴趣，这种情况太常见了。可能你见 10 个投资人，9 个会说你的产品没前景，剩下一个说想法不错但也没有要投钱的意思。不要气馁，一定要认真总结对方给出的建议或者指出的问题，回来之后不断优化，这个过程中就是产品最好的迭代。其次，很多人在介绍产品的时候，不论是比赛，还是谈投资，会过分强调自己的技术有多领先，而忽略商业模式的重要性。其实真正能引起投资人兴趣的并不一定是那些先进得不得了的东西，相反，那些技术含量一般但却能切中市场需求的产品或服务，常常会得到投资人的青睐。同时，创业者应该有非常明确的市场营销计划，能强有力地证明盈利的可能性。

第三创业需要每天如履薄冰、战战兢兢。因为随时都有可能失去一切，让你一切努力都白费。“眼见他起高楼，眼见他宴宾客，眼见他楼塌了！”而我却是眼见着自己亲手起的高楼塌了，而且每年都要经历最少一或两次。塌了又要重头开始建，建了后又随时会再次塌。重建无非就是耗时间和心力，最可怕的是重新搭建会越来越难，越来越吃力，总有灯枯力竭、江郎才尽的一天。这个不断重建和崩塌的过程，你的心理要承受莫大的打击。曾经有一次，我整整痛苦了一个月才振作起来，那种痛是能感觉到的身理上的心痛。没有亲身创过业的人，永远无法体会到其中的痛苦。除了这种不断重建和崩塌的循环过程外，整个过程中还会有许许多多的坎坷曲折，无数的不公，无数的人性丑陋面，都要经历。而我却是个性情中人，完全不懂掩饰感情，所有的痛苦和快乐都会写在脸上，即使我努力掩藏都藏不住。虽然我不会把情绪发泄在任何人的身上，永远是默默地承受，让它随着时间的流逝而流逝。但一张带有痛苦表情的脸色，却会令家人看了也极为不悦，给他们也带来痛苦。世上没人喜欢看到负面情绪，我自己也如此，这完全是正常的。但是，如此不断地恶性循环，会导致不少问题出现。这也是一件创业路上的痛苦事情。

第四是创业需要专注，几乎需要投入所有的时间和感情。这样的话，你给其他的时间就会少之又少，顾此失彼，这又容易影响大学生活的稳定性。也许真的是这样吧。人生的痛苦，就是永远无法两全；人生的痛苦，就是有得必有舍；人生的痛苦，就是人都欲望无尽；人生的痛苦，就是人都宽以待己、严以律人；人生的痛苦，就是人都自以为是、固执己见。唯有不断剖析自己、不断反省沉思、不断学习，才有可能提升自己，减轻这些痛苦。上班族，有事可以请假，可以休息。而创业，你永远都不知道去向谁请假，你也请不了假。

创业，成功是偶然的，失败是必然的。创业路上，白骨累累，我们永远都是只看到那些风光的人，却不知道背后有更多数不清的失败者。而那些风光的人，我们也只看到他现在的风光，看不到他风光背后所付出的辛苦和所承受的痛苦。

创业永无终点，一直孤独地在路上。

公司成员软件工程师柳冠华：时光荏苒，大学三年的时光已经过去，大学已经逐渐走向尾声，回顾三年经历，对我影响最大的就是在球球时代公司做的产品的经历，这段经历不但锻炼了我软件编程的能力，更让我深深爱上了这个公司，看着产品从雏形模型机，一代代演变到能够载人，就像自己亲生的孩子一样。这段经历让我清楚的认识到了创业的艰难和创业路上充满的挑战，在增进自己能力的同时，也意识到了创业为国家发展的重要性。

指导教师吴振宇老师说，相比于创业成功，更在乎对学生全方位的培养。当发现团队中每个人都各有所长且优势互补时，吴振宗老师大胆放手，让大家自主建设团队，团队凝聚力大大增强，每个人的组织协调能力也都被很好的激发，团队组织管理能力、团队合作能力得到质的提升。“未来能走多远我无法预测，但至少目前，他们每一个人都享受到了团队的成长、人心的凝聚所带来的快乐，这就是他们最大的收获”。

（大连理工大学推荐，执笔人：吴振宇、柳冠华）

全国领先的分布式秸秆热解气化处理技术助力乡村振兴

——江苏橙果能源环保有限公司创业案例

一、创业背景

习总书记曾指出：“生态兴则文明兴，生态衰则文明衰。生态环境保护是功在当代、利在千秋的事业。”而秸秆作为中国农村存在范围最广、数量最多的生物质资源，能否得到有效利用，对农村生态文明建设发展至关重要。

据有关统计，农作物秸秆数量大、种类多、分布广。全世界秸秆年产量 31 亿吨。而我国是粮食生产大国，也是秸秆生产大国，每年可生产秸秆 9 亿多吨，约占全世界秸秆总产量的 20% ～ 30%。虽然我国的秸秆储量大，但是仍然存在秸秆综合利用的经济性差、商品化和产业化程度低等问题。

在秸秆处理领域，先进的处理理念、技术、设备层出不穷，但均未能产业化地解决由来已久的秸秆难题，问题的关键在于经济价值与生态价值难以平衡。

秸秆直接焚烧之所以成为我国存在时间最长、普及程度最高的处理方式，其主要合理性在于秸秆焚烧灰烬中存在大量草木灰，极大程度地提高了土壤肥力，但日益加剧的大气污染使其不得不退出历史舞台。而近年来各级政府大力推广的还田处理，不仅在短时间里难以增加土壤肥力，而且带来了水质污染、病虫害加剧等问题，难以成为最主要的处理方式。3.0 时代涌现出一批以秸秆电厂为代表的集中式资源化处理企业，但由于运输难度大、成本高、储存困难等问题，难以收回高额的固定资产投资成本。4.0 时代秸秆处理出现多样化趋势，例如将秸秆转化为净水剂材料、建筑材料，甚至将其制作为非物质文化遗产手工艺品，但我们也看到其依旧没有解决秸秆运输难度大的问题，同时受终端产品市场限制难以完全产业化。

因此，江苏橙果能源环保有限公司依托两款核心设备提出以行政村为单位，建设分布式秸秆处理站的解决方案，在分割固定资产投资以增加处理点数量、解决运输难题、降低运输成本的同时，实现生物油和生物炭的高效转化。

二、企业介绍

江苏橙果能源环保有限公司是领先的分布式生物质处理解决方案提供商。公司依托全国领先的秸秆处理设备，将我国农村广泛存在的生物质（秸秆、稻壳等）转化为生物炭 / 油，保护生态环境。公司投资建设以村为单位的生物质处理站，通过一定价格收购农民生物质实现农民增收，通过渠道售卖最终产品——生物炭/油，实现公司经济价值。

公司提供的解决方案曾获日内瓦全球金奖，在世界范围内拥有极强的影响力，其全部知识产权均在公司名下，技术绝对领先于同行业竞争对手。与此同时，公司创始人主编《江苏新能源白皮书》，创建全国唯一的电力工程联动管理机制，在业界具有技术权威性和良好口碑。因此，将江苏橙果能源环保有限公司打造成为新能源行业的领军企业，助力乡村振兴、精准扶贫与新农村建设，是我们的愿景与使命。

三、企业定位

（一）全球领先的分布式秸秆处理解决方案提供商

随着秸秆处理矛盾日益尖锐，农村生态环境建设日趋重要，为政府及农户提供秸秆回收处理的最佳方案成为大势所趋。江苏橙果拥有全国领先的下吸式气化炉和全球独创的移动式秸秆热解制油车，并依托于此以行政村为单位建设分布式秸秆处理站。

（二）高品质的生物炭/油及其深加工产品供应商

江苏橙果秸秆处理站，将我国农村广泛存在的秸秆转化为高品质的生物炭/油。显然，公司通过渠道销售生产所获得收益。据调查显示，生物炭/油在市场中供不应求，江苏橙果将成为重要的生物炭/油产品供应商。

与此同时，江苏橙果与MEMS教育部重点实验室、东南大学高分子化学实验室联合开展针对生物炭/油的深加工，研究从中提取高价值化学品（如左旋葡萄糖酮：0.9万元/千克；5-羟甲基糠醛：0.45万元/千克）、香料（如4-乙基—愈创木酚：0.55万元/千克）和医药中间体（如紫杉醇2万元/克）等产品，并通过销售该产品以获得利润。

（三）实现农民增收、服务乡村建设的公益服务践行者

江苏橙果以一定价格购买农户秸秆，与秸秆还田模式下农户40元/吨的收益相比实现较大增收。不仅如此，秸秆处理站平均为每村增加3～5个工作岗位，带动农民就业。与此同时，先进的处理方式解决了直接焚烧产生的大气污染和秸秆还田产生的水质污染等综合问题，推动社会主义新农村建设。

四、运营情况

（一）秸秆处理产业化基础

江苏橙果自2015年成立以来，专注于生物质能源化，致力于绿色发展、循环发展和低碳发展。一方面，江苏橙果和东南大学自2016年起联合研发秸秆炭化处理设备并取得重大突破，获得包括1项美国专利，2项国际专利，19项国家发明专利，5项实用新型专利在内的27项核心专利授权，并在日内瓦国际发明展中获得全球特别金奖，获得国内外行业专家的一致肯定。另一方面，公司承担包括启东、新郑、泗阳在内的上百个垃圾焚烧处理

站、光大凤阳热电一体化项目、内蒙古察右中旗太阳能热发电项目为代表的诸多新能源项目的承建、监理、调试工作，累计创造 9000 多万营业额的同时，积累大量工程建设及项目运营经验，获批包括房屋建筑工程监理、承装修试五级认证和国际环保体系认证等七项核心资质，为秸秆处理设备产业化奠定坚实的资金、资质和人才基础。

（二）秸秆处理设备

目前，江苏橙果自主研发的下吸式气化炉和移动式热解生物制油车较为领先。

下吸式气化炉由干燥区、裂解区、氧化区和还原区构成，秸秆在高温下干燥、裂解后形成含碳量 85% 以上的生物炭和灰渣。

移动式热解秸秆制油车由紧凑式热解反应器、热解处理循环系统、尾气处理系统和自动化控制系统四部分构成，在紧凑式热解反应器中，空气和热解不冷凝气形成高速射流，通过热载体在热解区与生物质充分接触进行热解反应，赶出挥发分通过除尘冷凝获得生物油，并得到生物炭，最终通过尾气处理装置实现零污染排放。

与国外主流反应器相比，江苏橙果能源环保有限公司单床紧凑式反应器极大地降低了加热需求、降低运行成本，同时又将产油率提升了 20% ～ 25%，年产量达到 6000 吨。

竞争分析

江苏橙果自主研发的处理设备具有以下核心竞争优势：

（1）模块化全自动操作，简化操作流程，操作门槛低；

（2）分级除尘系统及尾气处理系统对气体进行净化并进行除尘，实现“原料→生产过程→最终产品”整条工业链的绿色化；

（3）设备小型化、移动化，大幅降低建设成本，扩大设备覆盖处理面积；

（4）对不同种类的秸秆具有普遍适用性，具备复制推广潜力；

（5）转化效率高，江苏橙果设备生产的高质量生物炭和生物油可广泛应用于化工应用、燃烧供热、燃烧发电等领域，在市场中供不应求，存在巨大的市场供给缺口。

（三）产业化布局方式

秸秆处理设备产业化分为三大阶段。第一阶段为秸秆处理设备的生产，秸秆处理站的承建、监理和调试的工作：第二阶段为收集、运输、储存秸秆，并将秸秆转化为生物油和生物炭的过程；第三阶段为生物炭和生物油的销售，从而实现所有参与者投资的变现与回报。江苏橙果在江苏省盐城市滨海县政府支持下，与盐城威宇新能源有限公司、滨海新蓝天生物质燃料有限公司、滨海环能新能源技术开发有限公司签署战略合作协议。

接下来，江苏橙果将结合上述案例中的实践经验，逐步开始分布式秸秆处理的完全产业化布局。产业化布局主要有以下方式：一是继续与各地现存秸秆处理公司合作，加快项目落地与转化，江苏橙果在其中只承担设备的销售和承建、监理、调试服务工作；二是通过政府合作，由江苏橙果投资建设农村秸秆处理站，承担从建设到收集、储藏、处理秸秆及终端产品销售的全流程。三是通过开展橙果学校，培养返乡创业青年相关专业技能，并为其返乡开展秸秆处理站建设提供资金贷款支持、技术支持、运营咨询支持等。

（四）未来发展规划

江苏橙果能源环保有限公司是领先的分布式生物质处理解决方案提供商、高品质的生物炭/生物油及其深加工产品供应商。作为初创公司，在对公司初创阶段工作的灵活把握的基础上，江苏橙果能源环保有限公司对未来发展做出了充分的规划。

在技术研发方面，江苏橙果能源环保有限公司与东南大学化学化工学院、南京大学新材料研究院等共建生物炭、生物油两种初级产品的深加工研究团队，开发具有高附加值的深加工产品；将设备研发，提升下吸式气化炉和移动式热解生物制油车性能，提高转化效率作为长期工作计划；将不断推出不同型号，处理不同秸秆种类的设备，最终形成完整的产品体系。

在方案优化方面，江苏橙果能源环保有限公司将搭建乡镇级处理站，将生物质热解制造生物炭过程中产生的热能充分利用，利用成熟的生物质能发电技术，将热能转化为电能，变为可持续的清洁能源；并致力于开发自动化设备处理系统，通过大数据算法计算最佳的秸秆在村级、乡镇级处理的资源配比，实现村级处理站和乡镇级处理站最优化、最合理化的资源配置，实现资源有效利用。

在市场拓展方面，江苏橙果能源环保有限公司将分三步走实现全国范围的服务提供商：第一步公司将在2020年实现长江中下游地区的解决方案复制；第二步将在2022年实现东部沿海地区的解决方案复制；第三步将在2025年实现全国范围的解决方案复制。此外在营销初期，为了降低运营成本，江苏橙果能源环保有限公司采用渠道销售的方式，在建立完善的产品体系后，江苏橙果能源环保有限公司将注重销售网络的搭建，建立省、市、县三级营销中心，作为秸秆产出的供需双方交汇点，搭建完备的终端产品销售网络。

五、所获奖项

江苏橙果能源环保有限公司荣获中国“互联网+”大学生创新创业大赛全国金奖（青年红色筑梦之旅赛道商业组全国第一名）、江苏省省赛金奖，唯一乡村振兴奖。公司目前拥有1项美国专利，2项国际专利，19项国内专利，并获得日内瓦全球发明展全球金奖。而且公司终坚持技术下乡、资金下乡、人才下乡的发展战略，着力联合相关企业推广先进技术，解决由来已久的秸秆难题，助力农村生态文明建设。江苏橙果，愿与你一起共谋未来！

（东南大学推荐，执笔人：万思远）

智能管道焊接机器人

——“众为智创”团队创业案例

一、创业背景

目前，国内管道焊接较国外起步较晚，仍处于萌芽阶段，国外相关产品实行技术垄断，虽然产品性能较为优异，但价格昂贵且售后维护不到位。在改革开放之后，虽然我国的管道焊接技术已经有了很大的进步，并且也取得了一定实质性的成果，但是与管道焊接技术发展较早的国家比较，我们还是有很大的差距。还有很多研发的技术都在理论阶段，距离产业化还有很长的一段路需要走，所以我们还有许多技术问题需要解决和完善。诸如：

1. 焊接效率低

由于相贯线焊缝是复杂的空间曲线，目前还较多地采用手工焊接的方式来完成焊接任务。但是由于这种焊缝的焊接工作条件差、劳动强度大，导致焊接效率低，并且整个产品的生产周期较长，很难保证焊接质量的一致性，导致返修率较高。而输油管道常常要铺设在沙漠、冰原、沼泽等自然条件恶劣的环境中，焊接工人需要长时间在泥潭、极寒、高温环境下工作。这种工作环境恶劣、劳动强度大，对人员操作水平要求高、工作效率低，这些都严重影响焊接效果的稳定和优劣，也影响焊接的工作效率和自动化功能的发挥，甚至会导致质量问题或安全隐患。

2. 合格率低

焊接时，由于焊接参数选择不当，或操作方法不正确，沿焊趾的母材部位产生的沟槽或凹陷称为咬边。管道自动焊咬边一般都集中在仰焊位置，在设置焊接参数时，立填充焊道仰焊位置要焊接饱满一些，将焊道两侧的坡口棱边完全熔合，高出母材部分的焊道用磨光机打磨平整，为盖面层打好基础。盖面焊接时，当焊接到仰位时，要求焊工要躺倒在管下，能比较清晰地观察熔池状况。由于盖面是两道排焊，焊工要观察前、后焊枪的摆宽是否合适。摆宽过大、焊接速度过快，容易在仰位产生咬边。摆宽过小、焊接速度过慢，使熔池下垂也会产生咬边和焊道超高，焊接水平普遍较低。

3. 适应性差

国内外陆续采用自动或半自动的方式来实现相贯线焊缝的焊接。其中一种方法是采用机械凸轮仿形或角度逼近等方法实现相贯线焊缝焊接过程，这些焊接设备通常在焊接质量和焊接效率上的控制不稳定，且一般缺少反馈及数字化管理。另一种方法是采用通用的弧焊机器人来实现相贯线焊缝的焊接过程，此方法一般要采用示教再现的方法，操作繁琐且适应性较差，并且通用的弧焊机器人一般价格昂贵，不适合大批量应用于生产。

4. 自动化程度低

我国的大多数焊接仍然是采用手工焊接来完成的，长期以来焊材生产一直以手工焊接的焊条为主，与国外 80% 的自动化焊接水平相比，我国的 30% 自动化水平显得如此相形见绌，这也无可厚非地拉开了我国与国外焊接技术上的距离。随着焊件复杂化的发展趋势，手工焊接必将严重影响生产发展，要想取得制造业的迅猛发展，必须发展自动化焊接，这才能使我国成为焊接强国。

施工速度低及人为因素的干扰，严重地制约了油气管道建设的发展。一条输油管道长度往往需要数百、数千公里，在施用过程中需要大量的焊接工人进行现场焊接，工作量非常大。

5. 从业者稀缺

设计人员去选线、踏线的时候，人员车辆无法到达施工现场，必须要靠步行，大概会需要走 40 到 50 公里，而且勘察设计人员需要经常待在热带雨林当中，那里燥热的环境，同时还存在许多危险。这就导致了焊接管线设计中最困难的地方在于勘察设计人员。为了选择一条合适的过江路，他们历经一年半的时间，前前后后，大概几十公里的范围之内，不断寻找位置，一共找了九个断面，进行反复的勘测论证。他们在极寒高温的恶劣环境下工作，且以手工焊居多，所以工作人员在长期的恶劣环境下工作会出现各种职业病，导致焊接从业者越来越少。

2015 年，中国政府立足于国际产业变革大势，做出了全面提升中国制造业发展质量和水平的重大部署。其根本目标在于改变中国制造业“大而不强”的局面，通过 10 年的努力，使中国迈入制造强国行列，为到 2045 年将中国建成具有全球引领和影响力的制造强国奠定坚实基础。在《中国制造 2025》重点发展的十大领域中，与焊接技术发展密切相关的就有 8 项，如航空航天装备、海洋工程装备及高技术船舶、高档数控机床和机器人、节能与新能源汽车、先进轨道交通、电力、农业装备、新材料。

基于“中国制造 2025”这个大背景，正在建设的西气东输天然气管道工程庞大，对焊接工程来说，任务艰巨，其中西气东输管道总长度超过 2 万公里，焊接接头数量超过 35 万个，焊接管道焊缝长度超过 15000 公里，管道焊接需求量达到 1000 台以上，工程总投资近 2000 亿元。

借此，我们团队迎来了一个绝佳的契机，我们针对承压管道的相关特性研究开发的产品“智能管道焊接机器人”主要针对实际工程当中的输油输气管道，为了高效高质量解决管道焊接时恶劣环境及焊接质量不佳等难点，应用自主研发的智能管道焊接机器人，通过人工智能方法对视觉识别采集到的熔池和熔滴进行形貌分析，其结果用于后续的焊接工艺参数的适应性优化过程，达到在熔池凝固前对焊缝质量的实时预判和提前优化后续焊接工艺参数的目的，以提高承压管道智能管道焊接专机的焊接效率和质量。为塑造焊接产品品牌，推动焊接产业发展贡献一份力量。

二、创业历程

我们团队一直致力于产品的优化、完善和升级创新三大主流方向，无论是从第一代的直线焊接、第二代的管道半自动焊接，还是现在的全方位智能管道焊接机器人，我们都是本着针对管道焊接特殊环境的条件下，结合现实情况，不断调研，不断创新，不断实现产品落地，继而推动产品的实际应用。因为一个好的产品都需要实践去验证，产品到底好不好用实际行动去说话。

由于我们的三位导师薛瑞雷（高级工程师）、周建平教授和张岩（国际焊接工程师）一直从事焊接方面的研究，再加上相关的课题和团队成员的兴趣与努力，于是我们团队在三位导师的努力下就成立了。在导师的指导和帮助下，我们的第一代产品只能实现直线焊接，考虑到它的自动化程度以及它在市场的局限性，我们在 2017 年推出了管道半自动焊接机，用手工移动焊接热源，并以机械化装置填入焊丝的焊接设备。与此同时，我们在不断做实验的过程中发现，人无法时刻观测熔池、熔滴，不能准确保证焊接质量，而且效率较低。实现焊缝熔池的智能跟踪，不断反馈，不断调整焊接参数来提高焊接质量成为我们首要的任务。

经过考究，我们团队计划将产品进一步升级，结合人工智能先进方法实现智能管道焊接机器人。采用人工智能视觉技术识别焊缝、熔池、熔滴特征，智能跟踪焊缝实现智能化，研究对象精确到电弧电流参数，熔滴熔池形貌特征实现精准化，通过运用图像识别、形貌分析、数值模拟实现高质量高效率焊接使产品多功能化，来适应极端恶劣的工作环境。

在视觉识别研究方面，利用 OpenCV 进行算法的研究与改进，在原图中提取 ROI 区域，通过建立数学模型研究噪声存在形式，探寻 ROI 区域最优去噪法，减少目标干扰项，在焊缝轮廓提取阶段，建立焊缝数学模型，根据数学模型，使用列文伯格–马奎尔特法（Levenberg–Marquardt）、高斯–牛顿法（Gauss–Newton）等非线性拟合提取焊缝轮廓，从而使焊缝轮廓的提取有理想的精度与适应性。

在熔池特征的提取方面，设计新的视觉装置，采用光反射原理（潜望镜原理）使不同位置的信息分别映射到镜头的三等分区域，通过合理建立光学模型，使一台摄像机达到同时捕捉到多种信息的目的。获取熔池正面与背面信息，通过建立 ROI 区域、图像预处理、阈值处理，减少不必要的运算及目标干扰项，以提升算法速率与算法稳定性，利用轮廓边缘检测提取熔池边界，经数学建模提取正面宽度、后半长、熔滴中心三种信息，将所获取信息放入专家系统数据，得出最优控制算法，进而提高焊接质量。

在熔滴特征的提取方面，采用高频摄像机获取熔滴信息，通过 ROI区域、图像预处理、阈值处理提升算法速率与稳定性，由霍夫圆变换获取熔滴中心与熔滴轮廓，经数学建模得到熔滴形貌特征，将获取信息放入专家系统，得出最优电流电压参数。

对于承压管道 GMAW 根焊中熔滴形貌对熔滴扰动熔池规律的研究，根据承压管道 GMAW 根焊中，熔滴脱离焊丝母材进入焊缝熔池过程中，由于熔滴对熔池的扰动产生部分液态金属脱离熔池的现象，提取自由态熔滴形态特征，采用人工智能方法分析对熔池扰动最小的自由态熔滴形貌特征与电弧参数的关系规律，寻求在焊接过程中对焊接参数实时优化的控制理论，实现在承压管道 GMAW 根焊过程中减少焊接飞溅，提高焊接效率的目标。

对于承压管道 GMAW 根焊中熔池固化形貌受焊接缺陷影响规律的研究，依据在焊接过程中焊接缺陷的产生对熔池固化形貌的影响规律分析，采用人工智能方法对在线实时提取到的不同状态的固化熔池形貌特征分析，寻求后续焊接过程中焊接参数的优化规律，可有效地提高承压管道 GMAW 根焊焊接质量。在焊接过程中熔池熔滴的流固场分析中，我们对承压管道 GMAW 根焊过程中熔池热——力结构耦合仿真和承压管道 GMAW 根焊过程中熔滴扰动熔池的流场结构进行分析，并通过数值模拟，分析了焊接过程中熔池的热力耦合场的分布规律以及研究熔滴对熔池流场稳定性的扰动规律研究。

目前，本团队将人工智能、数据库与管道焊接有效结合，通过实际工程检验将产品推广出疆，迈入全国。同时准备建立资深专业网站发布科研成果和邀请专家顾问实行产品推广，对不同工作环境的建立大数据平台，并对产品性能、产品规格进行多元化发展，做到高质量、低价格、个性化地满足客户的需求，提高产品的竞争力。

三、运营情况

1. 基本情况

团队现有博士研究生 1 人，硕士研究生 8 人，平均年龄 23 岁。不包括合作单位企业负责人及高校指导老师（数名）。

2. 主营业务

主营业务为：石油、天然气管道焊接，化学大容器罐体焊接，管道修复及部分异型管道焊接。

3. 经营策略

（1）技术研发

以高校为技术研发基地，以及现有的科研实验室及科研设备升级。

新一代智能管道焊接机的性能，扩大产品组合，用不同模块重新组合出不同的机器人，以适应多种焊接场合需要，出售拥有专利技术的机器人中间部件，拓展市场。加强与其他高效、企业等科研机构的合作，对产品不断进行扩展、组合，扩大产品范围。

（2）技术服务

团队可以提供线上和线下技术指导以及售后维修，主要包括：与有代表性的用户建立长期、稳定的联系，及时取得用户对产品的各种意见和要求，指导用户正确使用和保养产品；根据用户要求在现场或安装地点（或指导用户）进行产品的安装调试工作；提供定期维修服务和不定期服务；向用户提供产品的有关备品配件和易损件；为产品设计规定有效运转所进行的测试、检查、监控工作，以及所需要的专用仪器仪表装置，建立综合性或专业性的测试中心；为用户培训操作人员和维修人员。培训内容主要是讲解产品工作原理，帮助用户掌握操作技术和维护保养常识等，有时还可在产品的模拟器或实物上进行实际的操作训练。

（3）产品销售

依据团队的财务销售费用预算，安排多项促销活动，支持产品试用、示范焊接、现款优惠、贸易展销等措施，实现销售促进；利用大众传媒、专业杂志、目标区域户外媒介等手段，进行广告宣传；以完善的售前、售中、售后服务，确保产品质量，满足客户需求。

表 1　产品销售情况

序号	时间	公司	管道规格	数量	收费
1	2019年8月	新疆维奥科技股份有限公司	ø800mmX25mmX8m	20根	3万元
2	2019年7月	新疆凯尔达焊接设备有限公司	ø600mmX20mmX6m	20根	3万元
3	2019年7月	新疆瑞孚特焊接设备有限公司	ø800mmX25mmX8m	8根	2万元
4	2019年6月	新疆岷锐焊接有限公司	ø600mmX20mmX6m	10根	2万元

（4）销售分成与技术分成

团队计划与生产厂家合作生产我们自主知识产权的焊接机器人，我们从厂家销售所获利润中收取相应的销售分成及技术分成。团队盈利主要来自产品的销售、设计费用、技术服务费用、专利费用和售后指导费用等。我们通过赚取产品差价和收取服务费用获得盈利。编写本团队自己产品的协议，一旦成熟，可以通过别人使用我们拟定的协议收取使用费。

4. 已完成合作与项目

（1）已与成都蓝色电弧科技有限公司达成 200 万项目订单，其中 20 万已到账。与上海沪工、山东奥泰、北京时代科技等企业达成 1000 万意向订单。

（2）已与以下企业进行了实际焊接，客户评价：焊缝成形良好，达到《钢结构设计规范》（GB50017-2003）一级标准。

5. 未来展望

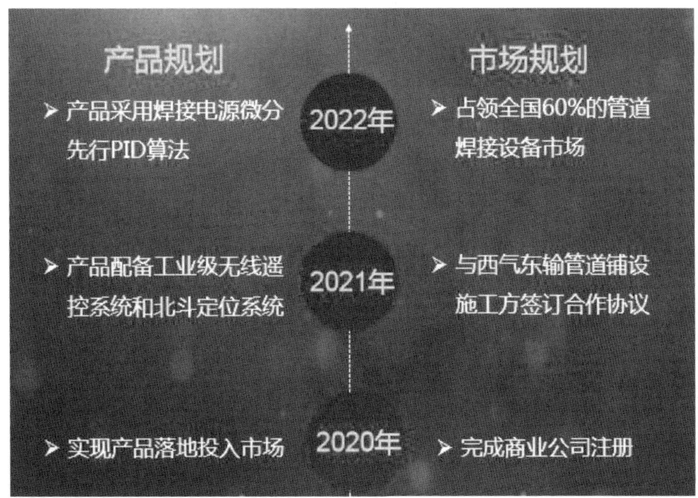

图 1　未来展望

四、所获奖项

1. 新疆维吾尔自治区 2017 年度科技进步奖；
2. 第五届中国“互联网 +”大学生创新创业大赛国赛铜奖；
3. 第五届中国“互联网 +”大学生创新创业大赛自治区金奖。

五、经验体会

2014 年 9 月，夏季达沃斯论坛上，李克强总理发表了“大众创新、万众创业”这一振奋人心的号召。创新是使一个民族得以永远进步，使一个国家得以兴旺发达的灵魂和不竭动力；而创业是推动我国经济发展的重要手段，是提高人民生活质量的有效途径，创新和创业共生共存、紧密相连。国家鼓励和支持大学生踊跃参加创新创业大赛，强化大学生的创新创业思维和意识。因此，结合当今社会发展现状和需求，也为了响应国家的号召，我们团队在薛瑞雷、周建平、许燕、张岩等多名导师的指导下，开展了智能管道焊接机器人的创新创业项目。

一路走来，虽然我们的项目取得了不错的成果，但还是存在一定的风险，诸如：（1）市场风险。因国家政策调整，或者市场供求关系发生变化而引起的风险。（2）管理及人才风险。包括大学生创业管理队伍与管理体系的建设不完善风险、营销与市场开发的拓展时面临的渠道狭窄风险、产品与技术研发的实施风险。（3）财务风险。筹资和投资风险，初期团队可能会面临筹集的资金不足的问题；（4）经营风险。团队的生产经营过程中，供、产、销各个环节不确定素的影响。（5）法律风险。专利技术作为核心技术，易被不法分子盗用侵权，造成我方损失。农户在使用过程中可能出现违约情况，单方面终止与我们的合作。（6）技术风险。技术创新所需要的相关技术不配套、不成熟，技术创新所需要的相应设施、设备不够完善。对技术创新的市场预测不够充分。针对以上的风险问题，我们团队已经做好的有效的应对措施，相信我们团队会克服一切困难，取得更大的进步。

对于未来规划，我们团队计划在 2019 年完成第一代产品试验机的调试和试验，申请产品专利项目，与此同时，完善公司人员结构，最后完成商业公司的注册。在 2020 年首先建立厂商合作，第一代产品投入生产；然后打造公司品牌，初步建立技术销售体系；最后开始第二代产品技术的研发。在 2021 年计划中，第一步，建成完整的技术销售体系和技术服务体系；第二步，第二代产品完成实验机的调试和实验；第三步，申请第二代产品的专利项目，展开后续工艺优化研究工作，完成后续工艺，进一步优化产品，保证产品性能，总结研究成果。介绍并推广产品，深化厂商合作，深度与现场工作情况相结合，不断完善产品质量。后期将继续研发新一代产品，并聘请专家进行及技术分析，将产品使用范围进行拓展。最后，我们团队的目标是开创智能焊接时代，助力“中国制造”腾飞。

（新疆大学推荐，执笔人：张岩）

低损耗纳米晶隔磁材料，开启无线充电新时代

——青为科技有限公司创业案例

一、创业背景

随着科技的高速发展，无线充电技术已渐渐渗入我们的生活，从智能穿戴设备到智能家居、交通运输及医疗航空等领域均有无线充电技术的涉足，使得无线充电技术成为当下移动电子设备厂商竞争的重要砝码。

常用的无线充电方式有电磁感应方式和磁共振方式，在无线充电过程中会发生磁力线的外泄，引起干扰用电器运行、电池及周边金属发烫加速用电器损坏、充电效率低、电能浪费等一系列问题。隔磁片作为无线充电系统中的重要元件，起到聚磁、导磁、隔磁的作用，解决由磁力线外泄引起的一系列问题。置于接收端（电子设备内部）的隔磁片要求在高性能的前提下更轻更薄，才能满足移动电子设备的发展趋势。正因如此，现能提供较高品质接收端隔磁片的公司仅德国VAC、日立金属等少数几家，且价格昂贵、供货量不稳定。

目前，国内有能力开发出无线充电系统低损耗软磁合金隔磁材料的企业仅有安泰科技、中研非晶等少数几家企业。安泰科技为国内非晶合金带材研究和生产的龙头企业。压力制带生产线，带材精度高，带材应用于电子元器件有明显优势。另外，佛山中研非晶在铁基纳米晶合金薄带的研发与生产上有一定实力。但目前为止，两家企业都尚未研发出无线充电系统隔磁材料带材。其他则基本属于微小型企业，缺少技术开发能力。所以，国产非晶合金电磁屏蔽材料产品质量与规模均无法满足国内需求。许多产品的技术标准未能统一，重大发明专利多数被外企占据，高端产品市场被国外企业垄断。我国的非晶合金电磁屏蔽材料产业技术、成本均受制严重，压力巨大。整个行业与国外同行业存在很大的差距。

国内急需一款我们自己的高性能接收端隔磁片。所以，我们产品的出现将开启国内无线充电新时代。我们的创业具有很多的优势。

在技术方面，传统软磁纳米晶隔磁材料经过热处理后合金薄带可获得很高的磁导率，但同时带材变脆，韧性很差。如何实现在获得高频磁导率同时，又具有良好的韧性及碎磁特性，我们团队通过优化铁基纳米晶合金成分、恒压力制带工艺及复合磁场热处理工艺，同时实现高密度、高电阻率、低损耗、平整度高的纳米晶合金软磁薄带，对比现有技术制备的无线充隔磁材料综合性能更优，且工艺更为简便，更易于控制。

在市场方面，国外非晶纳米晶合金软磁材料形成产业已近30年历史，他们的产品技术娴熟，发展迅猛、品种齐全、质优价高，但均对我国实行技术封锁。因此要从根本上解决

国内这类对高性能材料需求的问题，就只能从根源技术问题出发。而无线充电系统低损耗软磁合金隔磁材料的研发成功，投入市场形成生产链，推广至全国，将进入大规模生产。广泛应用于采用电磁感应方式的无线充电环节，在提高充电效率的同时，可以更好地满足人们对设备设施轻薄的追求，同时减少发热，达到节约能源的目的，且可以更好地让我们国家在接下来的5G时代下，引领世界充电方式的革新。

在政策方面，在李克强总理提出的“大众创业，万众创新”的大背景，与已经到来的5G时代中，低损耗软磁合金隔磁材料顺应现在发展的新浪潮，为促进社会纵向流动贡献出力量，也更加增强了创新创业发展的自信心。

二、创业历程

我们初识于2015年，从大学一年级开始便跟随精于新材料研发博士周国华教授的团队。目前团队发展壮大，主力研发及市场拓展成员多达10余人，我们大部分来自材料物理、物理、机械设计及其制造、视觉传达与设计等相关专业，大家从专业理论与实验开始学习摸索，进而进驻材料研发工作室提升实践动手能力，再逐步深入校企合作企业学习新材料研发。2017年，我们成立了青为科技有限公司，相对独立地掌握材料创新设计与研发、送样及成品批量合作生产，收益较好。

目前，我们团队多次受邀参加江西省科技厅双创成果展，以及知名企业展销会，充分验证了我们新材料研发技术的先进性，更有力地提升了团队实力。

近年来，师生团队受邀参加“2019年第二十届中国磁性行业发展论坛”做专题交流报告，2018年、2019年在江西省科技厅举办的双创活动周上，江西省副省长吴晓军和发改委主任李庆红亲临展区，并给予高度评价。在2019年全国创新创业孵化基地五十强评估中，全国人大常委会副委员长吉炳轩到我们的工作室视察工作，也给予充分肯定。

2018年下半年开始，我们团队有两项关键研究成果实现了产业化。首先是铁基非晶合金单体抗直流线性电流互感器铁芯，目前主要供给厦门汇科、德国曼特（广州），应用在智能电表上做精密计量，已抢占30%的欧美市场。截至2019年6月底，为团队带来收益160万元。其次是宽频恒磁导率共模电感铁芯，目前全国只有我们掌握了该核心技术，主要供给深圳亚星、力维新、亚荣源，应用于光伏逆变器EMI滤波。截至2018年底已为大有科技创造产值2170万元，实现企业利润929万元，为青为科技带来227万元的效益。目前项目订单很多，供不应求。

2018年至今，我们团队致力于高性能隔磁材料的研发，已送样给无线充电模组供应商东尼电子、蓝沛光线，并得到良好反馈。目前和江西大有科技达成合作协议，试产50吨，预计实现利税1000万元。

创业初期我们将研发产品授权给相关生产公司，积累市场经验。渐渐地，团队有了海内外科研小组和市场小组，逐渐具备了创业的能力，我们开始筹备注册公司。

注册公司后，我们将低损耗纳米晶隔磁材料作为主打产品进行推广。我们团队也将继续一往无前！

三、运营情况

我们将目标客户群体定位为无线充电模组供应商东尼电子、蓝沛光线。与相关企业进行深度合作，委托企业代加工，实现批量生产。团队与相应企业合作共同开展非晶纳米晶带材的研究，在积极取得良好的成果之下进行着一些技术性的专利转让。

通过委托加工企业生产制备出高性能隔磁材料后，送样到相关企业进行用户反馈和性能测试对比。在满足国家相应行业标准的前提下，积极在全国各个行业会展上展示项目成果，树立品牌形象，进行产品推广，同时我们将通过行业会议宣讲和展销会来进行品牌推广。行业会议宣讲可以迅速在相关领域宣传产品，获得占领市场先机。会展的联系沟通作用效果明显，联系量大、面广、效果好，为我们和相关企业提供彼此联系和交流的机会。通过宣讲和会展提高我们品牌的知名度，并能帮助我们了解行业的发展情况，掌握市场风向。

营销战略定位是公司营销过程的核心，从我们团队的发展情况等各方面综合考虑，我们选择以渠道销售为主，直接销售为辅。渠道销售是采用渠道作为销售形式的销售。通过选择合适经销商来进行产品的售卖，同时我们也会进行直接销售，方便我们获得用户反馈来改进我们的产品。

目前，我们创业团队的成员是来自国内外材料物理和机械设计制造及其自动化等不同专业不同领域的精英，同时我们还有强大的导师团队：技术顾问材料加工博士周国华教授，负责材料配方研发以及特殊热处理工艺关键技术。研发顾问陈仙辉，中国科学院院士，宜春学院79级校友，为我们进行人才培养。创业顾问龙玲具体指导我们解决创业途中所遇到的问题，给我们许多帮助与支持。

四、所获奖项

1. 2019年10月第五届中国“互联网+”大学生创新创业大赛国际赛道金奖；
2. 2018年10月第四届中国“互联网+”大学生创新创业大赛全国总决赛铜奖；
3. 2018年9月第四届中国“互联网+”大学生创新创业大赛（江西赛区）银奖。

五、经验体会

创业的几年里，经历过迷茫和懵懂，一路上不断积累与不断成长，所幸我有一个强大的团队陪伴我一往无前。这几年里收获非常多。

首先，决定要做的事就从当下开始。很多人的梦想一直都活在明天，有些人总在等待时机，其实时机是自己创造的，而不是等来的。无线充电技术在多年前就开始受到关注，做出高性能的隔磁片需要扎实的专业知识积累，这些积累是从学习中来的，而不是靠想象来的。如果没有扎实的专业知识，如此好的机遇就只能错过。所以既然有梦想就确定方向并为之努力，为自己创造打拼出去的机会而不是等待机会来找你。从当下动身，从自己着手，提升自己的能力，机会自然而然就来了。

其次，相信自己的团队、自己的队友。我们团队来自材料物理、财务管理等不同领域，每个人擅长的东西并不相同，但有一点我们是相通的，我们相信彼此会把自己的任务做到最好。只有彼此信任才能拥有凝聚力，才能经得住创业途中的波折和考验。

最后，还要明确目标、坚定信心。创业者必须要有非常清晰的使命感和远景目标。一个没有方向的创业者是没有办法成功的，所以使命和目标是成功的关键。也就是说，应该要有一个清晰的企业发展和成长蓝图，同时要有能力制定实现目标的战略和途径。

我们还认为大学生创业应建立在不影响学习的基础上。大学不仅仅是学习专业知识，更要学习思维方式和为人处世。学习是老鹰飞翔前的练习，只有翅膀硬了才能飞得更远更高。用一个比喻——火焰和海水。火焰象征热情、激情和希望；海水象征着广袤无边、深邃、冷酷，没有火焰般的激情，创业是不可想象的，但如果只有激情往往会被市场经济的大海吞没成为“牺牲品”。

市场经济不同情弱者，也不会给任何人实习的机会。创业意味着冒险和付出，也意味着失败和挫折。王选为此付出了 18 年在实验室没有假期的艰辛，比尔·盖茨苦熬了 17 年才有了今天的成就。大学生创业有成功也有失败，在经历了最初创业的冲动和付出之后，我们最终会走向成熟和冷静，对创业和成功有更深的理解。所以，当我们在加入创业大队时也要深刻地思考清楚，思考自己的人生方向和自我定位，在学习和工作中不断充实自己、提高自己。无论做什么事都是一个自我提升的过程。只要自己从中获得了宝贵的经验，无论最后成功或是失败，都是人生财富。

挫折和失败是任何人都必须上的一课，我们应该在创业过程中克服一个又一个的疾苦。但我们相信只要不放弃，就会有机会。而且我们要坚信，这世界上只要有梦想，只要坚持，就会见到太阳！

（宜春学院推荐，执笔人：龙玲）

东北大学王牌战队的冠军青春

——记东北大学ACTION机器人创新创业团队

名叫“ACTION”，从来行动派，东北大学ACTION机器人创新创业团队通过开展机器人寒暑假训练营、竞赛机器人创新选修课、创新项目研究等活动，年均培养信息、计算机、机械、软件、企业管理、电子等专业学生千余人。2016年、2017年、2018年、2019年，ACTION团队蝉联全国大学生机器人竞赛总冠军，连续四年作为中国唯一代表队出征亚太大学生机器人大赛，获2次亚军、1次季军、3次最佳技术奖。2017年，团队获评大学生“小平科技创新团队”。通过大赛练兵、技术积累，创新的种子成长为创业的大树。2015年沈阳艾克申机器人技术开发有限责任公司成立，一件件具有极高技术壁垒且前景可观的产品华丽问世，竞赛模块机器人进入俄罗斯、新加坡等国内外市场，下肢康复机器人已迭代三级，获行业赞誉，2017年公司成为国家级高新技术企业。

一、团队背景

东北大学ACTION机器人创新创业团队是学校首批示范性学生创新团队，成立于2002年，前身是东北大学机器人队，2011年更名为“ACTION创新团队”。2013年经学校研究决定，授予ACTION团队“东北大学优秀学生创新团队”称号，并连续六年获此殊荣。2014年起，形成“竞赛—科研—产业化”完整成长链。指导教师为东北大学信息科学与工程学院丛德宏教授。

二、奋斗历程

名叫“ACTION”的团队，从来行动派：千钧一发的赛场，用默契化险为夷，用技术一招制敌，用拼搏造就奇迹。在这成绩背后是通宵达旦的付出和努力，桂冠洗去失败的苦涩，胜利开启崭新的梦想！

利剑出鞘，首次登顶：“行云”“流水”比赛，为国而战

“五、四、三……”比赛现场主持人和全场观众一起大声倒数，共同开启2016年全国机器人大赛冠军争夺之战，随着裁判一声令下，鼓舞人心的大赛背景音乐响起，将紧张的气氛推向高潮，每一个人的呼吸都急促起来，心跳不断加速，拳头不由得握紧，屏气凝神地注视着这场争分夺秒、“稍纵即逝”的比赛。

东北大学出征的“战将”在场上热烈的呐喊中冷静沉着应战，冲上山坡、漂移过弯、跨越“河流”、安装螺旋桨，在第十六届全国大学生机器人大赛决赛现场，机器人“流水”

以14.3秒、领先第二名3秒的骄人成绩勇夺大赛冠军。裁判哨声与ACTION团队队员嘶吼的欢呼声同时响彻现场，ACTION团队队员们紧紧地拥抱在一起，还有很多已经毕业的ACTION老队员当天也来到决赛现场，狂欢呐喊后大家都忍不住流下激动的泪水，东北大学ACTION团队成功夺冠！

2016年全国机器人大赛以“清洁能源”为主题，每支参赛队伍的参赛队员需要综合多门学科知识，设计制造自动机器人。机器人借助机械产生的动能，完成预设任务和在风力发电区收集螺旋桨的任务。比赛中，由携带动力的机器人A驱动携带螺旋桨的无动力机器人B前进，机器人B需进行自动寻路，完成三次爬坡过弯、穿越“W”形模拟河流等项目进入风力发电站，并将螺旋桨交给机器人A，机器人A爬上发电机立柱，安装螺旋桨，全程用时最少者获胜。

“代表东北大学出战的两个机器人分别是‘行云’和‘流水’。”团队指导教师丛德宏介绍，“‘行云’身高在0.8～0.9米之间，体重25千克，使用电力驱动。‘流水’体重3千克，上面搭载着各种用来识别轨道的传感器，还有一面用来接收‘行云’风力的帆。这两个机器人的名字连起来，就是我们想让机器人动作达到的境界——‘行云流水’。”

对于夺冠，丛德宏教授用了“水到渠成”四个字来形容。“无论是在备战阶段，还是在现场比赛，我们都实力突出，从小组赛开始就一路全胜。”“其实‘行云’和‘流水’两个机器人很早就设计好了，从4月到6月，两个多月时间，成员们都是在调试它们的稳定性。在场下，除去螺旋桨最后停留在柱子上的3秒，我们的最快成绩是9.1秒。”丛德宏十分自豪地说。

大赛中共有来自武汉大学、西安交通大学、哈尔滨工业大学、北京航空航天大学、电子科技大学等60所国内知名高校的顶尖团队。能够战胜诸多传统强队，丛德宏认为靠的是出发角度、转弯轨迹、动作设计上的三个独特优势。

“我们的机器人跑得这么快，是因为机器人的轮子都是根据我们自己算出来的速度自制的。同时，我们的机器人跑得非常准，是因为下面有一个由ACTION团队自主研发的全方位自主浮动平面定位系统，它可以定位到每一个位置。”团队成员何春华说。

这场全国大学生机器人大赛的赛跑，“十年磨一剑，今朝终称王！”组队17年，参赛16次，12次跻身八强，季军4次，亚军1次，冠军4次，6000多个日夜，参赛机器人90多个……这份荣誉属于那群热血的小伙子们，那个“拒绝平庸，挑战极限”的东大ACTION创新团队——东北大学机器人王牌战队！

从2002年组队开始，ACTION团队经历了无数次比赛，团队成员每一次都用平常心去面对，用进取心去拼搏，用战斗心去突破。高峰低谷都经历过，成功失败都品尝过。一路风风雨雨，一路坎坎坷坷，无论遇到怎样的挫折和压力，他们从没放弃。遗憾失败只是成功与鲜花的小插曲。多年来，ACTION团队收获良多、荣誉颇丰。团队多次斩获国内各类机器人比赛的冠亚季军，也曾连续多年荣获“东北大学创新优秀团队”称号。

亚太大学生机器人大赛国内选拔赛是ACTION团队每年的重头戏，2005年、2006年、2010年三次季军，2009年勇夺亚军，并多次获得最佳设计奖、最佳表现奖、最佳策略奖、最佳速度奖等荣誉。2016年打败强队电子科技大学登顶称冠，2017年、2018年、2019年成功卫冕。

在2016年亚太地区大学生机器人大赛中更是打败来自亚洲、大洋洲、非洲的16个国家和地区的16支战队获得大赛的亚军，被授予单项中的最高奖项——最佳技术奖。2017年在日本获得第十六届亚太大学生机器人大赛最佳技术奖；2018年在越南ACTION团队“金戈铁马”机器人夺得第十七届亚太大学生机器人大赛亚军；2019年在蒙古国ACTION团队“脊梁”四足机器人夺得第十七届亚太大学生机器人大赛季军及最佳技术奖。

背后故事：勤+智=王牌战队ACTION

十几年间，ACTION团队在比赛中获得的无数荣誉，拥挤地站在实验室墙边的橱窗里。然而在实验室真正唱主角的不是这些奖杯，而是奖杯的“得主”——ACTION团队自主研发的机器人和技术产品：可270°旋转“手臂”，0.5秒内反击接球的羽毛球陪练机器人；长得像坦克，拿手攀爬斜坡、楼梯、高障碍物的无揽越障救援机器人“终结者”；超强吸力、轮式行进，适用于大型船只罐体外表检查的“磁吸附机器人”；不管怎样旋转，都能保持镜头水平的“全方位移动云台机器人”……一项项专利在这里研发，“掠夺者”“超音速”“终结者”“小钢炮”等一个个智能炫酷的“机器人”在这里诞生并活跃，这个特殊的地方，“东大人”亲切地称为“机器人部落”。

部落的主人正是东北大学ACTION团队，这些“正青春”的大学生来自机械学院、信息学院、软件学院各年级的本科生，涉及计算机、自动化、机械工程、电子信息、测控技能等专业。他们年轻有朝气，平均年龄只有20岁。

一款竞技机器人的诞生，从初期结构设计到软硬件控制系统，再到后期的调试完善，需要团队所有成员夜以继日的付出。因此，熟悉这个部落的人都知道，这里是座“不夜城”。

当校园大多楼馆都在黑暗中沉睡时，科学馆一楼却总是灯火通明。日夜的更迭在这里淡化了意义，每一张年轻的脸上都写着对科学的热忱，对成功的渴望。他们任凭思维游走在前沿科学的国度，纵使稚嫩，却依旧无畏。在实验室的一个角落里，成排地码放着很多床垫和被褥。团队成员田小雨介绍：“备战比赛期间，很多学生都打地铺住在实验室里。我自己就曾连续两个月没回过宿舍。”这里成为他们某种意义上的“家”。

如果睡在你上铺的兄弟每天晚上11点拖着疲惫的身影，小心翼翼地打开宿舍门，脚步轻盈，但依旧不小心把你吵醒，第二天凌晨，又匆匆起身，悄然离去，还请你理解这个处于热恋的年轻人，造成这种行为的原因只有一个，从某一天开始，他与机器人相恋，成为了ACTION团队的一员。2016年的全国大学生机器人大赛，ACTION团队最终是以14.3秒的成绩力克电子科技大学队，这短短14.3秒的背后凝结了整个团队夜以继日的心血和汗水。

比赛需要两台机器人相互配合完成风力发电机的安装任务，用时少者获胜。ACTION的原则就是“没有最快，只有更快”。他们就把世界知名的短跑、跨栏纪录者，110米栏12.88秒的刘翔、百米9.58秒的“飞人”博尔特，作为奋斗目标贴在墙上，超过一个划掉一个。那时他们每天要调试上百次，小机器前前后后设计了6个版本，控制程序版本也是天天更新完善，比赛前最快成绩可以达到9.1秒。

比赛现场发现其余队伍最快只有13秒，最后选择了求稳降速，毫无悬念拿下冠军。

2016年，为了给学生创造更好的创新创业环境，学校对科学馆进行升级改造。科学馆装修期间正是2016年全国大学生机器人大赛紧张的准备阶段，ACTION团队毅然选择在主楼北广场的楼梯下搭建户外场地准备比赛。那里阴暗潮湿寒冷，环境十分艰苦。临近比赛，团队成员都是卷着被子干活。尤其是每天晚上要留人睡帐篷看守设备，他们始终坚守，寸步不离，一直坚持到比赛前一天。

作为团队的指导教师，丛德宏扎根实验室15年。每天晚上十点半下班已经成为了丛德宏的工作常态，用他的话说：“在家待着时间长了就想实验室。但看着学生在队里历练、成长，心里很踏实。可能别人看来挺苦挺累，但我自己觉得很开心。”

积累经验和成长的步伐从未停止，ACTION团队成为东北大学首个优秀学生创新团队、国内外机器人赛事的实力强队，更成为无数人竖起大拇指的王牌战队！

三、运营情况——人才密码：“竞赛—科研—产业化”良性循环

目前，有大量需要下肢康复的患者，而下肢康复机器人的市场却存在巨大缺口。ACTION团队研发的足腿式下肢恢复训练机器人可以帮助很多下肢偏瘫、丧失步行能力的病患进行恢复训练。“用机器人帮助下肢偏瘫病人进行运动恢复，也是将来机器人融入百姓生活的重要方向之一。”丛德宏介绍说。这款机器人原理并不复杂，依据大脑的神经可塑性原理以及运动疗法，将病人脚部经过柔性机械脚与活动平板接触，模拟人正常行走进程，经过平板对脚、腿等运动神经的刺激，使病人“回想起”行走动作，恢复行走机能，机器人还可以依据人的身高、体宽进行调理。

为了将这个机器人从实验化走向工业化，ACTION团队成员王海洋建立了沈阳艾克申机器人技能开发有限责任公司，注册资本100万元。“在丛德宏老师的带领下，我和队友决定创建自己的机器人公司，希望把我们在ACTION团队学到的一些技术通过企业平台，真正投入市场，发挥作用。”团队成员王海洋说，“大家都想让产品尽早面世，去造福更多行动能力受限的患者。”

公司目前已平稳度过起步期，技术和产品广受好评，全方位平面定位系统现已在国内外60多家高校和公司得到应用。足腿式下肢恢复训练机器人已打造出低于市场价一倍的新产品，即将面世，给下肢伤残患者带去新的希望。这恰恰印证了东北大学“竞赛积攒经

验、科技成果转化、产业化反哺科研”的良性循环模式，响应国家大众创业、万众创新，勇赴时代浪潮的号召。

多年来，ACTION 团队培育出 500 多名优秀科技立异人才，大多数队员毕业后进入具有高新技能的大型企业，比如美国 PME、上海 ABB、深圳 DJI、长春一汽、深圳 FANUC、合肥 MTK、北京华为、飞思卡尔、合肥联发科等，并成为其中的核心成员；或前往清华、北大、浙大等国内高校继续深造；其间也有些成员远赴德国、瑞典、加拿大、澳大利亚、美国、日本等国留学进修，或留校持续从事科技立异方面的教学工作；还有的致力于自主创业。

ACTION 团队将学习、应用、研究和创新有机融合，提高学生学以致用、发现问题、分析问题和解决问题的能力，培养学生过硬的心理素质、顽强的意志品质、严谨的科研态度和良好的团队合作意识，最终实现培养跨学科式的科技创新型人才、造就未来科技创新领军人物的目标。

“拒绝平庸，挑战极限”，十数年来，指导老师丛德宏和一届届 ACTION 人一直坚持着属于自己的团队理念。这些曾经在 ACTION 奋斗过的健儿们，身上都熏陶着 ACTION 勇于创新、挑战极限的团队文化，也烙印着 ACTION 的不屈不挠、坚持不懈的精神，他们更传承弘扬着 ACTION 团队的优良传统。

即使来自不同的学院，他们都毫无保留地讨论与分享，把自己所掌握的技术和经验传授给学弟学妹。所以，ACTION 的技术从未停滞或断档，人才永远非凡！

2015 年 9 月，东北大学与中国科学院沈阳自动化研究所、沈阳新松机器人自动化股份有限公司协作组建国内 985 高校首个机器人科学与工程学院，旨在培育出适应世界科技前沿和国家战略发展需要、契合社会和职业发展需要、精通机器人科技的基础理论和专业知识、具有立异精力和实习才能的立异型人才。走在时代的前面，掀起科技的浪潮，ACTION 团队的师生们相信，机器人学院将是 ACTION 团队的沃土，而机器人学院将以有 ACTION 这样的团队而骄傲。

“中国智造”离不开人才，世界科技的发展离不开智力支持，ACTION 团队不断输出高端人才，为机器人产业注入强劲动力，为科技进步注入新鲜血液。

四、所获奖项

秉持“拒绝平庸，挑战极限”的团队理念，ACTION 团队从 2002 年创建至今，历经 17 年的发展现已成为机器人比赛的传统强队，战果累累，曾取得亚太地区大学生机器人大赛亚军 2 次、季军 1 次、最佳技术奖 3 次；全国大学生机器人大赛冠军 4 次、亚军 1 次、季军 4 次；全国大学生电子设计竞赛一等奖 1 次、二等奖 2 次；机械创新设计大赛获国家一等奖；国家级大学生创新训练计划项目 20 余项，重大创新项目两项；Intel 杯大学生电子设计竞赛国际二等奖；挑战杯省赛特等奖 1 次，一等奖 2 次；连续四年包揽辽宁省大学生机器人竞赛冠亚季军；拥有自主知识产权30余项；入选全国大学生“小平科技创新团队”……

五、经验体会

“欲戴王冠，必承其重。”经得起多大的压力，才配得起多大的荣誉。在ACTION创新实验室，“拒绝平庸，挑战极限”是他们秉承多年的团队理念，“敢于创新，永不言弃”蕴含了他们坚持多年的团队文化。就像丛德宏说的那样，创新靠的不是超常能力，而是用敏锐的观察力看准方向并为之努力，无论遇到什么困难都要一直走下去。走出ACTION的实验室，悬挂在实验室门口的电子屏幕上滚动着的标语及大赛倒计时令人一振，鲜红的字滚动着，闪耀着，如同赛场上跃动的青春和激情，如同这屋子里面那些人的青春，在最需要他们的地方肆意地绽放如花、跳动如火。

就是这样一群人，他们的梦想从未止步，他们的奋斗从未停下，他们就是ACTION创新团队——东北大学的王牌战队！

（东北大学推荐，执笔人：黄晓颖、王钰慧、朱翠兰）

用科技还绿水青山，做实事推精准扶贫
——厦门柒懿环保科技有限责任公司创业案例

一、创业背景

近年来，随着氢能利用技术的日益成熟，以及解决气候变化压力不断增大，氢能在世界范围内备受关注。目前氢能已经纳入我国能源战略，成为我国优化能源消费结构和保障国家能源供应安全的战略选择。2016 年 8 月 18 日，中共中央、国务院印发《“十三五”国家科技创新规划》再次要求发展氢能、燃料电池这类“发展引领产业变革的颠覆性技术”，2018 年前打造 4 个联合国氢经济示范城市。当前，中国制氢行业主要有化石燃料制氢、甲醇转换制氢、核能制氢、电解水制氢等技术手段，但是都存在高成本低效率的问题。柒懿环保科技提供的解决方案直击行业痛点，既能解决秸秆、厨余等有机废料带来的环境污染问题，又能高效生产出氢能，为政府、为企业提供全球领先的废弃物处理及新能源生产一体化行业解决方案，引领氢气应用发展，助力环保事业的腾飞。

二、创业历程

2016 年 3 月，柒懿团队在厦门理工学院创新创业园正式成立。团队由两岸高校在校师生联合组成，秉承着“减量化、再利用、资源化”的原则，致力于研发 HyMeTek 生物质循环系统，该系统以物质闭路循环和能量梯次细化利用为特征，用于畜牧业废料、秸秆以及工业废水的处理。同时还联合陈氏引擎研发商，代理绿能引擎技术，结合 HyMeTek 系统进行使用，打造“一村一站”新型能源生态模式以实现资源的最大化利用，助力环保事业的发展。

图 1 团队合影

2016 年 8 月份，柒懿团队荣获由厦门市科技局和厦门市财政局联合举办的第五届中国创新创业大赛（厦门赛区）暨第二届“白鹭之星”创新创业大赛团队组二等奖。同年 10 月份，厦门柒懿环保科技有限责任公司正式成立，注册于厦门市集美区，注册资金 1000 万，前期主要运营生物技术推广服务以及节能技术的推广。

图 2　获奖合影

2016 年 11 月柒懿代表厦门远赴西安参加由科技部、财政部、教育部和全国工商联共同主办的第五届中国创新创业大赛，荣获新能源及节能环保行业团队组第一名的优异成绩，同时也得到许多国内顶尖的新能源领域专家的认可和支持。

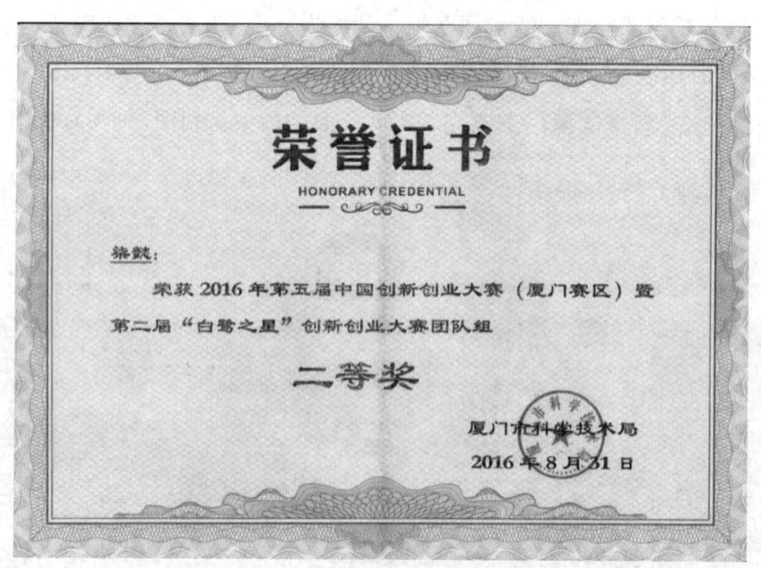

荣誉证书

HONORARY CREDENTIAL

柒懿：

荣获 2016 年第五届中国创新创业大赛（厦门赛区）暨第二届“白鹭之星”创新创业大赛团队组

二等奖

厦门市科学技术局

2016 年 8 月 31 日

图 3　获奖证书

图 4　团队合影

2017 年 3 月，厦门柒懿环保科技有限责任公司将办公地点迁移至厦门市五缘湾金绿广场。公司开始采用 4R 市场营销策略，以关系营销为核心，注重团队和政府、NGO 关系的长期互动，重在建立忠诚度。经过一年的沉淀后，现在公司全新采用 PPP（Public-Private-Partnership）运营模式，向政府提供能源循环系统及相关配套技术服务，而政府提供建设资金以及发展方案，亦可协同参与全过程经营。

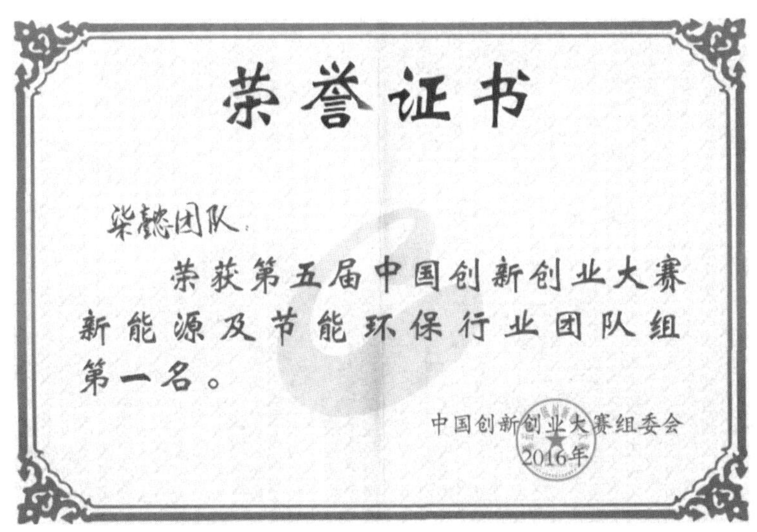

荣誉证书

柒懿团队：

荣获第五届中国创新创业大赛新能源及节能环保行业团队组第一名。

中国创新创业大赛组委会

2016年

图 5　获奖证书

2017 年 5 月，分公司柒懿地慈环保科技（沈阳）有限公司正式成立，并且获得了沈阳市于洪区以及中德沈阳高端装备制造产业园的两份批文，开始进行有机废弃物绿色能源“一村一站”的落地建设。

于洪区科学技术局

沈于科〔2017〕3号　　　　签发人：霍广新

关于成立柒懿地慈（沈阳）有机废弃物绿色能源一村一站项目批复

柒懿地慈环保科技（沈阳）有限公司：

贵公司《关于申请成立柒懿地慈（沈阳）有机废弃物绿色能源一村一站项目报告》收悉、经研究，现批复如下：

同意成立柒懿地慈（沈阳）有机废弃物绿色能源一村一站建站，并将沈阳市于洪区块304国道西大林村地块作为一村一站厂站用地，面积合计100亩。望贵公司做好建设管理工作，遵守国家法律法规和有关规定，依法经营，加强技术研发和产权保护，认真做好品质管理、安全管理，切实落实节能环保及精准扶贫，达到预期目标，也请贵公司尽快派专员到我区洽谈投资建厂事宜。

特此批复

于洪区科学技术局

2017年3月31日

中德沈阳高端装备制造产业园管理委员会

关于同意柒懿地慈环保科技有限公司建设有机废弃物绿色能源研发中心的函

柒懿地慈环保科技（沈阳）有限公司：

贵公司《关于申请成立柒懿地慈（沈阳）有机废弃物绿色能源研发中心的报告》收悉。经研究，现函复如下：

同意贵公司在中德园内（沈阳经济技术开发区浑河十四街6号地块作为研发中心及培训总部用地，面积合计60亩）建设柒懿地慈沈阳（东北）有机废弃物绿色能源研发中心项目。望贵公司遵守相关法律法规，抓好项目建设管理，加强技术研发和知识产权保护，认真做好品质管理和安全管理，切实落实节能环保及精准扶贫工作，达到项目建设预期目标。

望贵公司尽快派员到我区洽谈项目建设具体事宜。

特此函复。

2017年3月31日

图6　项目批复文件

2017年9月，厦门柒懿环保科技从全国37万个项目里一路披荆斩棘，为厦门理工学院拿下了第三届中国“互联网+”大学生创新创业大赛的全国金奖，同时也受到了国务院刘延东副总理的亲切接见。

图7　团队合影

2019年10月，柒懿环保科技与厦龙开发区达成合作共识，将在2020年投资规划建设有机废弃物绿色能源基站。

图 8 科研院校与企业科技成果转化项目签约仪式

在这科技创造奇迹的时代，柒懿团队努力适应时代发展的潮流，规划未来发展。回首团队立项至今，从技术团队的不断创新研发、攻克难题，到社会各界组织对项目技术的认可，再到项目流程体系完善，柒懿团队一直都在不断努力。经过团队不断的探索和研究，他们的二阶段生物质制气系统已经一次研发完成。在国家各项环境政策大力推行的背景下，他们仍将会继续通过不懈的研发和市场反馈来完善他们的项目技术，他们有能力也有信心不断拓宽产业市场，为生态环保做出贡献，为社会发展提供动力，为国家能源经济创造巨大效益。

另外，他们有一个远期设想：基于生态环保基站的建立，构建一个生态园区，形成一个良性的生态闭环，从而使得项目经济价值以及社会价值得到最大化。

图 9 生态园区

三、运营情况

柒懿科技致力于研发利用废弃生物质生产氢能源的循环系统，减少秸秆、厨余等废弃物带来的环境污染，并且产出清洁能源，公司为政府、企业提供全球领先的废弃物处理及清洁能源生产一体化解决方案，实现资源利用最大化。

党的十八大以来，我国在生态文明建设方面已取得了很大进步，但目前我国的环境问题、能源改革问题依然艰巨。习近平总书记在十九大报告中指出，发展清洁能源是改善能源结构、保障能源安全、推进生态文明建设的重要任务。在能源发展新时代，我国清洁能源行业快速发展，其中氢能是重要的清洁能源之一。中国作为全球最大的产氢国在制氢行业仍有诸多痛点，产氢成本高效率低，甚至会产生二次污染。针对此，柒懿环保科技研发的（HyMeTek）生物质制氢系统拥有16件专利，生物产氢速率全球第一，在产氢的同时还能解决有机废料的处理问题，真正实现"变废为宝""还一片绿水青山"。

目前，柒懿已在沈阳市于洪区、沈阳高新产业园区、如皋市落地建设氢能源站。在今年年底柒懿与厦门政府、龙岩新罗区政府也达成合作共识，将进一步在龙岩雁石镇落地建设。截至2019年10月，盈利突破300万。公司目前拥有4名氢能专业硕博士带领的研发团队及7名行业资深运营，并于APEC亚太经合组织氢能中心、国际氢能协会建立战略合作关系。项目曾获第五届中国创新创业大赛新能源行业大赛全国第一，第三届"互联网+"大学生创新创业大赛国赛金奖。

公司采用4R市场营销策略，以关系营销为核心，注重团队和政府、NGO关系的长期互动，重在建立忠诚度。经过一年的沉淀后，现在公司全新采用PPP（Public-Private-Partnership）运营模式，向政府提供能源循环系统及相关配套技术服务，政府提供建设资金以及发展方案，亦可协同参与全过程经营。PPP模式可将部分政府责任以特许经营权方式转移至本公司，同时建立起"利益共享、风险共担、全程合作"的共同体关系，有助于减轻政府财政负担，同时降低公司的投资风险。

四、所获奖项

表1　获奖情况

序号	奖项名称	获奖等次	获奖时间
1	第二届厦门理工学院"互联网+"大学生创新创业大赛	二等奖	2016.07
2	厦门第二届"白鹭之星"创新创业大赛团队组	二等奖	2016.08
3	荣获第七届中国（厦门）"梦想工场"青年科技创新创业大赛	特别荣誉奖	2016.12
4	第五届中国创新创业大赛新能源及节能环保行业团队组	第一名	2016.12
5	第三届中国"互联网+"大学生创新创业大赛国赛	金奖	2017.09

五、经验体会

“对农民而言，通过以物易物原则，将秸秆等有机废弃物交予创业团队，兑换生产生活用气；普通居民则可从 HyMeTek 基站优惠获取低价燃气以及生活用电。除此之外，公共交通、公共应急措施，抢险救灾等皆可使用新能源替代原有设施。”团队负责人翁望志介绍，自大一起，对工力知识兴致勃勃的自己在专业方面就是一枚“学渣”，偏对创新创业引发了兴趣，于是就选择在创新创业园投入了大量时间。他时常接触种类繁多的创业项目，自己的创业梦想随之衍生，其后在创新创业园谢雯瑜老师牵线下，遇见杨正益博士带领的台湾团队与 HyMeTek 新能源技术，就这样“对上眼”了。

柒懿汉米科技原计划中的注册名并无“柒懿”二字，只可惜在注册上迟了一步。翁望志笑称，“后来就想，我们的团队主要由七个人组成，一人一份力便是一人一个亿，不如就叫‘七亿’，但‘七亿’的烟火味稍微重了些，又因缘台湾，于是我们选择了‘柒’。至于‘懿’，不正好是‘壹次心’吗？不正好就是七个人一条心吗？‘柒懿’即一起，这就是团队，就是凝聚力。”

利用研发的 HyMeTek 系统，将秸秆、厨余、食品工业废水、畜牧排泄物等废料通过生物发酵，可以高速产出氢气与甲烷。这样一个项目，能够有效解决氢能短缺的问题，同时具有较为广阔的市场前景，没有理由不去尝试一番。置身创新创业氛围浓厚的环境，翁望志跃跃欲试。就这样，正在创新创业园中“孵化”的柒懿汉米科技（HyMeTek）破壳而出。

既定目标，柒懿众人便挽起袖子，踏上了奋斗征程。“从学校创新创业园内的路演，到厦门市科技局举办的创新创业大赛，再到科技部举办的创新创业大赛，我们在比赛中不断催化项目成熟，梳理我们的商业模式。”翁望志说，去从 2016 年开始在比赛上，团队不仅获得了国家专项扶持资金支持，还获得市、区各级部门近 100 万元的支持。

“学校创新创业园给了我们包括路演 PPT 优化、商业模式梳理、投融资等领域的指导，给了项目很大的提升。”一场又一场的路演，一场又一场的竞赛，柒懿团队在实战中磨砺。正如团队导师谢雯瑜所言：“作为学生团队，只有与市场接触，才能明确项目的可行性，不断调整、推进项目。”

不只是整个团队，个人如翁望志同样得到了历练。“创业中对大学生人际交往、承受挫折、自我约束的锻炼，是终身受用的。无论我们能否找到一些机会去帮助我们实现自己的创业梦想，这种创业环境对我们来说都是非常有益的。”

双脚欲迈入成功之门，鞋履边缘总会留下踏过无数艰难险阻的泥痕。好的技术项目更需要好的推广模式，柒懿团队因此选择了 PPP 模式。PPP 模式，即公私合营模式，政府部门和民间部门可以取长补短，以最有效的成本为公众提供高质量的服务。但也正是在寻求最佳选择的过程中，柒懿团队数次遭遇考验。

“项目采用 PPP 模式，我们需要政府的支持，需要与政府洽谈合作，我们的社会经历显然不足。况且，项目资金需求过大，资本难寻又成为新的阻碍。这也是我们在项目落地问题上最大的难点。”路不好走，还是想走。据悉，柒懿汉米科技团队在经过大半年的努力，项目得以在沈阳落地，翁望志心中悬着的一块大石也终于落地。

好事多磨，由于汉米科技是闽台合作的创业项目，在团队稍有起色时，股权分配成了又一新矛盾。项目的运行需要台湾的技术和大陆的推广运营，股权分配就凸显出了重要性。须知股权分配甚至可以影响团队的存在和整体运作，在多番争论与和谈中，股权分配问题得到了妥善的处理。柒懿团队不放任血气，坚定地守护着自己的初心，保持着自己的志向。

“汉米科技”是一个专注于能源循环经济与环保科技的闽台合作公益创业项目。依托我校与台湾逢甲大学，用顶尖技术研发出有机废料转化能源技术。目前，已经研发的二阶段气态生物质能源系统的生物质能转化效率和生物产氢效率处于领先水平，已获国内外16项专利。科技日新月异，柒懿汉米科技团队仍然在升级产品技术的同时，研发新技术。

（厦门理工学院推荐，执笔人：林泽伟）

钱旦博士创新创业实践案例
——西安匠心云涂科技有限公司创业案例

一、创业背景

“大众创新、万众创业”是当前社会发展的趋势，为了鼓励更多的青年才俊创新创业，国家出台了一系列的“双创”政策，给予创新创业人员以最大的鼓励和政策方面的支持。

在涂层领域，我国的涂层市场长期依赖国外设备和技术配方，因此价格居高不下，同时国内涂层技术发展缓慢，信息化程度较低，导致涂层产品质量参差不齐。面对让人忧心忡忡的现状，作为材料表面学的一员，西安交大材料学院的钱旦博士决心要搁置深耕专业领域的遗憾去用实际行动推动中国制造业的转型升级尤其是提升材料表面处理方面的技术水平。于是，钱旦博士本着一颗匠人之心，利用如云雾般的等离子科技和云数据平台，推进先进涂层技术，并在其导师宋忠孝教授的支持与鼓励下开启了自己的创业之路。

二、创业历程

2007年，宁波人钱旦通过自主招生提前考入西安交通大学材料学院，此后在薄膜扩散与界面反应、功能涂层开发与应用以及金属3D打印界面材料学等领域潜心钻研，获得过突出成就，在Scientific Reports、APL等国际顶级期刊发表论文5篇，获发明专利10余项。其主要创业历程如下：

1. 2014年，在导师鼓励与同门的期待下，钱旦博士成立了西安博源福创有限公司，并获得种子轮投资70万元。

2. 基于西安博源福创有限公司的尝试运营。2017年，他将业务拓展到了长三角地区后，在经过对国内涂层技术市场不断探索下，于2017年5月在西安成立了西安匠心云涂科技有限公司，注册资本200万元人民币。

3. 为了进一步拓展市场，推动国内涂层技术的发展，同时也因为需要逐渐转型PVD涂层技术的开发与应用并连续创业，根据市场与业务发展需要，于2017年底在宁波成立总公司—宁波云涂科技有限公司，注册资本1000万元，主营工模具增寿、零部件防护和替代电镀涂层等技术服务，并于2019年2月份获得600万天使轮融资。

4. 目前云涂科技已经在西安、宁波、临沂、绍兴等多地设立公司，并且拥有多条生产线，能够最大限度地满足客户的对质和量的需求。

5. 钱旦博士秉持五代技术传承的使命，肩扛硬科技“八路军”的新材料大旗，致力于高性能涂层技术开发与生产服务，突破国外技术封锁，实现国际领先，为“中国制造2025”贡献力量。在创业的过程中积极参加各项社会实践，参加行业内的相关比赛，自创业以来参加的比赛不计其数，主要有：2016年，金张掖创新创业大赛；2017年，第三届“互联网+”大学生创新创业大赛；2017年，西安全球创新创业大赛；2017年，“创启未来”全球创新创业大赛；2018年，“天姥英才”高层次人才创新创业大赛；2018年，清洁技术创新创业大赛；2018年，第七届新材料行业大赛；2018年，“锦创未来”深圳、西安、成都三城创业争霸赛；2018年，中国·宁波第五届全球新材料行业大赛。

6. 2018年8月份，钱旦博士应日本研究开发法人科学技术振兴机构中国综合研究中心主任Arima Akito的邀请，赴日本参加中日大学博览会及论坛；

7. 匠心云涂团队创始人钱旦受邀参加“创投资本相亲会”，获得全场限量十名的“PASS卡”。

8. 2019年钱旦博士被西安迈格纳特医疗科技有限公司聘请为“特聘专家”。

钱旦博士在创业的过程为国内的涂层技术发展做出了重大的贡献，打破了国外涂层技术的技术壁垒，让我国的涂层技术发展更上一层楼。同时也带动了区域经济的发展，提供了众多的就业岗位，解决了部分劳动力就业的问题，从一定程度上促进了区域经济的发展，也极大地拉动了就业人员家庭经济的增长。

三、运营情况

公司研发团队由国家“万人计划”专家，西安交通大学宋忠孝教授领衔，硕士、博士等各类高层次人才占到七成以上。公司的核心技术五代传承，并依托西安交通大学与金属材料强度国家重点实验室的研发平台和人才团队，可根据客户需求进行各种特殊涂层的研发及试生产，最大程度提升客户的产品品质，解决客户的难题。

公司设计开发的TiN、TiCN、CrN、AlTiN、TiAlN、CrTiAlN、GLC、DLC等各类高性能超硬涂层、精密零部件涂层、替代电镀Au、Ag、Cu、Ni、Cr、Zn等金属，以及各类合金涂层等技术方案，已经广泛应用于机械加工、汽车制造、航空航天、电工电子、医疗器械、石油化工等诸多行业。目前，公司的业务已覆盖到了机加工模具、汽车零部件、能源机泵、功率器件、电工电子、航空航天等领域。

云涂科技在压铸模具涂层方案实现进一步升级，涂层后模具寿命比传统CrTiAlN工艺的性能再提升数倍，最新的热锻模涂层更是达到了5倍以上的寿命提升；橡胶模涂层也得到重要突破，实现不粘模等等。而在此前，国内高端涂层核心技术被长期封锁，国内的高端涂层市场均被跨国公司占据，价格高居不下。钱旦和他的团队的出现，在打破了国外公司技术垄断的同时，也把成本降低了一半以上。

目前，云涂科技已经建立了自己的互联网信息平台，针对先进涂层技术领域，通过网站和微信双平台，向用户提供涂层技术需求集散服务、技术咨询与开发服务、订单管理系统等服务。平台上线后，公司积累了大量用户，从品牌扩散、订单量提升上都有了很好的成效。现阶段，云涂科技已经与国内多个地区建立了长期的产品加工与服务支持的合作伙伴关系，掌握了丰富的客户资源，其中包括华为、中兴、西飞、富士康等大型客户，同时与中山大学、四川大学、中科院材料所等多家科研机构有着项目合作。关于市场的开发与拓展，团队始终在持续探索与前进中。

云涂科技自公司成立以来始终追求创新探索，以工匠精神，不忘初心地营造品质化发展，以不断拼搏的精神将国内的涂层技术向更精湛方向推进。作为国内涂层技术的领跑者，在带动行业发展的同时，也让公司获得了长远的发展，在钱旦博士的带领下公司的经济实力也得到了进一步的强化，从公司成立至今。公司的经营状况良好，公司的财政收入也呈现出了逐年上升的趋势。

公司已在宁波、新昌、西安、临沂投放产线，服务长三角、中西部等业务聚集区，具备全套物理气相沉积（PVD）技术服务设备产线，包括多弧离子镀和磁控溅射设备、标准自循环清洗线、材料表面处理设备和涂层检测设备，为近百家国内知名企业及创新企业提供服务。

公司始终秉承产学研结合和绿色发展理念，以科技创新为发展动力，将最前沿的表面涂层新技术应用到实际服务中去。未来，我们将始终秉持工匠精神，不忘初心，与国内涂层领域的优质企业协同发展，提升品牌形象，助力中国制造业转型升级，做一流的中国制造服务企业。在企业未来的发展过程中公司也会再接再厉，在涂层领域再创佳绩，助力国内涂层行业的发展，始终争做国内涂层领域的领跑者。

四、所获奖项

钱旦博士个人所获奖项如下：

1. 2016 年，金张掖创新创业大赛中，由其参与的“新一代高功率电子器件热沉的开发与应用”项目获得了金张掖创新创业大赛优秀奖；

2. 2017 年，第三届“互联网 +”大学生创新创业大赛，全国金奖、最具商业价值奖；

3. 2017 年，西安全球创新创业大赛二等奖；

4. 2017 年，“创启未来”全球创新创业大赛冠军；

5. 2018 年，“天姥英才”高层次人才创新创业大赛一等奖；

6. 2018 年，清洁技术创新创业大赛十强；

7. 2018 年，第七届新材料行业大赛十强；

8. 2018 年，“锦创未来”深圳、西安、成都三城创业争霸赛二等奖；

9. 2018 年，获评西安市人民政府“西安创业英雄”。

西安匠心云涂科技有限公司所获奖项及荣誉资质如下：

1. 2017 年被西安交大科技园沸点 e 站评为“2017 年度最具成长潜力企业”；

2. 2017 年，西安匠心云涂科技有限公司在西安创业咖啡街区创途之夜投资嘉年华暨西安创新创业投资发展高峰论坛活动中被评为“最具投资价值奖”；

3. 2017 年，西安交通大学材料学院授予“匠心云涂——先进涂层技术领导者”团队“创客宝贝称号”。

五、经验体会

每一个人都拥有属于自己的创业梦，把梦想变为现实是我们努力奋斗的终极目标。但是创业不仅要有真学识，而且还要有坚持的精神。

对于创业来说，困难是一直有的。从个人来说，创业没有成功的终端，一直是处于面临问题、解决问题的过程。在创业的过程中想要通过层层封锁脱颖而出，唯一能做的就只有把自己的技术打磨得更好，才能在竞争中立于不败之地。对于创业者来说“放弃”两个字在字典里是不存在的，为什么选择创业，就是知道整个项目对我整个人生，都存在一个非常重要的意义和定位。

创业的历程是艰辛的，因为创业本身就包含着很多不确定的因素，有的创业者历尽千辛万苦获得自己想要的结果，有的创业者尝尽创业疾苦最终以失败告终，但无论结果如何这些敢于创业的人无疑都是最勇敢的人，他们勇于也敢于为了自己的梦想而努力拼搏。每一个有梦想的都是不可被忽视的，每一位创业者都是值得被尊重的。前行的道路总是荆棘满布崎岖不平的，创业者的创业之路也总是充满着艰难险阻，但创业就是这样，你跨过这些“路障”就离目标更近一步，每走一步都更接近终点。学习永无止境，技术交流与发展也没有国界之分，所以作为创业者我们不能忘记学习，对于研究也绝对不能有一丝一毫的松懈，保持时刻学习的态度，积极的“走出去、引进来”才是创业者强身强企的根本之策。“打铁还需自身硬”的道理我们都懂，国家的强盛、行业的强盛是我们与国际技术接轨的基本条件之一。与此同时行业的强大和国家的强大也离不开个人的努力，每个创业者都应该有“为国家和国内行业变得更强大而创业”的思想，打破国外同行给我们设的技术壁垒，增强我们国内行业的影响力，提升我们的行业技术在国际技术领域的话语权。切实做到强国、强企、强自身，利国、利民、利发展。

“匠心云涂团队”一直坚持“创业不为致富不为发家，而是为了改变高科技产品依赖进口这个让国人脸红的现状，并在创业过程中不断学习，学以致用，实现自我价值”的理念，努力将公司和国内涂层行业做大做强。对于创业者而言创业不是浅尝辄止，而是日复一日的不断坚持，选择让你坚持的信念，创业途中的艰难险阻才不能那么轻易地就将你击败。只有能够承受起创新创业路上的孤独、无助及数不胜数的挫折、失败，在前进的道路上一次次前进，才会有一天看到创业路上的曙光，实现自身价值、促进行业的发展。

“多学习、多思考、多探索、多沟通、多交流”是创业者必备的技能之一，希望每位创新者都能坚持初心，牢记使命，在创新创业的道路上渐行渐远！

（西安交通大学推荐，执笔人：钱旦、王大伟、周坤、陈亚奇、李亚亚）

第三部分

信息技术服务

PASA-AutoML：人工智能自动化建模工具平台

——江苏鸿程大数据技术与应用有限公司创业案例

一、创业背景

随着计算机和信息技术的迅猛发展和普及应用，行业应用数据呈爆炸性增长。与此同时，人们发现大数据往往隐含着很多在小数据量时不具备的深度知识和价值，大数据智能化分析挖掘将能为行业 / 企业带来巨大的商业价值，实现多种高附加值的增值服务，从而提升行业 / 企业生产管理决策水平和经济效益。

近年来，作为大数据智能化分析挖掘的核心技术手段，人工智能（AI）已成为当今学术界和工业界中最热门的技术之一。2017 年，国务院印发了《新一代人工智能发展规划》的通知，正式将人工智能列入国家重要战略之一。中共中央政治局 10 月 31 日在关于实施人工智能国家战略集体学习中，习近平总书记强调，人工智能是新一轮科技革命和产业变革的重要驱动力量，加快发展新一代人工智能是事关我国能否抓住新一轮科技革命和产业变革机遇的战略问题。著名计算机专家李开复认为，未来 AI 会像电一样成为基础设施，无处不在。“AI 赋能行业”的应用模式在未来将迎来高速成长。人工智能已经成为信息技术时代和数据经济时代下的又一波浪潮。在这波浪潮的推动下，互联网行业、金融行业、医疗行业、传统制造业、政务民生、公安警务等各行各业都在积极转型升级，利用人工智能先进技术提升智能分析和辅助决策能力，释放隐藏在行业大数据背后的潜在价值。

但是，人工智能的普及和应用面临技术门槛高、专业人才严重短缺、大量依赖专家经验、建模周期长等瓶颈和制约。尤其是人工智能在为各领域提供智能化服务的同时，人工智能模型构建仍是专家手工作坊式的生产方式，成本高、效率低。这些痛点带来的影响有两个方面。一方面，对于大型企业，虽然可以招到 AI 人才，但是 AI 人力研发成本高。据统计，目前 AI 专业人才平均年薪在 30 ～ 100 万 / 年，模型开发周期最少需要 2 人工作 6 个月。开发一个 AI 模型至少需要投入 30 万到 100 万[1]。因此，大企业需要降本增效。另一方面，对于传统行业及中小型企业，由于严重缺乏 AI 人才，导致 AI 技术能力不足。据统计，目前传统行业及中小型企业中，AI 人才分布仅占 27.2%，AI 渗透率仅为 4%[2]。因此，迫切需要一款低门槛、能够快速实现 AI 赋能的工具。

1.《全球人工智能人才白皮书》，腾讯研究院与 BOSS 直聘。
2.《2018 世界人工智能产业发展蓝皮书》，Gartner 与信通院。

为了能够让更多的行业及企业使用人工智能，加速人工智能行业落地，我们推出了人工智能自动化建模技术与工具平台 PASA-AutoML，利用机器替代人工方式去自动化地完成人工智能建模，让模型设计自动化，以 AI 设计 AI。一方面，大幅提高建模效率，达到降本增效的目标。另一方面，降低人工智能使用门槛，实现低门槛 AI 赋能。我们的目标是让人工智能为人人所用，让人工智能建模平民化、普及化。即使是缺少专业经验的普通数据分析师，也能够借助我们的平台快速完成行业人工智能建模应用。

二、创业历程

我是朱光辉，是一名来在南京大学计算机系 PASA 大数据实验室的在读博士，江苏鸿程大数据有限公司常务副总 / 技术总监。我是一名不折不扣的在校大学生创业者。与其他在校大学生创业者不同的是，我曾就职于中国电子科技集团某研究所，具有三年的 IT 行业从业经验。早在 2015 年辞职读博的时候，我的心里就埋下了创业的火种。这也是我狠下心辞职攻读博士学位的主要动机之一。三年的 IT 行业经验告诉我，信息技术已经从互联网时代进入了大数据和智能化分析时代。为了能够在大数据时代下创造一番属于自己的事业，我毅然决然地选择将大数据分析处理作为我的博士研究方向，并且联系到了南京大学 PASA 大数据实验室负责人黄宜华教授。黄教授当时问我读完博士后有什么打算，我的回答是:“大数据是一门和实际应用强相关的学科，具有很强的应用价值，我的目标是通过四年的博士学习，将大数据技术应用到实际生产环境中，去解决实际问题，我的工作经验也可以帮助我更加清晰地认识到哪些技术会具有潜在地实际应用价值。我也希望能够掌握一些核心技术，然后去创业！”

很荣幸，我成功加入了南京大学 PASA 大数据实验室。后来进一步了解到，PASA 实验室一直秉承着“学术研究 + 落地应用”的思路发展。这一点和我的想法非常一致，我也暗自庆幸没有选错实验室，没有选错导师。进入南京大学开始博士生涯后，我也尝试过很多大数据技术领域的很多方向，并且负责了若干项大数据分析相关的企业横向合作项目。

与企业客户的合作经验告诉我们，大数据和人工智能是好技术。但是技术门槛较高，专业人才供不应求，好多企业只能望而却步，徘徊观望，或者投入重金与大型公司或者高等院校合作。针对这一问题，在 2017 年 1 月份，我和黄宜华教授突发奇想，就像软件工程领域的自动化测试工具一样，能不能研发一套自动化 AI 建模的工具平台。也就是说，能不能让机器替代人工的方式去自动化地完成 AI 模型的设计。AI 建模技术难度大，即使是 AI 专家，AI 建模也是一项费时费力的工作。一个 AI 专家在 3 个月到 6 个月的时间里，可以尝试 4 至 5 种模型，而机器可以在 3 天时间内自动尝试几百个模型，从而能够找到和人类专家持平甚至更有效的 AI 模型。因此，自动化 AI 模型设计的思路是可行的，而且更重要的是具有很大的应用价值和空间。

自动化建模的想法令我们兴奋不已。我也坚信，这个方向一定大有可为。从 1 月份开始，我们就开始投入人力开展自动化建模技术的研究。2018 年 1 月份，Google 正式推出了 Cloud AutoML（Automatic Machine Learning）云服务。从此以后，AutoML 这个概念开始火遍大江南北，并且得到了学术界和同行业的广泛关注。同时，我们也意识到我们一年前选择的这个自动化建模方向是正确的，而且是有意义的。我们和 Google 也是国际上最早一批研究 AutoML 技术的团队。

经过一年的潜心研究，2018 年 6 月份，我们参加了 PAKDD 国际数据挖掘会议上举办的 AutoML 挑战赛，并且取得了国际第三名（国内第一）的优异成绩，获邀前往澳大利亚进行技术报告。俗话说，“酒香不怕巷子深”。我们的技术赢得了华为的关注，并且成功和华为签订了 AutoML 技术合作项目。另外，在技术研究上，我们投入了更多了人力和精力，并且连续在 NIPS 2018 AutoML 国际挑战赛中以及 KDD Cup 2019 AutoML Track 中以优异成绩获奖。比赛的获奖给了我们更大的信心。

只要技术做得扎实、做得好，就不怕没有市场没有客户。我们的技术也得到奇虎 360 的关注，并且得到了“奇虎 360”的严格测试和高度认可。“奇虎 360”公司不仅购买了我们的技术，并且成立了联合实验室。有了华为、360 公司的背书，我们着手把自动化建模产品推向市场需求更大的传统行业以及中小型企业，帮助他们以低门槛的方式快速开发高效的 AI 建模应用。

在技术取得突破和认可后，在政策上也迎来了利好消息。南京市推出了一系列创新创业政策，并把“深化创新名城建设提升创新首位度”作为 2019 年南京市委一号文件。为了加快科技成果转化，在国家级新区南京江北新区和南京大学双创办的大力支持下，本团队注册成立了江苏鸿程大数据技术与应用研究院有限公司，正式拉开了创新创业的大幕。公司成立初期，得到了南京市政府和南京江北新区大量的资金和场地扶持，并且将本公司列为重点扶持项目。目前，政策利好、市场需求大、公司发展前景广阔。作为初创人员，更应该把握机遇，不忘初心，砥砺前行。

三、运营情况

本项目依托公司江苏鸿程大数据技术与应用研究院有限公司，该公司于 2019 年 1 月 4 日注册成立，注册资本 1000 万元人民币，法定代表人黄宜华。本公司是在南京市委、市政府“创建名城名校”以及“两落地、一融合”战略与政策推动下，依托南京大学软件新技术国家重点实验室和江苏省软件新技术与产业化协同创新中心，由南京大学 PASA 大数据实验室学术带头人黄宜华教授及其团队牵头，在南京江北新区和南京市政府大力支持下，正式成立了省级技术创新企业“江苏鸿程大数据技术与应用研究院”。2018年11月29日，在省委常委、南京市委书记张敬华，市长蓝绍敏，南京大学党委书记胡金波，南京大学校长吕建共同见证下，在南京大学举行了隆重的研究院成立签约仪式。依托南京大学，在南京江北新区和南京市政府大力支持下成立的。

在南京江北新区管委会和研创园、南京大学双创办、以及江北新区科技投资集团的大力支持下，研究院有限公司于2019年1月在南京江北新区研创园注册落地，注册资金1000万元。公司位于研创园腾飞大厦，由江北新区研创园支持了1680平方米的公司运营场地。江北新区研创园和南京市政府将给予研究院5年共计8000万元扶持资金的支持。目前该公司股权结构为：南京大学PASA创业团队（70%）、南京软件园科技发展有限公司（20%）、南京江北新区科技投资集团有限公司（10%）。

2019年2月15日，公司正式运营，目前共有全职员工36人。2019年7月，南京大学“PASA-360-鸿程”联合实验室成立。9月份成功签约南京江北新区第一批重大示范项目。公司成立不到一年以来，已完成合同收入共计上千万元。合作客户包括“华为”“奇虎360”等国内大型互联网IT企业，也包括江苏省政务、中石化、国家电网、XX公安、中国电科等传统行业客户。随着公司产品的不断推广以及公司知名度的不断提升，越来越多的客户主动联系我们。公司也获得了来自阿里巴巴、华泰证券、江苏省信访、中国中车、物联科技等客户上千万元的意向合同金额。公司客户行业分布广泛，包括互联网、金融、政务、公安、制造等。

另外，本产品的市场营销团队目前共有全职员工8人。公司也制定了精细化的市场营销策略。针对客户的特点和需求，采用不同的营销策略。营销模式可分为产品和服务两种。在产品方面，可提供本地SDK开发工具，按照产品使用授权收费；也可提供云化的产品形态，按照云服务调用次数收费；也可提供支持产权使用许可，按照知识产权使用许可收费。在服务方面，可帮助企业开发AI模型，按照模型难以程度收费；也可帮助企业开发完整的AI应用，按项目收费。

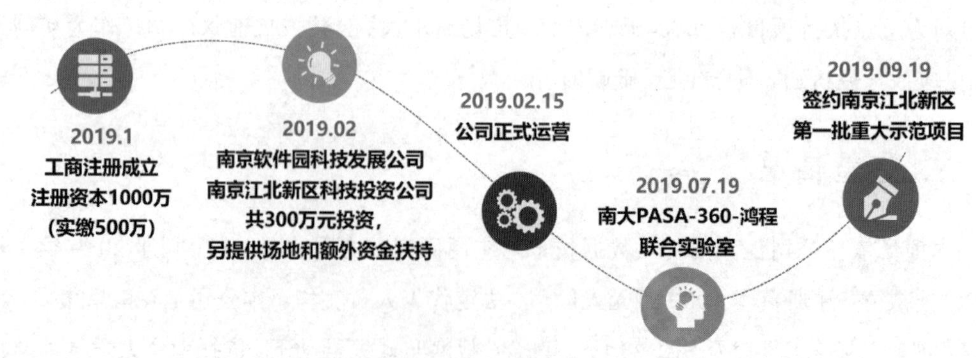

图1　江苏鸿程公司发展历程大事记

图2　指导教师黄宜华教授代表项目团队与南京江北新区签约成立大数据研究院

图3　公司近照

四、所获奖项

凭借自主原创、技术卓越的AutoML核心技术，本团队连续多次在国际著名的AutoML大赛中以优异成绩获奖。在PAKDD 2018数据挖掘著名会议上主办的自动化机器学习（AutoML）国际挑战赛中荣获第三名（共计来自国际知名高校、企业和研究机构的285支队伍参赛），并获邀去澳大利亚做技术报告。在人工智能国际顶级会议NIPS 2018举办的Lifelong AutoML自动化机器学习国际大赛中，本项目团队从全球348支参赛队伍中脱颖而出（参赛队伍包括微软、麻省理工大学、清华大学、北京大学以及腾讯、阿里巴巴等国内外著名高校和企业），再创佳绩，荣获大赛国际第三名的佳绩。在素有“数据世界杯”之称的KDD Cup 2019数据挖掘国际大赛AutoML自动化机器学习竞赛中，在全球860多支参赛队中，经过3个多月多轮激烈角逐，本团队最终荣获大赛国际TOP 10优胜奖，评测成绩排名国际第8位，并收到KDD Cup AutoML大赛主办方邀请赴美国参加KDD 2019大会，参加颁奖仪式并做技术分享。在ACML 2019举办的全球第一届自动化语音分类竞赛中，本团队再接再厉，最终荣获国际第一名。

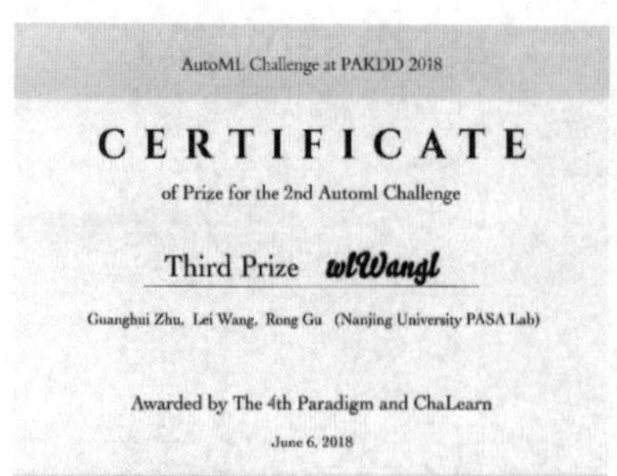

图 4 PAKDD 2018 AutoML Challenge 获奖证书

图 5 NeurIPS 2018 AutoML Challenge 获奖证书

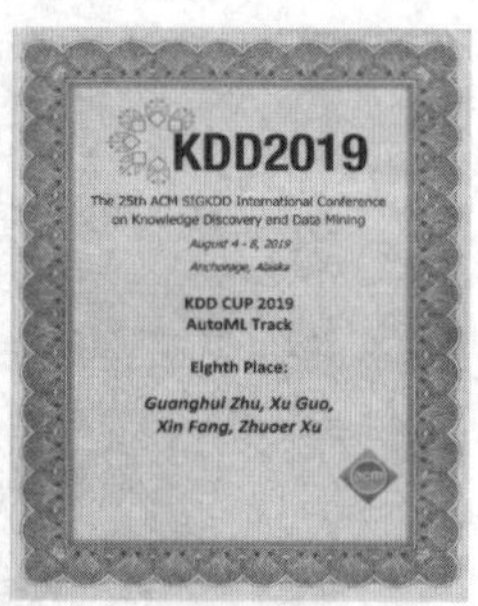

图 6 KDD Cup 2019 AutoMLChallenge 获奖证书

至此，南京大学 PASA 实验室在 2018 年来一系列著名的 AutoML 国际大赛中，均以优异战绩获奖，体现了实验室在全流水线 AutoML、全生命周期 AutoML、时序与关系数据 AutoML、图像文本语音非关系型数据 AutoML 等多种不同类型和特性的自动化机器学习技术方面，均具有很强的技术实力，总体处于国际先进水平。

进一步，我们把核心技术打造成了功能丰富、简单易用的 AutoML 工具平台，并参加了第五届中国“互联网 +”创新创业大赛。2019 年 10 月 15 日，南京大学 PASA 大数据实验室和江苏鸿程大数据研究院朱光辉、顾荣、王肇康等成员组成的团队，以“PASA—AutoML：人工智能自动化建模工具平台”参赛项目，在全国总决赛中荣获金奖。同时南京大学 PASA 大数据实验室与研究院负责人黄宜华教授荣获大赛优秀指导教师奖

图 7 第五届中国“互联网 +”创新创业大赛全国总决赛现场

图 8 第五届中国“互联网 +”创新创业大赛全国总决赛获得金奖

五、经验体会

创新创业苦难重重，实属不易，尤其是对于在校大学生。经过这近一年的历练，在创业这条路上成熟了许多，也积累了一些经验。具体经验总结如下：

1. 不言放弃

创新创业这条路上，荆棘遍布，充满了未知和挑战。既然选择了创业，就要面对一切困难。遇到问题和挫折，不气馁，勇敢面对并寻找解决问题的方法。要记住方法总是比问题多。

2. 技术固然重要，帮助客户解决实际问题更重要

大学生利用所研发的高科技技术创业，往往认为技术先进，就一定会有非常多的客户，然而实际情况往往不是这样的。技术先进，并不意味着客户一定非常多。任何行业都是充满竞争的，没有竞争的行业也不能称之为行业。特别是人工智能行业，技术和算法再先进，如果没有数据和业务场景支撑，一切都是空谈。所以，技术固然重要，帮助行业客户解决实际问题，深入行业内部，熟悉行业业务场景，突破行业数据壁垒，才是企业走得更远、走得更扎实的不二法门。

3. 重视公司管理

一个企业要想更加快速的发展，公司的管理是非常重要的。公司的发展不是靠某一个人的，而且团队集体努力的结果。团队之间分职明确、配合默契，才能提高整体工作效率。工作规章制度明确、奖罚分明，一切才会井井有条。员工互相信任、互相帮助，公司凝聚力才会越来越大。

（南京大学推荐，执笔人：朱光辉）

NOLO VR：5G 时代全球移动 VR 的领航者

——北京凌宇智控科技有限公司创业案例

一、创业背景

从小到大，"别人家的鬼才"

初中的时候，网络游戏在国内风靡，他也迷上了打游戏，并且不出意料地遭到了父母的反对。在同学们为网游与父母斗智斗勇的时候，他自行开发了一款游戏"外挂软件"。"外挂"打游戏、学习，他都取得"佳绩"。进入大学后，和绝大多数靠家里给生活费的大学生不同，他从大一开始，就喜欢"搞事情"养活自己，本科阶段靠卖自己开发的游戏程序赚了一百万，挣得第一桶金的同时顺利保研。他就是这篇创业故事的主人公，NOLO 的创始人，毕业于北京邮电大学的优秀学子张道宁。

计算机专业的他，不仅参与过机器人研发，还与 Google 的联合实验室一起完成创新项目，并且进入了 IBM 中国研究院，参与研发了 Bluelink 物联网中间件。

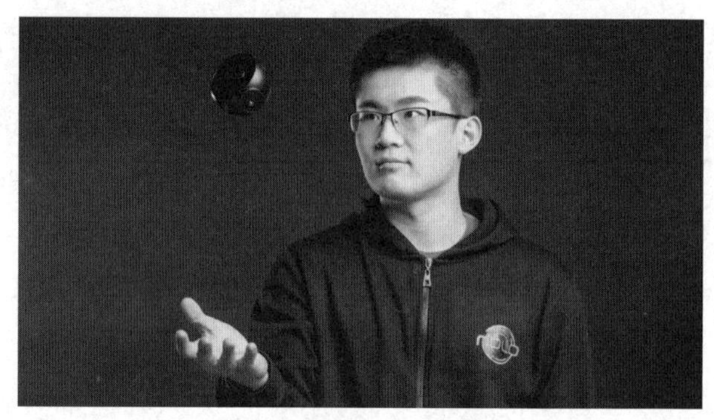

图 1　NOLO 创始人张道宁

随着研发经验的不断积累，张道宁对空间定位技术有了自己的认识。在他看来，空间定位技术的应用面很广，是有着极大商业价值的技术领域，例如当时大热的 AR/VR、室内机器人导航、物流、巡线等的空间交互，都需要空间定位技术的支持。于是，他开始专注于空间定位技术的研发与落地。

空间定位技术凌驾 VR 宇宙

自 2015 年始，全新的媒介形式和表达方式让 VR 经历了一个认知的泡沫，那时人们都认为这是下一代通讯计算平台。但到 2016 年下半年，泡沫很快破裂，频频出现资本遇冷、裁员、欠薪，甚至大量公司倒闭。传统 VR 行业有太多问题亟需解决。

HTC 与 Vale 联合推出的 HTC Vive 给了张道宁很大启发。其极佳的用户体验的背后是高昂的使用成本，用户必须先有一台高配置的电脑，再找到一个稳定的环境，打开电脑和 SteamVR，如此复杂的过程是影响 Vive 在 C 端普及起来的最重要原因。

这正给了空间定位技术大显身手的机会，它能够解决上述移动 VR 交互问题，让移动 VR 也能够提供 HTC Vive 般的沉浸式体验。洞察到这一信息，张道宁和他的团队开始着重向 VR 领域发力，致力于用空间定位技术来凌驾 VR 宇宙。

二、创业历程

从 0 到 1，以科技为核心走上世界舞台

2015 年，NOLO 成立，以专注空间定位技术为核心，致力于研究全球领先的计算机视觉、光学等前沿技术，瞄准 VR 行业在未来的巨大发展潜力，力图实现属于他们的成就。随后接连拿到两轮融资，公司迅速步入正轨。

2017 年初，在国内 VR 行业大规模遇冷、资本急速缩水的大环境下，NOLO 在美国 CES 展出了世界上第一个全沉浸式移动 VR 交互设备——NOLO DK2。并且发布了旗下首款 VR 追踪套件 NOLO CV1，该套件由一个定位基站、两个手柄和一个头盔定位器组成，是全球首款移动 VR 硬件交互产品，可以配合 VR 头盔使用，实现“6-DoF”全沉浸式体验。

图 2　NOLO CV1

凭借亮眼的成绩，同年 3 月，NOLO 以超过预期金额 450% 的成绩完成了在 kickstarter 上的众筹目标。5 月，2000 台设备从 NOLO 发出，送往 66 个国家的支持者们手中。这些都还只是一个开始，到 2017 年底，NOLO 在全球已经拥有了近万名用户。

两年间，NOLO 实现了从 0 到 1，从一家专注于空间定位的技术型公司，成为了一家 VR 产品型公司，并且走上了世界舞台。而 NOLO 的名字起源正是“technology”中间的四个字母，寓意以科技为核心，实现科技自立，让世界知道中国有一家 VR 公司，做出了世界上第一个全沉浸式移动 VR 交互设备，让每个人用手机 +NOLO 就可以获得 HTC VIVE、Oculus Rift 同样的全沉浸式 VR 体验。

稳扎稳打，持续发力构建生态壁垒

有了前期的积累，NOLO VR 的目标更加明确：努力提升技术，精心打磨产品。从最初努力做好产品，到陆续收获全球 70 多个国家用户的肯定，尽管如此，张道宁依旧谦虚地说：“我们还是一家快速奔跑的创业公司，还没有到精细化运营阶段。希望向行业里成熟的企业学习更多经验。”

近年来，VR 行业一直在大浪淘沙。NOLO 得以立足，还是要归功于全产业链自研的技术壁垒。但产品链只是整个商业生态链条的一环，NOLO 在整个行业中贡献的价值，要远远大于一个硬件产品。正如张道宁所说，“硬件本身没有价值，我把硬件放你面前没有用，只能拿它砸核桃。”NOLO 的壁垒就是建平台、建生态。

2018 年 3 月，NOLO 强势推出全球首款全沉浸式移动 VR 应用平台“NOLO HOME”，它

是基于手机的6DoF移动VR应用平台，同时上线了多款Lite版VR游戏，致力于打造自己的游戏内容生态。普通用户及开发者用户只需下载手机客户端，配合NOLO CV1以及Cardboard、Daydream，就可以实现像HTC VIVE、Oculus Rift、PSVR一样的6自由度VR体验。

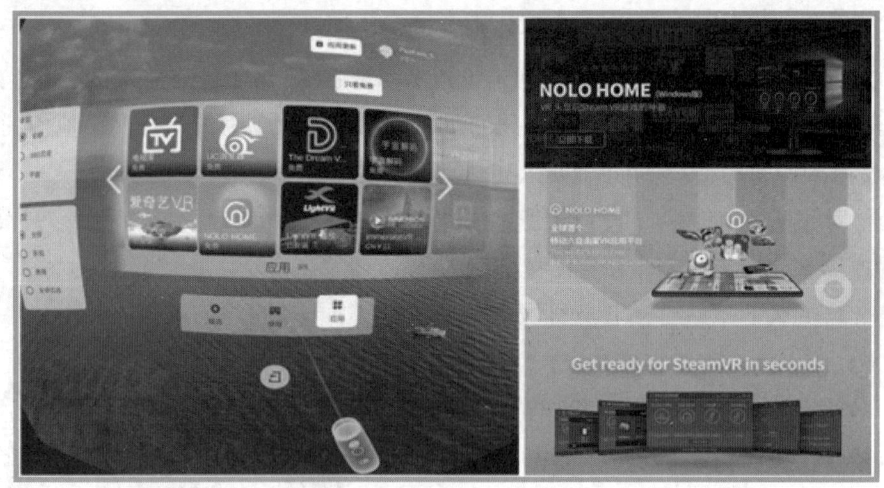

图3　NoLo Home预装在所有合作一体机中，成为VR交互入口

如果说NOLO CV1是NOLO利用移动设备的易用性来降低6DoF内容体验成本的成功产品，那么NOLO HOME就是NOLO丰富6DoF内容生态的重要一步。“在这个内容生态上，我们会聚集一大批开发者，号召他们基于NOLO硬件，开发NOLO HOME平台上的应用，还有更多已经在PC上开发出优秀沉浸式应用的开发者，去做一个移植。这样就会产出大量游戏应用，整个应用生态的一套东西，才是我们产品的核心价值。”

要知道，从零开始做一个平台，背负起巨头对行业的使命，这对于一个创业公司来说何其艰辛。而NOLO义无反顾地做了，值得庆幸的是，业内也愿意把这样的期待寄托在NOLO身上。目前国内位于前列的VR企业，绝大多数都选择了NOLO。或许，见证了潮退之后“裸泳者”四散的VR从业者们，更明白行业未来需要的是什么。

三、运营情况

在VR交互领域产品线布局日臻完善

NOLO的核心团队由来自中科院和北邮的博士领衔，深耕VR行业多年，专注于VR交互技术，目前已拥有海内外专利120余件，国际专利已进入12个主流国家。

目前，NOLO的产品在主流电商渠道均有发售，在兼顾C端的同时，NOLO也愈加注重B端市场。NOLO是华为和小米公司历史上唯一入驻其自营销售渠道的第三方品牌。此外，NOLO也与Google、Pico、爱奇艺、创维、大朋等众多产业链合作伙伴展开了深入合作，产品广泛应用于教育、文旅、地产等B端行业，用户覆盖全球70多个国家和地区。

全球唯一实现盈利的 VR 交互公司

在 VR 交互这个细分赛道上，NOLO 在全球处于绝对垄断的地位，市场占有率大于 99%。

2018 年，C 端一体机问世以来，NOLO 凭借自产自销累计销售量近 6000 台，实现销售收入 600 万元人民币，成为全球唯一实现盈利的 VR 公司。

预计 2019 年销量超过 6 万台，收入可超过 5000 万元人民币。2020 年 5G 云 VR 全面商用，NOLOCV1 除了与各大头显厂商一体机硬件搭售外，还将直接应用于三大运营商云 VR 业务，销售收入可达 5 ～ 10 亿元人民币的规模，这也将让 NOLO 实现连续四年营业收入以每年翻十倍的速度爆炸式增长。

NOLO 也得到了资本市场的认可，已获愉悦、蓝驰、盛景嘉成、莲花、伽利略等资方的四轮融资，累计到账融资 1.1 亿元人民币。愉悦资本创始合伙人李潇曾公开表示："我们认为，技术必须真正与产业融合、服务于人们的生活工作，才能真正发挥价值。NOLO 团队在 VR 这个领域进行了有效的探索，不仅积累了先进的技术，更重要的是在技术产业化方面取得了成绩。愉悦资本看好公司的发展，愿意协助公司推动 VR 产业更快发展。"

拥抱 5G，为云 VR 生态注入力量

2019 年 6 月 6 日，工信部颁发了 5G 商用牌照，5G 成为国家战略。而目前，国际公认的 5G 第一杀手级应用是云 VR。

过去，硬件和内容上的不足使得 VR 昙花一现。当下，5G 带来了 VR 市场的曙光。5G 的高带宽、低时延和大连接使得复杂的计算得以迁移至云端，并以高传输速率实时传回设备。在此情形下，VR 硬件设备将变得更加轻便。7 月 1 日，NOLO 邀约通信行业专家项立刚老师共同见证一个历史性的时刻，完成了全球首次 5G 环境下的手机云 VR 体验。

图 4　全球首次 5G 环境下的手机云 VR 体验

目前，包括中美日韩在内的全世界所有发展 5G 的国家，他们的运营商都在使用

NOLO 的硬件和软件发展 5g 业务。2019 MWC 巴展，华为、中兴、移动、电信、联通、韩国 LG U+，都展出了 5G 云 VR 应用，并都在使用 NOLO CV1 和 NOLO HOME 云渲染系统。

中国的三大运营商都发布了云 VR 战略，将 NOLO 作为其唯一交互手柄和云渲染系统软件供应商，并且已经全面将 NOLO 捆绑进了 5G 跟前兆光宽带的融合套餐，NOLO 的产品即将在全国几十万家营业厅跟大家见面。

四、所获奖项

图 5　参加第五届中国"互联网 +"大学生创新创业大赛团队合影

项目获奖情况：

1. 第五届中国"互联网 +"大学生创新创业大赛全国四强，金奖，最具商业价值奖，北京赛区总冠军；

2. 第二届"绽放杯"5G 应用征集大赛红谷 VR 专题赛冠军；

3. 第二届"绽放杯"5G 应用大赛（全国）二等奖；

4. 第二届"绽放杯"智慧城市二赛道二等奖；

5. 2019 年创业世界杯中国区大赛二等奖；

6. 2019 世界 VR 产业大会 VR50 强；

7. 2019 世界 VR 产业大会 VR/AR 年度创新大奖；

8. 2019 年"金 V 奖"最佳交互设备奖；

9. 运营商全球首发云 VR 突出贡献奖；

10. 中国移动 5G 联合创新中心成员单位；

11. "创客北京 2019"创新创业大赛（决赛）二等奖。

创始人张道宁获奖情况：

1. 北京市科学技术委员会专家；

2. 2019 年福布斯亚洲 30 位 30 岁以下精英；

3. 创业邦 2019 年"30 岁以下创业新贵"；

4. 2019 年 GEN.T 新锐先锋；

5.“清华——青腾”未来科技学堂最年轻CEO；

6. 2018福布斯中国30位30岁以下精英榜（消费科技类目）；

7. 创业邦2019年“30岁以下创业新贵”；

8. 中关村U30 2017年度总决赛30强、第一赛季优胜奖。

五、经验体会

NOLO的名字取自英文单词“technology”中间的四个字母，寓意是以科技为核心。

过去，中国的科技公司主要在做的是系统集成和进口替代。前不久发生的中兴事件，让我们意识到，没有美国的底层技术支持，我国的明星科技企业中兴竟遭灭顶之灾。我们才从大国崛起的自豪感中认识到，原来我们生活的数字世界，底层是由美国构建的，原来我们赚的很多钱，都是依赖于美国的技术。

在5G+VR的时代，在这个重要的历史关口，我们要想真正实现科技自立，我们更应该做的是底层技术的创新和出口替代，我们要让全世界人民的美好生活，离不开中国的技术，NOLO做的正是这样的事情，并且会一直做下去。

从过去到现在，NOLO很清楚自己要做什么，从底层传感器、算法到终端产品完成全面升级，并和生态内几乎所有主流厂商达成了生态共赢的合作模式。

放眼未来，我们也对整个VR行业充满信心。随着5G和万物互联时代的到来，人机交互会变得更重要。VR作为5G时代最具可行性的C端商业化应用之一，不论是观影，还是云游戏、云应用等领域，都是极好的载体。当观众不满足于仅仅做一个“观众”时，就会开始追求进一步提升沉浸感的核心要素——交互。这也让NOLO的交互技术，成为了整个5G云VR生态中重要的一部分。NOLO将继续深耕VR交互及技术，在保持自身软硬件研发迭代的同时，为各合作伙伴提供高精度低延迟的6DoF定位交互解决方案，并为开发者提供更加全方位SDK及开发支持。

“科技创新，自立强国。”在5G时代中国将引领世界，这既是时代赐予我们的机遇，更是我们青年创业者的神圣使命！

今天，我们正身处5G和VR的时代。我们希望能够像华为引领5G那样引领VR核心技术的发展，让沉浸式的数字生活早日到来！我们是NOLO VR——5G时代全球移动VR的领航者！

（北京邮电大学推荐，执笔人：高鹏、康天姝）

灵动动作捕捉

——中国矿业大学（北京）大学生创业案例

一、创业背景

目前，市场上的人形机械臂普遍为6自由度手臂搭配5自由度手掌，同时所搭配的控制器一般为基于姿态传感器的体感手套，存在着易受电磁干扰、使用前需要校准等缺点，故难以用在不利于人类安全、复杂多变、精度要求更高的作业情况当中。

灵动动作捕捉是依托中国矿业大学（北京）大学生科技创新中心所孵化的科技成果——基于外骨骼式动作采集器与人形仿生机械手臂遥操控系统。该成果为利用自主设计的48个自由度的外骨骼动作采集器与人形仿生机械手臂，结合VR眼镜与双目相机的VR视频系统构建的一款远程操控系统。

当操作者穿戴上自主设计的外骨骼动作采集器，可实时识别操作者的动作并发送指令给相应人形仿生机械手臂，进行动作联动，实现对操作者动作的跟踪操作，VR视频系统为操作者提供一个浸入式的操作视野，通过远程遥控人形仿生机械手臂，可以使操作人员远离危险源进行各种如排爆、高辐射等危险环境中检测等特种作业，减少甚至避免人们在危险环境或危险工作中的伤亡人数；可以开展危险科学研究工作或极端环境下的作业，拓宽人类可涉足的领域，例如深海、深空样本采集。

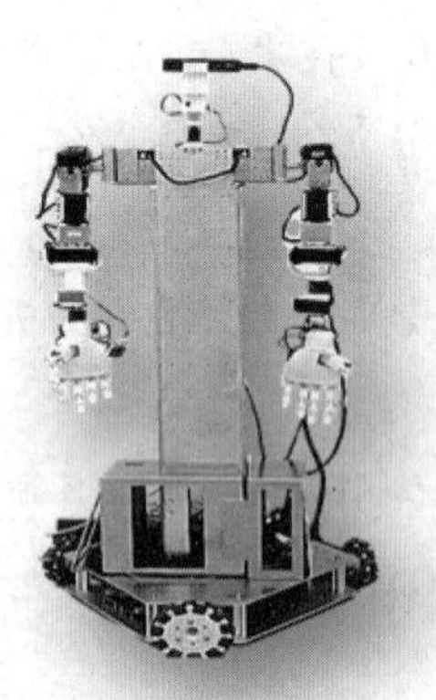

图1　机器人

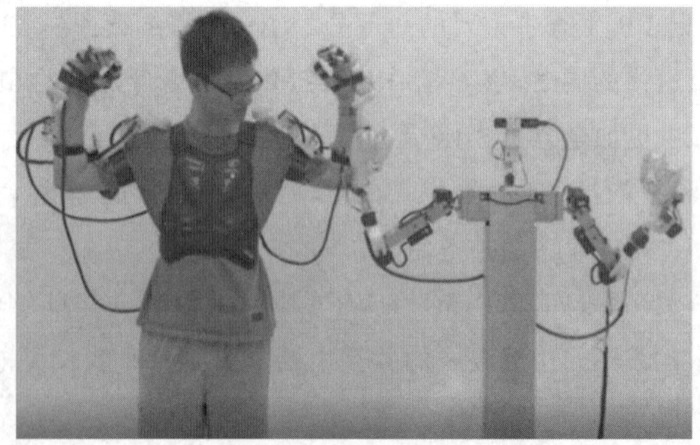

图2　操作者穿戴外骨骼控制器遥控机器人

二、创业历程

易港，1997年5月出生于贵州省铜仁市松桃苗族自治县永安乡大溪村，后随父母生活在福建省厦门市湖里区，从小就热爱科学，特别着迷于科技发明。

2016年，他以优异成绩考入中国矿业大学（北京）应用化学专业，攻读学士学位。入学以后，出于对科学发明以及机器人的热爱，在学好本专业课程之余，利用课外时间自学编程语言、电子电路、CAD等知识。创业之初，学校没有固定的场地供创新创业学生使用，不甘心的易港就在宿舍进行一些科技作品的创作，由于空间所限，3D打印机以及简易的工具只能放在阳台上，大学宿舍俨然成了他的创新创业实验室。条件虽然十分简陋，但就是在这样的环境下，易港完成了基本技能的学习和较为扎实的知识储备。

图3　阳台角落的工作台

由于知识储备和基本技能的欠缺，早期的创作大多是对国内外开源项目的复现。2017年4月，一个偶然的机会，易港在网络上看到中美青年创客大赛的信息，由于比赛方有提供电子元件，而自己正好需要那些电子设备，于是抱着重在参与的想法报名了比赛。没想到的是，作为一个创客新手，自己的第一个作品——意念控制智能手臂——一款基于国外一款开源3D打印机械手的基础上进行一定的算法创新的产品，在2017年中美青年创客大赛中获得了北京分赛区英特尔技术创新奖，获得了5000元奖金。

在获取了创业创新的第一桶金后，易港更坚实了自己创新创业的信心，并利用这笔奖金购买了一套比较齐全的电子元件，开展进一步的研究。在研究实验中，易港发现国外开源的3D打印假肢存在一些较严重的可靠性和便携性问题，使其难以实际用于残疾人的日常生活中，而且在原有结构上进行改造难以解决根本性问题。

创业之初，为了省钱，他在生活上尽量减少不必要开销，每天三餐只吃学校食堂一餐3.5元的西红柿鸡蛋面。为了筹措创业经费，易港还在兼职平台上寻找周末兼职工作，为创客教育公司写教案，一个教程能有2000的收入，既能锻炼编程技术，赚钱又相对较快，于是后续一段时间的主要收入就是由此获得。

创业伊始，易港选择了整套系统中最复杂的部分——“灵巧手”。在创业资金和设备都缺乏的情况下，易港毅然决定重新设计一款更可靠更便携的3D打印机械手。为节省开支，在研发时尽

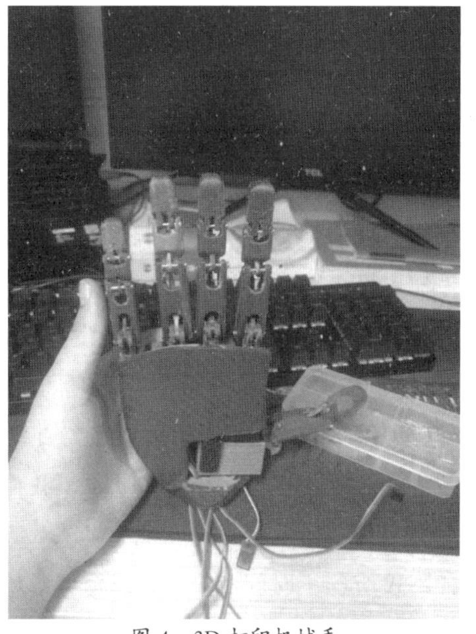

图4　3D打印机械手

量在仿真软件中进行验证，减少实物的制作开销。“工欲善其事必先利其器”，自学了 SolidWorks 等三维 CAD 建模仿真软件，使用 SolidWorks 进行机械建模，设计了灵巧手结构。经过一年持续地对作品进行优化升级，终于在 2018 年 6 月完成了较为完善的作品——“灵巧手”，并携带其作品“肘鄂眼肌电联合控制上臂假肢”参加了 2018 年度中美青年创客大赛，荣获“共创未来——中美青年创客大赛”北京分赛区优秀奖。

不过由于做科技发明比较费钱，之前的 5000 元奖金早就花完。正在此时，中国矿业大学（北京）成立了大学生科技创新中心，并发布了征集大学生开放型研究型实验项目的通知。易港看到这个信息欣喜若狂，迅速找到了负责大学生科技创新中心的老师，并向负责老师展示了他的作品。学校对其创业创新的热情、执着和作品给予了充分肯定，决定将其项目立为重点扶持项目，聘请了机电与信息工程学院薛光辉副教授担任创业创新项目指导教师，提供了实验场地、设备和经费支持。

在指导教师的帮助下，组建了以易港为负责人的跨学院跨专业的创业创新团队，成员来自学校化学与环境工程学院、机电与信息工程学院、管理学院、理学院四个学院。团队成立之初，对于每一个成员来说对于创业的理解也是参差不齐，有参加三年赛事的“老油条”，有第一次参加创业相关工作的“小萌新”，也有作为技术专家的“技术宅”，这些可能在平常的学习生活可能没有任何关联的人们，因为创业聚在了一起，这可能就是创业的魅力吧。相较于很多成熟的创业团队来说，主要的技术人员应该占有很大的比例，但是对于很多的大学生创业团队，或者更明确地说大学生本科生创业团队很难会有足够数量的项目相关的专业人员，有的项目甚至是非专业性很强的项目，主要以服务业为主。所以对于我们来说拥有一个专业比较完善的团队至关重要。我们不仅拥有其相当专业的机器人专业的技术人员，在市场、营销、财务、人事、运营方面都有专业人才。

团队在薛老师的带领下开始了智能肌电前臂假肢，15 自由度仿生灵巧手，以及外骨骼式动作采集器的研究，虽然成员并非是机器人专业的学生，但在指导老师的耐心指导下，通过刻苦自学和积极钻研、项目进展迅速。指导教师薛光辉副教授在指导团队科研攻关的同时，也积极为团队筹措创业资金，在其帮助下，团队申请到了 2018 年第二批教育部产学研协同育人创业合作项目“基于外骨骼式体感手套的仿生人形机械手”，开始了灵动动作捕捉设备升级换代，并于同年年底顺利完成项目研究。

为了节约经费以及加快研发速度，团队在灵动动作捕捉产品研发过程中普遍采用了 3D 打印技术。技术人员主要的时间是在利用计算机 CAD 软件进行建模，以及利用仿真软件验证结构合理性，而后将设备给在线工业制造企业下单制作我们设计的零件，通常三天就能收到零件。通过这样的方式，我们研发的节奏大概就是，一周时间用于研发设计，然后将零件制作工序交给专业企业去做，这样我们可以在短时间之内做到技术迭代升级，这样不仅节约了时间和金钱，更降低了研发难度，将非核心的工作部分交给企业来做，这样我们就能更加集中精力在创意实现上。

在指导教师的悉心指导下，有了创业创新团队之后，灵动动作捕捉的研发推进速度明显加快，顺利完成了智能肌电前臂假肢，15 自由度仿生灵巧手，以及外骨骼式动作采集器的研究，申请了国家实用新型专利 1 项。

在创业团队研发产品的同时，我们也参加各种科技与创业比赛，通过比赛，我们可以得到一个对作品比较客观的评价，有利于我们改进作品，而不是闭门造车。2019 年初，创业创新团队以“基于外骨骼式动作采集器的机械臂遥操作系统”作品参加了 2019 年度中国矿业大学（北京）第十届“挑战杯”学术科技作品竞赛，在所有参赛的 103 个队伍中拔得头筹，获得校级特等奖，后代表学校参加了 2019 年度第十届“挑战杯”首都大学生课外学术科技作品竞赛，获得了北京市三等奖。2019 年 7 月，易港团队携带“带有力度控制的前臂肌电假肢”作品参加了由 2019 年度第六届教育部主办的“中美青年创客”大赛，经过中美两国 1000 多个团队近 6000 人的激烈竞争，作品荣获北京赛区二等奖、总决赛中三等奖（第 8 名）的优异成绩。

图 5　决赛颁奖现场合影

一年多来，创业创新团队通过刻苦钻研，对产品不断迭代升级，完成了灵动动作捕捉初代产品——机械工兵的设计，使用 3D 打印技术制作了“机械工兵”样机，并完成了相应的实验室性能测试，测试结果令人振奋，完全达到甚至超过了预期效果。

2019 年，团队以“‘机械工兵’——体感遥控智能机械臂机器人”作品参加了第五届中国“互联网 +”大学生创新创业大赛，荣获了北京市三等奖。本创业创新团队经校内评审，被推荐参加了 2019 年度北京市高校大学生优秀创业团队评选，经过北京市网评、现场答辩初试和复试等环节，被评为“北京地区高校大学生优秀创业团队”，荣获二等奖，在 1195 个团队中获得了二等奖第 4 名的成绩（共 50 名二等奖），取得了北京高校大学生创业园的入驻资格，目前已完成了入园手续。

三、运营情况

对于初创团队来说，资金才是影响项目进展的重要成分。随着初期小样的生产以及软件的购买，当时的初期启动资金如今已所剩无几，找投资或者投入市场可能是我们存活下去的几个方法，通过和多方的沟通与合作，与一些军工产业获得了合作的机会。

表 1　运营情况

起止时间	主营业务收入	主营业务成本	税前利润或亏损额	备注
2018.11—2019.11	60 万元	30 万元	30 万元	

四、所获奖项

本创新创业团队成立以来，获得的奖项和荣誉如下：

1. 2019 年度北京市高校大学生优秀创业团队，被评为“北京地区高校大学生优秀创业团队”，荣获二等奖；

2. 2019 年度第六届教育部主办中美青年创客大赛，荣获了决赛第 8 名，三等奖；

3. 2019 年度第十届“挑战杯”首都大学生课外学术科技作品竞赛，荣获了北京市三等奖；

4. 2019 年度第五届中国“互联网 +”大学生创新创业大赛，荣获北京市三等奖；

5. 2017 年“中美青年创客”大赛，荣获北京分赛区“英特尔技术创新”奖；

6. 2018 年度“中美青年创客”大赛，荣获“共创未来——中美青年创客大赛”北京分赛区优秀奖；

7. 2019 年度中国矿业大学（北京）第十届“挑战杯”学术科技作品竞赛，荣获特等奖，第一名。

部分荣誉证书或奖状如下：

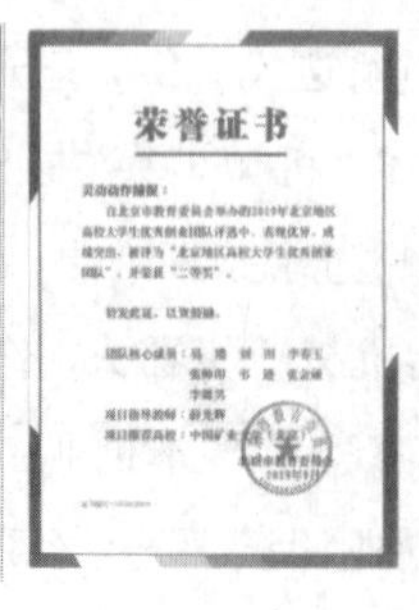

图 6　部分所获奖状

五、经验体会

首先，创新创业要有热情和执着的信念。创新创业团队要有一个充满创业激情和精力的负责人，能够带领大家在遇到挫折或困难时，坚定地走下去。坚持就是胜利，创业的初心和对信念的韧劲是创业成功的有力保障。

其次，要注意找好创新创业的主题。好的创意是创新创业成功的基础和前提。

最后，我想作为创业团队，特别是技术创新方面的团队，一定要注意技术研发的难度评估，项目规划不能超出自己的能力范围，不要幻想着毕其功于一役，要做好打持久战的准备，将难题分解成若干小问题逐个击破，实在难以解决，可以试着找替代方案。毕竟大多数的创业团队技术水平，资金水平，人力水平都有限，在项目规划时一定要十分谨慎，不然在非必要的地方延误项目的进行，甚至使项目失败，那将非常的可惜。

在技术研发方面，多代的分步骤的技术迭代是必须的，也是非常有帮助的。本创新创业项目最初是基于现成国外开源项目做的，在已有结构的基础上进行算法创新，获得一定的收获。在后续的研发过程中，我们自主设计了一款 3D 打印机械手，并在不断升级中，通过产品原型发现了很多缺点并不断升级迭代，最终才获得了较好的效果。

下面图片是我们项目仿生手部分的各个版本的图片，很好地诠释了我们的上述体会。

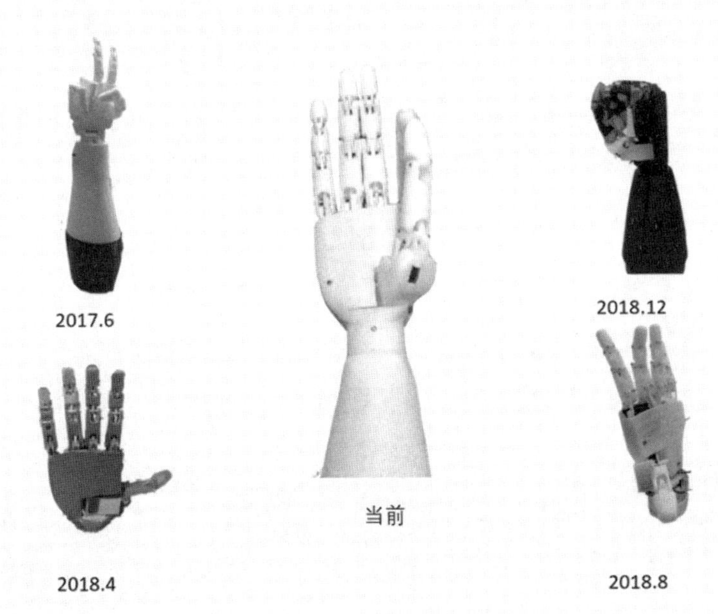

图 7　历代机械手

当然，在条件的允许下，也要狠下心，逼迫自己在技术创新上下硬功夫，如果什么都是对现有技术的复现，东抄西抄，那么你能做的事情别人也能做，一旦有资金和技术更有优势的竞争者参与竞争，那么你的处境就很危险了。而如果你狠下过功夫，花费大量精力获得你独有的东西，那么这些东西将成为有力的竞争优势。

另外作为本科生来说，创业对于我们来说是难上加难。日常繁重的课业，校内数不清的活动，以及开不完的会议这些都是创业成功道路上的难题。当然，校内的烦恼都是有限的，校外的问题和难关才是无尽的。

很多时候，白天需要解决校内的事情，完成课业，准备材料；晚上则需要看一看自己项目的进展，准备比赛期间更是通宵达旦。如果问题没有得到解决，半夜醒来之后仍然是牵肠挂肚。问题得不到解决，积累越多，就会成为我们发展成长中的巨大障碍，对于项目创始人来讲，这也是对内心的一次极大磨炼。创业路上会经历很多这种磨炼，而这些经历在不断丰富着我们的人生。

最后，感谢团队内每一位成员的齐心协力，感谢大家在创业和自己的私事造成冲突的时候，会优先选择团队，同样我们也很庆幸自己的团队是最好的团队。

对于正在创业或者是有相关想法的同学说，创业不是一件简单的事，但是只要付出努力，坚持不懈，挺过瓶颈期，它就会变得很简单。

（中国矿业大学（北京）推荐，执笔人：薛光辉、易港）

欲速则不达，厚积而薄发

——青岛觅点科技公司创业案例

一、创业背景

胆石病是消化系统中的一种常见病和多发病，其发病率仅次于阑尾炎，严重危害人类的健康。随着人们生活水平的提高和饮食结构的不断改变，胆结石的发病率呈明显增长的趋势，严重影响人们的身心健康和生活质量。据世界流行病学调查显示，美国人群中患有胆囊结石的约占 15%，每年由此造成的经济损失超过 600 亿美元，给社会造成了巨大的负担。流行病学研究表明，胆石病发病率每 10 年便可增加一倍；现阶段我国平均每 7 个人中就有一个胆石病患者。胆石病常引起呕吐、腹泻、放射性疼痛、右上腹压痛，严重时可导致胆绞痛、胆囊炎、胆管炎甚至是胆囊癌。研究表明，有结石既往史的患者罹患胆囊癌的危险性是无相关病史患者的 34 倍，而且罹患结石病程越长，结石直径越大癌变几率越大。而胆石病的类型和表现形式多样，CT 扫描检查所得到的图像达上百幅，需影像科医生逐层面点击查看，仔细对比方能发现异常作出诊断。以山东省立第三医院为例，每年就有一万五千名患者到医院就诊胆石病。胆石病的诊断完全依赖于医学影像，但是其误诊漏诊误诊率却高达惊人的 40%！一旦漏诊极易诱发胆囊癌。

我国医疗影像数据每年增长 30%，与之形成鲜明对比的是，影像科医师的年增长率仅为 4%！三甲医院的影像科医师平均日读数万张影像，工作压力过大，他们亟需一种辅助手段帮助他们进行诊断。而且基层医院由于影像科医师短缺且诊断水平有限，极易造成漏诊误诊。

在政策推动和算法红利的促进下，“人工智能 + 医疗”快速发展，根据前瞻产业研究院发布的《智能医疗行业发展前景与投资分析报告》统计，2016 年中国智能医疗市场规模达到 96.61 亿元，增长率为 37.9%，中国智能医疗市场规模在持续增长，2017 年将超 130 亿元，增长 40.7%，有望在 2018 年智能医疗市场规模达到 200 亿元。报告预计，到 2035 年人工智能会将医疗保健原有的 2.2% 的增长速度提升至 3.4%，并额外创造 4610 亿美元的经济价值。其中，智能自动化贡献了超过 60% 的增长。预计在 2035 年，人工智能驱动的系统可以分析大量的数据，并且在潜在病情出现风险之前诊断出来，智能自动化将为产业贡献超过 1000 亿美元。2017—2020 年，全球人工智能在医疗领域的规模将以年均 52.68% 的增速增长，到 2020 年将达到 79.88 亿美元的规模。大数据在医疗行业的应用、AI 对患者治疗效果的改善能力、医护人员的紧缺、医疗成本的降低、精准医疗的日益重要、跨产业合作及资本的追逐共同推动该市场的快速增长。

人工智能辅助胆石病诊断系统能够帮助医生完成部分疾病筛查任务，减轻医生工作压力，提高诊疗效率与准确率，其操作简便、快捷高效、成本低廉，仅需要一台计算机或手机终端即可运行，无地域及医疗水平限制，能够辅助影像科医生人工读片，大大提高诊断的效率和精度，填补肝胆科影像医师缺口。同时优化检查流程，节省医疗资源，有利于医疗资源向基层医疗机构倾斜，完善医疗资源结构布局，促进医疗卫生工作重心下移，提升基层医疗服务水平，促进医疗资源上下贯通，提升医疗服务体系整体效能，助推精准医疗与分级诊疗的实现。

因此，针对胆石病的人工智能辅助诊断技术的应用迫在眉睫。

二、创业历程

项目起源于2017年与山东省立第三医院合作的山东省重点研发计划，本来是仅仅作为科研项目来做，但随着项目研究的深入，我们项目团队逐步发现了这个项目成果的推广能带来的巨大的社会价值，解决社会问题的同时也能带来可观的经济效益，所以我们毅然决然地成立了这个公司。但是创业初期并不是很顺利，因为系统不够成熟，因此很难进行推广。于是，团队与多家三甲医院达成战略合作关系，签署了胆石病数据保密协议，共同研发本平台。项目团队在接下来一段时间里面更多的是沉下心对技术进行积淀，申请了发明专利18项，软件著作权2项，发表SCI论文3篇。终于，经过接近一年的沉寂，我们的人工智能平台相继在3家三甲医院落地试用，累计服务患者7000余名，在患者的诊断过程中发挥了巨大的作用。因其操作简便、省时省力、准确率高，受到了广大医生患者的一致好评。经过山东卫生健康委员会批准，与山东省立第三医院合作成立山东结石病微创诊疗研究中心，团队作为研究中心的核心研发力量；近期，项目团队与72家医院签署胆石病框架下“医研企”合作协议，实现全方位数据、技术的互通互融，现在公司主要在拓展合作渠道，推动“胆石病+智慧医疗”的进一步发展，使产品真正造福社会造福患者。

三、运营情况

产品方面：现公司的主营产品是我们的胆石病智能诊断平台，该平台是一款面向不同医疗机构的低成本高效辅助阅片工具，利用人工智能深度学习技术，经过300多万条有效数据训练，其学习、记忆和提取特征的速度及能力是影像科医生所不能及的。人工来读片诊断，带有部分主观性，受情绪和状态影响，在记忆和决策上有人类的生理极限，还要接受10年以上漫长的培训周期。而胆石病智能诊断平台可实现数秒内精准阅片，并可根据影像结论实现疾病诊断、分级诊断、病灶标识、治疗方案建议及病情发展预测等全环节的诊疗辅助工作。我们产品的亮点和优势主要体现在以下几个方面：通过自主研究的生物启发算法建立模型，显著提高了系统的诊断运算效率。通过临床实验，我们为影像科医生节省了超过 60% 的诊断时间，大幅提高了医院的接诊人数及运行效率。通过自主研发的敏感区智能感知技术以及创新提出的病理信息神经网络，模仿医生阅片习惯，更充分地利用病理信息，将识别精度降低至人眼无法识别的 10 微米级别，更将准确率提升超过 30%，有效地缓解了胆石病漏诊误诊率高的问题，并能够进行早期肉眼不可见结石早筛。在体检时，在还没出现症状就可以将其扼杀在摇篮里更为患者至少节省 70% 的诊断费用，有效缓解患者看病贵的难题。我们非常注重对核心技术进行保护，申请国家发明专利 18 项，拥有软件著作权 2 项 ，形成专利池，我们公司成员均为第一发明人。

公司资源优势：数据是我们的核心优势，健康中国 2030 规划纲要中提到，智慧医疗行业中，医疗数据为最大壁垒。我们联合 72 家单位达成医研企合作协议，为我们团队提供数据以及医学支撑，两年采集 480 万张医疗影像，建成全球最大的胆石病数据库，并且数据正不断扩充，准确率不断提升，为了更好地利用海量数据，我们也建成了胆石数据分析管理平台，进行科研辅助和对胆石病进行分析和预测。

山东省结石病防治中心作为我们的合作机构提供强大的医学支持，同时我们也为其提供人工智能技术的技术支持，我们牵头成立了山东省结石病微创诊疗技术研究中心，并依托此研究中心与多家三甲医院进行深入合作研发我们的系统。团队更是与山东省 139 家医院结成山东省胆石病微创治疗技术联盟，并在联盟内达成本项技术的推广意向，规划于明年开始全面推广，未来可期。我们率先在联盟内三家三甲医院进行了落地试用，半年的时间内服务患者 7000 余名，经三甲医院的权威鉴定，我们产品的准确率高达 94.5%。

商业模式方面：创业初期，我们采用 B2B 的商业模式，我们将医院作为我们客户，免费向医院提供我们的系统，按照医院的使用次数进行收费，形成可持续增长的盈利模式。由于我们系统具有精度高、成本低的特点，可以对结石病进行早期筛查，我们同样采用 B2B 的商业模式，将产品推广至第三方医疗机构，比如第三方影像中心和医疗中心，采用按次收费或按年收费的模式，帮助更好地在体检时对结石病进行早筛。

公司规划：我们于 2017 开始采集数据训练、研发系统，2018 年正式成立觅点科技有限公司，同年 7 月开始陆续在 3 甲医院落地试运营，今年 5 月我们开始向国家药监局申请 3 类 6870 医疗器械，我们规划于明年正式开始在 139 家合作医院铺开试用，并且逐步打通各级医院，并逐步延伸至健康管理领域，在各类第三方体检中心及影像中心进行推广，更好地对结石病进行早筛，稳扎稳打，当占领山东市场后，于 2022 年进军华东市场。

“人工智能 +医疗”快速发展，以试点医院山东省立第三医院为例，每年就有 15000 余例病人因肝胆疾病到医院做医疗图像，目前我们已经做了 7000 例病例图像数据，经医院实地调研，71.4% 的患者表示愿意采用我们的产品。经过估算仅一家医院每年将有 10000 余例胆石病医疗图像需求，我们将提供的胆石病智能诊断服务定价为 20 元 / 例，即仅一家医院将有 21.42 万元的市场规模。基于 91 家山东省三甲医院、106 家中型医院及

724家小型医院，其中小型医院年均胆石病医疗图像需求量分别为6000、2000例，预估仅山东省胆石病医疗图像需求量将达到300万例，市场规模将达到6000万元。其中以山东省下的72家医院为基础，结合每家医院规模大小因素，预估“医研企”联盟下的医院推广完成后胆石病医疗图像年均需求量将达到24.4万例，市场规模将达到488万元左右。华北地区4902家医院，取胆石病图像智能诊断需求量平均数5000例，年均需求量将达到2451万例，市场规模将达到4.9亿元。基于全国2.8万余家医院，全国胆石病图像需求量预计1.4亿余例，全国市场规模达到将有28亿元左右

公司核心成员来自国内外著名高校的硕士、博士，以及拥有多年研发和管理经验的多学科的专业人才。同时，公司也得到了多名科学院院士、著名肝胆医生以及优秀企业家的大力支持，这些都为公司的发展保驾护航。

四、所获奖项

1. 第五届“互联网+”全国大学生创新创业大赛银奖；
2. 第十六届“挑战杯”全国大学生课外科技作品竞赛三等奖；
3. 第十六届“挑战杯”山东省大学生课外科技作品竞赛特等奖；
4. 第四届全国研究生移动端应用设计创新大赛二等奖；
5. 2018青岛市“海鸥行动”大学生创新创业大赛金奖；
6. 2018“创青春”山东省大学生创业大赛银奖。

五、经验体会

做医疗服务都有初心。我们最初是想将医学专家的经验“搬运”到医疗欠发达和偏远贫困地区基层医疗机构。但是教师不是企业，不具备申请医疗器械的资质，一个偶然的机会学生主动提议成立公司，并到医院、山东省卫健委等机构、部门寻求合作、厚积薄发，经过长时间的努力，这才把想法真正落了地。

“造血，更要活血。”在我看来，自己就像一个能不断造血的干细胞，为项目不断提供新的技术，而技术的转化、产品落地、公司运营主要靠学生，这样才能发挥师生各自的优势，激发师生共创的活力，正在把散落在实验室里的技术真正应用到社会中，为广大人民提供更好的服务。

（中国石油大学（华东）推荐，执笔人：宋弢、王珣、孟凡）

微翌创新：全球最优效果运动场景影像5G实时传输系统开创者

——青岛微翌创新航空科技有限公司创业案例

一、创业背景

2016年，是VR的爆发元年，李涵和他的团队发现VR航拍及传输设备不够完善，绝大部分VR全景航拍影像的体验效果不佳，于是，他和团队敏锐地把握住了VR全景航拍影像的发展前景，开始着手研发5G空中VR全景实时传输系统。也正是在这一年，他把创新和创业相结合，参与创立了青岛微翌创新航空科技有限公司。一年后，本科毕业的他为母校送上了一份特别的礼物——720度全景航拍影片，这也成为沪上高校首部VR虚拟现实航拍影片，也是其公司成长的另一转折点。

二、创业历程

仰望天空，因着一份热爱和好奇，他操控航空模型和无人机尽情驰骋，探寻广阔的穹宇；脚踏实地，因着一份毅力和创意，他组建科研团队，成立科技公司，开拓属于自己的疆域。

和千万年轻人一样，李涵也是爱“做梦”的。孩提时，飞机划过天际留下的一道道痕迹就像是李涵“航空梦”的尾巴，他总是仰望着天空，希望能够探索更多未知的奥秘。不忘初心，脚踏实地，李涵积极探索将科技创新成果转化为实际应用的途径，在一次次地尝试、一次次地努力后，终于将创新的理念付诸创业实践中，李涵的梦想成真了。

长期怀揣着对航空的热爱和追求，2016年2月22日，他作为创始人创立了青岛微翌创新航空科技有限公司，并担任公司总经理。公司始终秉承“志澈心诚，微翌而立”的发展理念，立志通过脚踏实地的努力为航空发展做出贡献。在公司三年多的发展过程中，在经历无数艰辛的同时也收获了不断进步的喜悦。微翌创新是一家长期致力于“5G+运动场景”影像实时传输解决方案的创新型公司，核心成员来自上海理工大学、南京航空航天大学、加州大学圣迭戈分校、奥本大学等高校。公司服务客户包括华为、中国移动、中国联通、Vodafone等多家世界500强企业，在5G预商用过程中率先完成了多个首次行业应用测试。

经过两年多的研发迭代，2018年2月公司发布了第一款产品“Migrant”无人机VR全景实时直播系统，并参展2018新加坡国际航展。航展期间，得到了新华社、彭博社、新加坡商业时报、美国星条旗报等国内外知名媒体的广泛关注。

2018 年 5 月，他和团队有幸参与了由中国移动、华为技术有限公司联合组织的国内首次 5G 无人机 VR 全景直播测试。他和团队主要负责无人机与 5G 网络的联调对接及端到端直播业务调测。本次直播得到了国内主流媒体的广泛报道，东方卫视全程直播了本次测试，中央电视台、新华社等多家媒体在第一时间进行了报道。

2018 年 8—9 月，他与团队成员受华为公司邀请，前往南非约翰内斯堡协助非洲最大的运营商 Vodacom 开展 5G 商用发布。经过历时一个月的调试及各项准备工作，2018 年 9 月 6 日，他们在非洲首次成功实现了 5G 网络连接，并发布 5G 无人机应用正式商用，华为南非地区分部也因此发来了感谢信。

2019 年 3 月，他参与了由上海市经信委组织的全国首个 5G 通话发布仪式，并在发布仪式上展示 5G 无人机商业应用，东方卫视外语频道对其进行了专访。

目前，他和他的团队已协助国内外 30 余家运营商完成 5G 运动场景影传输商用演示及交付，他所创立的青岛微翌创新航空科技有限公司已成为国内 5G 运动场景影像传输商用领域的领先企业。

三、运营情况

微翌创新航空科技有限公司（以下简称“微翌创新”）于 2016 年 2 月成立，是全球最优效果运动场景影像 5G 实时传输系统开创者。创始团队来自上海理工大学、佐治亚理工学院、加州大学圣迭戈分校、南京航空航天大学，目前核心成员 19 人，研发人员占比超过 70%。

公司目前以 Migrant 5G+MEC 影像实时合成传输系统为核心产品，通过对技术与产品的不断革新，将 5G 网络通信技术与运动场景下的影像实时合成传输解决方案深度融合，重塑运动场景下 5G 超高清影像传输解决方案在行业应用中的生产力。

微翌创新目前是全球运动场景影像 5G 实时传输系统开创者，基于 8K 的 VR 全景传输、高速移动影像实时直播，在 20 余个重要场景形成开拓性应用，率先完成多个世界首次 5G 影像实时传输应用测试及商用部署，与华为合作完成首个 5G 应用白皮书。2017 年 12 月，我公司成为华为全球首批 5G 创新业务供应商；2018 年 5 月，我公司成为中国移动 5G 业务核心供应商；2018 年 8 月，我公司成为全球最具影响力运营商 Vodafone 的 5G 应用供应商；2019 年 4 月，我公司成为中国电信 5G 创新业务供应商；2019 年 8 月，我公司成为中国联通 5G 创新联盟首批特邀会员单位。

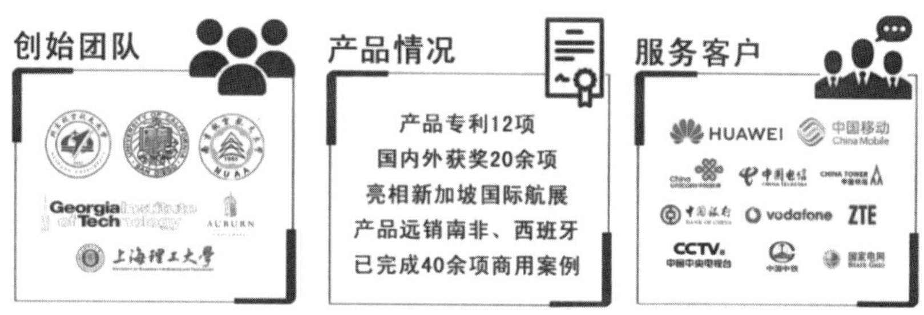

图 1　运营情况

我公司产品曾在全球四大航展之一的新加坡国际航展技惊四座，并入围航展期间评出的“TOP10”初创公司创新性科技成果名录。

图 2　产品参展 2018 新加坡国际航展

在公司三年的发展历程中，我公司产品在国内外十余次重大演示中均惊艳全场，在超高清影像产业中形成了巨大的品牌影响力。我公司目前已经率先完成包括工业巡检、智慧旅游、国际重大赛事直播在内的 40 余项 5G 影像实时传输案例，并且得到了军委首长及现任多位省委书记的高度评价和肯定。

除此之外，我公司成为了 2022 年北京冬奥会、杭州亚运会官方 5G 直播合作伙伴。

2018.11 福建省委书记于伟国
专项考察我公司5G全景影像河道巡检应用

2019.1 江苏省委书记娄勤俭
调研并体验我公司5G高速VR直播产品

2019.4 浙江省长袁家军
听取我公司5G VR全景传输应用进展

2019.5 安徽省长李国英
考察我公司5G VR智慧安防应用

2018.6 中国移动总裁李跃
调研我公司5G影像实时传输重点应用

2019.6 中国联通董事长王晓初
详细了解我公司5G VR全景直播应用

2019.3 中国电信董事长柯瑞文
体验我公司5G+空中全景智慧旅游应用

2018.2 中央军委代表团
专程考察我公司产品军民融合应用

图 3　我公司产品受到军委首长及现任多位省委书记的高度评价和肯定

与此同时，我公司的创新创业经历也得到了国内外媒体的广泛关注。《人民日报》、新华社、彭博社、《新加坡商业时报》等海内外20余家媒体专题报道了我公司5G影像无线传输应用。

图 4　我公司得到国内外主流媒体的报道

四、所获奖项

1. 第五届中国“互联网 +”大学生创新创业大赛全国金奖；
2. 第五届中国“互联网 +”大学生创新创业大赛上海赛区金奖、最具人气奖。

五、经验体会

微翌创新自创建以来始终是一家以技术创新为基因的公司。2018 年对李涵来说是收获丰满、硕果累累的一年。他和同学一起在实验室反复琢磨、再三验证，在 2018 年第十三届中国研究生电子设计竞赛中，凭借科学的设计成品、严谨的论证结果，成功获得全国特等奖，这是上海理工大学自参加这一比赛以来获得的最好成绩，李涵用实际行动和不懈努力为自己交上了一份满意的答卷，也为母校赢得了荣誉。此外，经过历时三年的开发和迭代，他和他的团队所研制的“无人机 VR 全景实时直播系统”在 2018 年第四届中国研究生未来飞行器创新大赛中，获得全国一等奖。

校园内取得的成绩并未让李涵止步不前，在校外，李涵通过参加及协助组织各类航空模型赛事（如全国航空航天模型锦标赛、中国手掷滑翔机公开赛、亚太手掷滑翔机公开赛等），在实践中圆了自己从孩提时就拥有的“航天”梦。在 2015 年和 2016 年的全国航空航天模型锦标赛中，李涵连续两次获得遥控手掷滑翔机项目的全国第一名，他用实力证明了对于航空领域的热爱和不断追求。勇于逐梦的人是幸福的。2016 年 4 月，李涵凭借多年来出色的表现，被国家体育总局授予航空模型项目国家级“运动健将”的称号。

“不积跬步，无以至千里；不积小流，无以成江海。”每当身边同学羡慕地向李涵“取经”时，李涵总是笑着回答：“厚积方能薄发，一切创新都建立在经验的积累之上。”事实上，李涵屡次获奖并非偶然，早在大二时，李涵就主持开展了主题为“直升机失动力安全着陆控制系统”的国家级大学生创新创业训练项目，并成功结题。此外，他还参与了“基于 Intel Bay-Trial 的自动钢琴演奏器”“基于 STM32 的自主四轴飞行器”等项目的研发。2014 年 7 月，正读大二的李涵就已经代表上海理工大学参加 2014 年全国大学生电子设计竞赛嵌入式系统邀请赛并获得三等奖；2015 年 9 月，李涵参加 2015 年全国大学生电子设计竞赛，在四天三夜的比赛过程中，他和队友反复琢磨细节，多次求证结论，为了确保比赛万无一失，他精益求精，每天仅睡 6 个小时，正是这种对极致的追求和坚持，李涵最终获得全国二等奖和上海赛区一等奖的好成绩。一路走来，在项目研究和科研竞赛中，李涵对创新的兴趣愈加浓厚，而全身心地投入也为其后来参加更高规格的比赛和创业打下了坚实的理论和实践基础。

总有一种精神让思维迸发火花，总有一种力量让步伐坚定向前。青春逐梦就是这种精神，追求卓越恰是这种力量。创新创业的路上始终与挑战相伴，过程充满艰辛但收获更为无价。

“真诚作焰，引燃信任之光。”在创业过程中，李涵和他的团队始终秉持真诚谦逊的态度对待每一个人每一件事。在他和团队的创业过程中，他们深入挖掘市场客户，细心梳理产品特征，以一丝不苟的精神认真打磨每一个产品，秉持以客户为中心的态度完成每一次项目，不漏掉任何细节，对工作负责，对自己负责，最终赢得客户的信任与帮助。

“追求卓越，坚持行之有方。”李涵对自己和团队始终严格要求，注重细节才能积累地更踏实，创新从不是“平地起高楼”，只有在不断地积累和实践中才能迸发出新的创意火花。2016 年，在公司运营最初的时间里，李涵通过实践发现，目前 VR（Virtual Reality）航拍及直播遇到了瓶颈，为了确保拍摄画面稳定流畅，VR 全景航拍及直播解决方案亟待开发。历时三年的多次迭代，在持续创新中，他们的产品得到了多家世界 500 强客户的认可。正是这种精益求精、追求卓越的精神，使李涵不断前行，且行之有方。

微翌创新的创业过程告诉我们，世界上没有不劳而获的成功，也没有从天而降的高科技。“不忘初心，追求卓越”，需要无数埋头苦干的白天，需要无数苦思冥想的深夜。

“硕果累累，收获满满。”微翌创新用不懈的努力和不言弃的精神，勇于开拓创新，将一个个创意转化为成果，将一次次思索兑现为实践。当谈及如何创新时，创始人李涵总是笑着说：“我们需要仰望星空，但更需要脚踏实地。”在未来，李涵将继续他的求学之路，而他的公司也将继续秉承“志澈心诚”的理念，用实际行动践行“工匠精神”，用创新思维开拓发展的疆域，不断砥砺前行。

（上海理工大学推荐，执笔人：李涵）

智能无人机不间断巡检系统

——北京云圣智能科技有限责任公司创业案例

一、创业背景

目前，电网所采取的巡检方式不外乎传统人工巡检、直升机巡检、卫星遥感巡视、无人机巡检这四种，并没有真正意义上实现24小时全自动智能无人巡检。且采用的这些巡检方式还存在较大的局限性。

传统人工巡检是作业人员携带望远镜、测距仪等设备在地面或登塔开展巡视检查，巡检效率低。近年来，虽然人工巡检装备不断提升，如手持PDA、单兵视频装备等实现了设备台账现场实时查看、巡视作业信息实时采集和交互、远程视频会商、巡检记录实时上传等功能，实现了作业现场可视化和现场交互，但是传统人工巡检方式还是不可避免地存在效率低、人力及时间成本投入大的局限。

直升机巡检即利用直升机对输电线路进行巡检，具备巡检效率高、灵活、快捷、不受地域影响等优势，可执行多任务载荷、精细巡检作业；适用于高海拔作业、带电作业、基建施工、勘测设计等方面。但是，直升机巡检成本高，在恶劣天气下人员危险系数高。

卫星遥感巡视是通过识别卫星遥感影像来实现输电线路巡检的一种巡检方式。具有探测范围大、信息获取速度快、受地形条件限制小等优势；适用于输电线路山火监测与预警，地质灾害监测等方面；适合大范围检测。但卫星遥感巡视不适合于精细巡检。

无人机巡检即通过操控无人机或全自动智能无人机对线路进行巡检。具有受地形限制小、塔头巡检效果好、成本低、巡检效率较高等优势；在巡检范围、内容和频次上可对人工和直升机巡检进行有效协同；适用于设备本体巡检和输电通道巡检，部分还利用无人机开展了高海拔高寒特殊环境地区巡检、激光扫描、除异物等作业。不过，现有无人机巡检方式存在着以下问题：

（1）传统无人机巡检人员随身携带设备多且重、占用人力、物力资源多且单套设备巡检范围较小，巡检后续记录工作也较为繁琐。其繁杂的操作过程需要过多的人工参与环节，导致很大一部分电力巡检工作者较为苦恼。综上，传统的无人机电力巡检操控难，效率提高不多，也没有节省人力！

（2）无人机飞行培训周期长，实际作业中飞行效果因人而异，经常性因操作不当发生炸机事故，设备损失率高。因操控者不熟悉电网特性导致的事故也屡见不鲜。

二、创业历程

北京云圣智能（I-KING）科技有限责任公司是一家以人工智能为核心，以工业无人机为载体，为行业级用户提供机、网、云一体化系统解决方案的公司。公司成立至今累计获得四轮融资共计亿元以上。

目前，全国约90%以上的企业还在使用人工进行电力、石油管道、光伏、工厂园区等巡检；90%的政府业务部门也依赖于人工进行河道、森林、交通、环保等巡检；99%的无人机设备需要人工遥控。目前，在行业级智能巡逻巡检解决方案提供商和工业全自动无人机系统领域中，云圣已成为头部公司，在营收规模、客户数量、市场占有率等数据上居于领先地位。

三、运营情况

云圣智能科技有限责任公司的核心竞争力由六个核心的产品技术板块组成，云圣智能出品的每一套完整的行业解决方案都基于这六个板块的完美契合：

基于无人机实时交互式厘米级的三维实景建模地图模型，我们将监控监管设备全物联（IOT）入三维实景地图中，虎鲸无人机、虎穴全自动机场作为城市基础设施也布局其中。整个系统以“立体三维电子沙盘”的上帝视角将每个物联设备接入模型，并实时交互。虎穴全自动机场为虎鲸无人机自动更换电池、自动更换吊舱，实现了无人机区域内不间断、多领域巡航巡检的可能性。强大的人工智能技术及高效多元数据融合能力、分析平台，使得云圣的产品在各个领域都能大展身手。

云圣智能六个核心的产品技术板块包括三维实景地图、IOT物联网平台、全自动巡检系统（无人机全自动机场）、多元工具库、人工智能云计算算法平台、大数据分析平台。详细说明如下：

1. 无人机交互式厘米级三维实景建模技术

高效三维实景地图建立，单位平方公里建模以小时为计算单位；全方位无死角查看与浏览；厘米级高精度测绘：长度、面积、体积尽收眼底；支持接入BIM系统、GIS系统等给安防、工业、测绘、无人驾驶等各个行业使用。

2. 监控监管等设备全物联（IOT）

在万物互联的工业场景和城市中，智慧互联是其重要的组成部分，以电力行业为例：智慧电网巡检已经不是一个简单的巡检工作，而是通过物联网的技术实现巡线电路的各种相关关键设备的互联以及可控可管。如物联网设备与真实三维POS位置精准对应，并联动控制。可将地面现有的固定摄像头和高空瞭望“球机”等接入天地联动指挥作战平台，并将其坐标的POS位置精准标定在三维实景地图上，可实现摄像头双向数据实时联动：摄像头实拍视频实时显示回传、摄像头覆盖范围高亮显示、摄像头云台转动实时控制，监控范围高亮阴影实时刷新；可实现地面摄像头与无人机对电网、杆塔的交互巡检。

3. 虎鲸无人机与虎穴全自动机场系统

虎穴全自动机场：支持虎穴无人机自动换电、自动更换多元传感器。作为虎鲸无人机的“加油站”，为机场内的虎鲸无人机自动更换电池，并对换下的电池进行充电。也可根据作业需求，自动为虎鲸无人机更换所需的吊舱，实现了无人机全天候自主作业。内置UPS电源，即使突发意外情况，也能使无人机及机库正常运转。同时，每一台虎穴全自动机场也作为物联网中的一个“边缘节点”，支持数据传输与指令控制。自动机场还内置小型气象站，对于无人机及机库所处环境进行严格检测。

云圣的虎鲸无人机与虎穴全自动机场系统可以实现无人机自主起飞、巡逻、降落，全程无需飞手操作。7×24小时待命，支持一键起飞降落，可及时、定时执行巡逻巡检任务。电网巡线人员或公安警卫人员等只需坐在中控室，就能够全方位掌握输电线路或城市治安等行业中存在的问题，并可对事故进行预警防范，对事故现场进行实时指挥调度，降低损失、提高效率，同时能够节省大量费用。

4. 多元化吊舱自动更换

无人机可自动搭载多种任务设备进行作业，报表实时呈现。

5. 人工智能学习

云圣智能以人工智能技术作为研发核心技术，投入巨大资源，将其应用于无人机系统和云计算之中。针对行业用户进行了专项的研究和开发工作。其中重点的几个算法如下：

多角度视频结构化算法：自主分类识别目标；

多角度Re-ID（目标再识别技术）深度学习算法：实现对多角度拍摄识别，并在三维实景地图中绘制出行踪轨迹；

目标追踪：结合先进的深度学习目标识别算法。融合无人机云台的多元融合交互控制，可实现对圈点目标的追踪和跟随凝视；人流密度统计算法等。

6. 大数据分析

对无人机采集到的数据进行实时分析，包括特殊车辆行人追踪、人流密度分析等多项人工智能算法。该平台可与无人机、地面站进行实时信息交互，分析数据形成可靠有效报告，如发生问题，则及时通知相关人员尽快处理。

基于行业物联网搜集到的数据，进行目标缺陷、隐患和异常的智能分析，并形成巡检报文，自动同步至平台和主管负责人；逐步迭代升级典型缺陷进行数据库。为常态化行业巡检和精细化行业运维服务提供了有效的决策依据。

虎鲸虎穴全自动巡检系统从根本上解决了现有无人机需要飞手的痛点，实现了全自主、全天候作业。该系统可应用于森林防火、安防巡检、石油巡检、电力巡检、光伏巡检等多个垂直场景中。

四、所获奖项

1. 2019年“互联网+”全球大学生创新创业金奖；
2. 2019年“新尚杯”高校大学生创业邀请赛一等奖；
3. 2019年中关村国际前沿大赛TOP10；
4. 2018年海淀区“胚芽企业”；
5. 2018年“东升杯”国际创业大赛二等奖；
6. 2018年泰达“希望之星”；
7. 2017年“中韩创新创业大赛”特等奖；
8. 2017年晋江全球创新创业大赛总决赛冠军；
9. 2016年第三届全国研究生智慧城市技术与创意设计大赛一等奖；
10. 2016年九届全国大学生创新创业年会“最佳创意项目”和“我最喜爱的项目”。

五、经验体会

学术学习到实践创业，确实是一个很大的跨越。举个例子，做学术时，飞机只要能够精准地降落到自动机场里面，降落一次，就可以发一篇很好的论文。但是在工业的实践中，要真正作为一个产品去用。就必须百发百中，1次、1000次、10000次，每次都要精准地停到里面去，哪怕是在各种复杂的气候和环境中——大风，夜间，或者是在各种复杂的电磁干扰的环境里，都要精准地停进去。所以也要求我们学术学习一定要学扎实，打好基础。然后便要学以致用，知道实际的痛点和需求，并根据这个痛点和需求去解决行业的问题，从学术到实践。

做好一个公司的领导者，首先有一点很重要的就是要拥有好奇心；其次就是能够精准地把握技术发展的趋势；接着就是要有同理心，得知道客户需求是什么，员工需求是什么，还有技术人员的需求是什么；最后就是要学会管理和带队，去做一个领导者，把整个项目做起来。

对每一个创新创业者，首先最重要的是发掘市场的需求和客户的痛点，并且解决这个市场需求和客户痛点的方案。更重要的是，你愿意为此付出一辈子的努力，解决一切困难，实现你设计的方案，而不是头脑一热，然后就创业了，这是不可能成功的。只有当它是你的使命、愿景、价值观，愿意投入时间精力，克服一切困难去解决它时，你才能创业。如果只是贪图一时的新鲜，那创业是没有必要的。

（北京大学推荐，执笔人：李蕴仪）

以大数据为驱动的电子竞技职业选秀赛训领航者

——曜石网络科技（深圳）有限公司创业案例

一、创业背景

电竞是电子竞技（Electronic Sports）的简称，是电子游戏比赛达到“竞技”层面的体育项目。电子竞技运动就是以电竞游戏为基础，信息技术为核心的软硬件设备为器械、在信息技术营造的虚拟环境中，在统一的竞赛规则，以及在规则保障下公平进行的对抗性电竞游戏比赛。电子竞技也是一种职业，和棋艺等非电子游戏比赛类似，极低的参与门槛使得电竞在普及度上超过以往任何一种体育竞技运动。

近年来，电子竞技运动行业政策利好，公众对电子竞技运动认知增强。2003 年 11 月 18 日，国家体育总局正式批准，将电子竞技列为第 99 个正式体育竞赛项。2008 年，国家体育总局将电子竞技改批为第 78 号正式体育竞赛项。2017 年 10 月 28 日，国际奥委会第六届峰会上，将电子竞技产业视为一项“体育运动”。2018 年是公众认知快速爆发的一年，电竞体育化出现了关键性进展。在雅加达亚运会上，电竞第一次作为表演赛出现，中国队也摘得两金一银的荣耀；随后的东南亚运动会，电竞被正式列入比赛项目；在成熟的职业化赛事中，虽然中国队在 DOTA2Ti8（国际邀请赛）痛失冠军，但是 iG 夺得英雄联盟 S8 总决赛冠军，为中国电竞再次注入一剂强心针。

从整体来看，电竞整体市场规模逐年增加，全球范围内的电子竞技观众将增长到 4.5 亿人次。其中，核心电竞爱好者占 2 亿人次，预计在 2022 年增长至 3 亿人次。国内电竞粉丝规模不断扩张，2016 年达 1.2 亿人，预计 2020 将达 3.8 亿人。我国拥有的核心电竞爱好者人数将超过美国和巴西，预计高达 7500 万人，成为电竞爱好者最多的国家。预计 2019 年我国电竞整体市场规模将达到 1130.5 亿。当前，我国电子竞技市场已经成为世界上最具影响力和最有潜力的市场。据不完全统计，目前只有不到 15% 的电子竞技岗位处于人力饱和状态，预测未来五年电子竞技员人才需求量近 200 万人。

电子竞技产业的源头是电子竞技游戏的开发与制作，核心在于为整个电子竞技产业提供丰富的电子竞技游戏产品内容。以产业链视角和国内承办电竞赛事的现状来看，概括性地将赛事产业链分为上游、中游和下游产业。上游包括举办国内的顶级竞技赛事，主要由定位为电竞泛娱乐的电竞公司承接。下游为游戏的初级玩家和兴趣人群，这一阶段的人群主要由官方游戏厂商直接联系，有职业向玩家意向者从而进入升职通道。中游为职业向玩家和第二梯队选手的职业发展赛事，而这一中游赛事体系缺乏。

曜石科技对电竞行业深度调研，明确电竞生态中头部厂商、顶级俱乐部、第二梯队以及职业向玩家的痛点问题。头部厂商对于电竞线下业态对职业选手的高标准需求，青训体系增量不稳定；顶级俱乐部后备队员的不足，队内人员更新速度赶不上淘汰速度，新人队内融合慢，缺乏电竞行业、专业选秀引导；第二梯队没有顶级联赛设备实战，缺少专业数据分析及场外指导；职业向玩家没有成为职业选手的官方渠道，缺少成熟的选秀培训体系。目前，国内并不缺乏培养专业电子竞技技能的电竞院校，但职业向玩家缺乏较完善的培训体系及成为职业选手的官方渠道，不同梯队的玩家均需要成熟的特训选拔模式及多元的职业发展体系。开拓电竞职业通道是发展我国电竞行业的关键。从目前电竞行业现状来看，职业向玩家晋级到职业玩家这一中游市场存在很大空缺，这一市场正是曜石科技的市场选择。曜石科技推动大数据与电竞赛事深度融合，推进电竞行业人才培养智慧化进程，打造电竞职业发展体系。

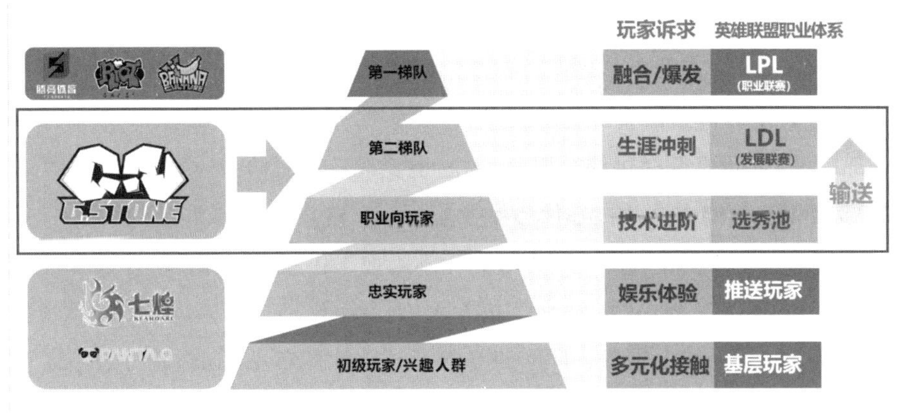

图1 曜石科技市场选择

二、创业历程

曜石科技成立于2018年12月，通过承办官方授权赛事、综合分析比赛数据、日常训练数据，建立职业选手资料库；通过多维度筛选出选手英雄池。最终通过独有的选秀通道，将有潜质的选手输送到顶级俱乐部与赛事中。

曜石科技分别于2018年12月获得海创会资本及个人股东600万种子轮融资，2019年1月获得第一商务控股1500万天使投资。自主研发了OB同频QC-AI交互系统，联合全球独家E-SPORT开发了NER技术。继2019上半年曜石深圳场馆、上海场馆陆续建成运营后，于2019年7月启动了厦门场馆的建设。截至目前曜石科技已成功举办7场顶级电竞系列赛事，包括LDL（英雄联盟发展联赛）、WUCG（世界大学生职业联赛）、OWL（守望先锋联赛）等。

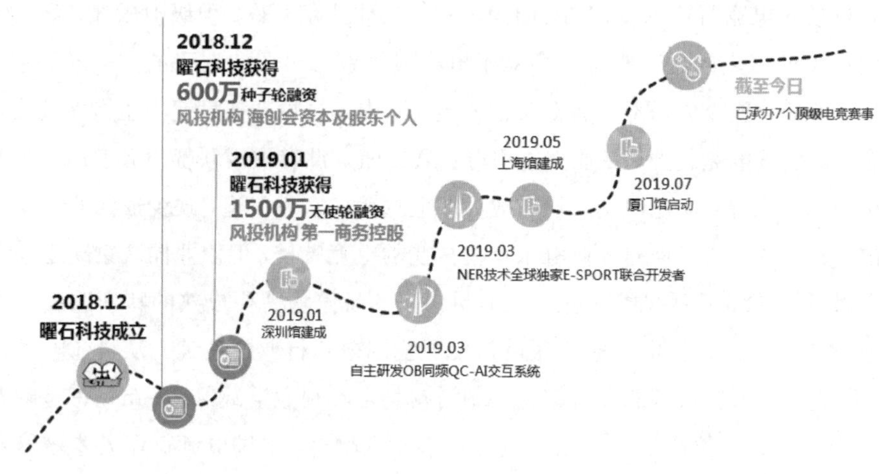

图 2　曜石科技创业历程

三、运营情况

曜石的三大业务体系严密，以赛事为平台，数据分析为驱动，场馆为载体，为游戏厂商、俱乐部、职业向玩家等提供综合服务，打造电竞职业发展体系。数据分析能力、赛事承办能力以及场馆运营能力这些核心优势保障曜石三大核心业务的市场竞争力。

其一，赛事服务。赛事是平台，为数据库不断地提供新的资源，同时数据分析结果又运用于赛事。曜石科技承办顶级游戏官方赛事，对赛事活动进行整体策划和落地执行，运营职业发展联赛，提供相关服务。曜石科技拥有多项地产布局，通过举办赛事，吸引 C 端消费者观赛，做赛事运营及变现。

图 3　赛事服务模式

目前公司已经成为 2019 英雄联盟 LPL 选秀（LDL 英雄联盟发展联盟）官方唯一供应商，并且与多家头部游戏厂商达成意向合作。以 LDL 职业联赛为模板进行规模复制。合作厂商包括：腾讯、网易、暴雪、EA 等。公司目前承接与运营了顶级联赛 7 场，包括：2019 斗鱼 D-ONE 手游联赛总决赛、2019 英雄联盟发展联赛（LDL)、2019 英雄联盟职业联赛（LPL)、2019 网易 NeXT 电竞系列赛、2019 守望先锋联赛（OWL)、2019 世界大学生电竞赛（WUCG) 深圳赛区、2018 逆战联赛（NSL)。以上举办的 7 场比赛均为面向全球的顶级赛事，其中 2019 英雄联盟职业联赛（LPL) 共有 16 支队伍参赛，赛区直播观看人数达到150亿，观赛总时长超过25亿小时，相较2018年增长50%；2019年NeXT电竞系列赛共有16支队伍参赛，2019年NeXT春季赛线上线下累计55个比赛日，超过500个比赛时长。报名人数累计10万，赛事总奖金突破300万，450万玩家线上应援，全平台直播覆盖4亿人次；2019守望先锋联赛（OWL）共有20支队伍参赛，首周的观看数量就达到了1300万，平均每分钟观众总数达到44万，相较于2018年同期总观众数量上升了30%；世界大学生电竞赛（WUCG）是上海高竞文化传媒有限公司旗下的国内最顶尖的高校电竞赛事之一，WUCG从2016年成立至今全球观看人数超2亿人次。

其二，数据服务。曜石科技把数据作为赛事运营的驱动，与顶级企业合作开发独有技术，开拓相关技术的赛训应用场景，现已拥有27项专利使用权。在数据服务对象上主要分为三个方向，分别是面向职业俱乐部、职业选手和游戏场。

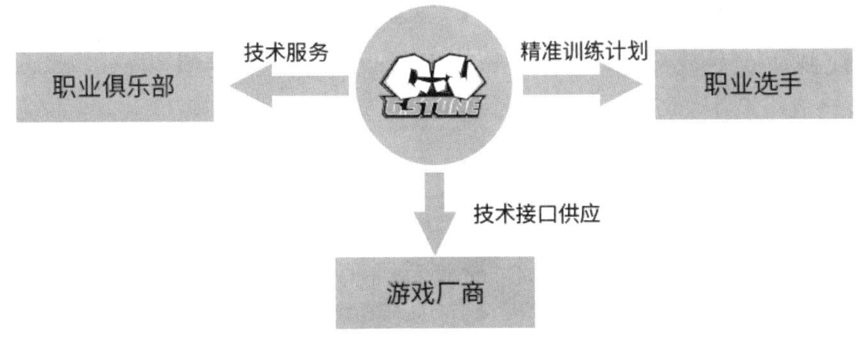

图4　数据服务模式

在赛事与训练中分析与呈现各项数据，捕捉每支队伍及选手个人的综合技术数据，经过精细化分析，可针对性地调整队员竞技状态、选拔优秀选手；运用OB系统与TC系统对电竞语言进行标准化，基于实时数据收集及分析，通过赛后复盘，辅助电竞训练；建立选手个人数据资料，综合分析比赛与日常训练的数据，通过决策力、判断力及创造力等多维度建立选手资料库。对于俱乐部，曜石科技通过整合俱乐部原本信息，并结合大数据对俱乐部选手及团队构成情况进行系统分析，进而提出针对性的改进机制及建议，进行解、教、裁；另外还通过选手的个人档案，在选秀池以及青训营中符合要求的玩家中挑选想要的队员，并与其签订合同。

其三，地面服务。场地是曜石科技赛事运营的载体。曜石科技拥有物业、场地运营等资源，自有场馆承办比赛时，在运营成本、电竞设备、赛场现场布置等方面上有绝对优势。曜石科技根据市场需求打造基地、赛场和泛娱乐电竞馆等不同定位电竞基地。“职业选秀基地”为曜石为俱乐部提供其日常及赛前训练场馆，且负责储存在基地参与训练以及参与比赛的俱乐部的个人档案。训练时出借的场地按一定价格向俱乐部收取租用费用，同时在对俱乐部玩家进行指导时，收取相应的设备使用费用。“职业顶级赛场”为曜石获得头部厂商的授权，通过负责承接头部厂商旗下的相应赛事，从中向头部厂商收取相关的赛事承办费用。“泛娱乐电竞馆”为曜石将地产和IP电竞相结合，吸引C端顾客，使C端顾客切实亲身体验到在电竞馆的魅力，为地产吸引客户，带动周边物业的发展。目前，曜石科技拥有深圳、上海、厦门电竞基地，计划在2020年增至7家。

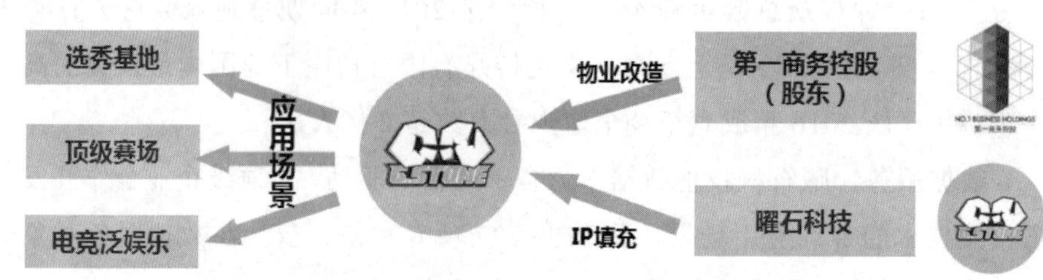

图5　地面服务模式

目前，曜石科技在数据服务、赛事服务和地面服务方面已取得实际效益。截至至今，曜石科技已成功承办7场顶级联赛，并与10支战队达成合作协议。曜石科技与战队的合作内容包括提供空间服务、数据技术服务、经纪服务等。

曜石科技今年参与多个政府合作项目以及电竞产业发展研讨。2019年5月“厦门·湖里区”现代服务业招商座谈会，曜石科技与当地政府及企业携手，共同规划具厦门特色的电竞产业蓝图；2019年7月“上海·杨浦区”产业发展政策发布会，曜石科技与互联宝地合作签约，入驻园区，共同打造上海电竞集群生态圈；2019年9月“厦门·厦洽”会发展机遇说明会，曜石科技联手“斗鱼”为厦门打造泛娱乐文化盛宴，在政府的支持下进一步完善城市公共体育服务体系。以及2019年9月，曜石科技受邀发表主题演讲，与世界各地的体育科技企业和投资人、高校、政府机构共议智能体育，科技创新助力体育产业提档升级。

曜石科技的主要收入来源为赛事服务、数据服务、地面服务三个方面，2019年上半年的总营业收入达2556万元人民币。其中，赛事服务占比30%，数据服务占比49%，地面服务占比21%。预计到2019年底总营收达到8090万元人民币，到2020年总营收将达到15240万元人民币，到2021年总营收将达到31730万元人民币。

四、所获奖项

1. 2019年10月，获得第五届中国“互联网+”大学生创新创业大赛全国总决赛金奖；
2. 2019年8月，获得第五届福建省“互联网+”大学生创新创业大赛金奖。

五、经验体会

首先，准确的市场选择，明确的市场定位，有效的核心优势是曜石科技的关键。曜石科技是行业中唯一聚焦电竞职业发展体系中部市场，获得Tencent独家授权职业选秀LDL，拥有独有数据分析技术，提供全面赛事服务的公司。曜石科技以职业体系为核心，职业输送通道为优势，合作资源为保障，区别于其他电竞教育机构；以丰富的赛事运营经验、专业的直播转播团队、顶级的直播转播设备区别于其他联赛承办商；以数据分析能力与专业技术形成商业壁垒，并且拥有27项国内领先专利使用权，有效防止其他竞争对手进行模仿。

其次，优秀的创业团队是曜石科技的保障。公司创始人、CEO郑欣是资深IP运营者，独家打造“HELLOKITTY”“海绵宝宝”“AAPE”等国际一线潮流IP线下业态；董事长刘宇为2003年CS总冠军，有16年的影视内容制作的经验，12年的游戏视觉设计的经验；技术总监郑毅，是中国联通第一代的技术总监，有着13年技术研发及项目管理经验；其他团队成员，也在技术、赛事等专业领域拥有丰富营销或运营成就，为公司发展提供保障。团队从事电竞领域多年，积累了丰富的经验与成果，具有强大的策划、营销、运营赛事能力和IP打造能力，是顶级游戏厂商不可或缺的合作伙伴。团队以雅加达官方邀请的身份，参与亚运会的现场内容制作，成为了电竞文化的传播者，并且已经出品了超过30档节目，节目点击率超过1亿次；包括为腾讯官方顶级赛事打造了电竞专属电影级TVC。

此外，良好的资源整合能力是曜石科技的驱动。新创公司在找准定位，搭建团队的基础上还需要重视资源整合。曜石科技目前与多家公司达成合作，合作资源包括赛事资源、技术资源以及资金支持。曜石科技通过获得“头部”游戏厂商授权，承办相关赛事，并结合丰富数据采集系统，强化系统指导能力，打造成熟的选秀和培训；通过与其他公司联合技术开发，提高资源利用率，降低技术风险，强化赛训数据的处理；曜石科技有效选择投资机构，其中的资产投资和地产支持，为技术研发、数据指导、场地运营提供强有力的保障。

（厦门大学嘉庚学院推荐，执笔人：朱泳）

第四部分

文化创意服务

绣色十八洞，让阿妈回家

——绣色十八洞苗绣产品开发有限公司创业案例

在湘西州十八洞村，阿妈坐在门前的木椅上，手中针线活计不停，一幅幅精美的苗绣映衬得阿妈含着笑意的脸庞越发美丽，门口的孩子们追逐打闹，累了就去阿妈那撒个娇。十八洞村脱贫攻坚的道路上留下了我们“绣色十八洞，让阿妈回家”项目团队奋斗的足迹。

一、创业背景

1. 初心——公益行动

在湖南湘西花垣县，有这样一个纯苗族聚居村，全村辖4个自然寨，6个村民小组，225户939人，人均耕地面积0.83亩，人均年收入仅有1668元，是武陵山片区最穷困的山村之一。因为穷，外面的女人不愿嫁；因为穷，年轻阿妈大都外出务工；因为穷，人人都面带愁容，家里的孩子更是没有了阿妈的陪伴。2011年7月，团队怀着对非物质文化遗产保护与传承的热情，首批成员徒步5公里山路来到这片陌生的土地——十八洞村，在这里，我们开始了解苗族人的民俗文化，感受到了苗绣文化的无穷魅力。当我们发现十八洞村的阿妈们都外出务工，家里的孩子没有阿妈的陪伴极为可怜，感触很深，于是立下了决心——要尽我们的一份绵力改变这个状况，“让阿妈回家”。

2. “精准扶贫”思想——指引前行

2013年11月，习近平总书记来到湖南湘西十八洞村考察，与村民亲切交谈，首次提出“精准扶贫”重要思想，之后当地政府还把苗绣作为脱贫致富的五大支柱产业之一。苗绣是苗族历史文化中特有的表现形式、苗族妇女勤劳智慧的结晶，并于2006年5月入选国家级非物质文化遗产名录。这种美丽的刺绣在湘西并不罕见，在十八洞村，更是户户有苗绣，家家有绣娘。在她们的观念中，苗绣并不是什么特殊的事物，经济效益转化率不高；同时，四大名绣的市场已经成型，苗绣传统颜色搭配并不符合现在年轻人的审美。此外，还有地理位置偏僻、交通不便等因素制约当地发展。我们大胆设想：这些传统的苗绣能否可以通过专业设计走出大山，走进城市，给阿妈们带来较多的经济收入呢？通过调研发现十八洞村的人民真是特别喜欢刺绣，甚至视其为生命中的一部分，以往的苗绣传统有余、时尚不足、用途单一，仅局限于服饰和家庭装饰，比较难以被大众所接受，十八洞村的苗绣发展需要重新定位。

二、创业历程

20个人，20个行李箱，10个小时车程，3种交通工具，徒步2公里山路……2011年7月，项目团队经过十小时车程，再徒步五公里山路，辗转来到湖南省花垣县十八洞村隆奶奶家：一扇破旧的木门，几乎没有“墙壁”；左边屋子3块砖，上头架锅，下头烧柴；右侧屋子4块砖，铺块木板，就是床铺、床板被炉灶的烟熏得一片漆黑；5岁的孙女苗苗说妈妈外出打工，一年都难以见一面，从年头到年尾，最多吃上3次肉。贫苦的生活，苗苗期盼妈妈的眼神，都成为了团队每一位成员刻在心底深处的记忆。

图1　团队合影

团队在第一次踏上十八洞村这片陌生的土地之后反复开展“田野调查”，探访苗绣传承人，深入了解当地有关苗绣的发展情况。2012年，我们组建了“绣色十八洞”公益团队，顺应了2013年11月习近平总书记在参观十八洞村时首次提出的“精准扶贫”战略思想，依托湖南工业大学设计学科优势，协助村民成立了十八洞村苗绣合作社，确定以非遗苗绣为基础，技术开发为支撑，“互联网+”为平台，进行精准培训、精准设计、精准销售的帮扶模式。2016年，我们成功立项湖南省哲学社会科学基金课题“湘西苗绣中‘喜相逢’纹样艺术符号研究”，首次展现了苗绣再创新设计的成果。2017年，我们又获国家社科基金项目“中国苗族婚嫁女红艺术研究”立项支持。有了这些高水平科研成果，通过苗绣产业扶贫路，可以说是拥有了最核心的“技术支撑”。

图 2　合作协议签订现场

2017 年初，我们与十八洞村苗绣合作社理事长石顺莲合作，共同打造苗绣主题陶瓷产品，着力于对苗绣传统图案进行再设计，从而创造出更多的符合现代人审美的产品。“苗绣拉杆箱”“苗绣雨伞”……在 2016—2017 年团队设计出了 100 余件以“苗绣”为主题的设计作品，种类包括陶瓷产品、生活用品、文创饰品等，得到了社会各界广泛的好评和喜爱，订单纷至沓来。绣娘们也因此接到了更多的绣活儿。十八洞村苗绣合作社的 54 个绣娘通过手工苗绣，人均月收入从 1500 元增长至近 2000 元，增幅达 30% 左右，直接带动就业绣娘人数达 100 余人次。2018 年，团队在湖南工业大学与中车株洲电力机车有限公司搭桥合作基础上，拿出近百套“苗绣 + 高铁”的设计方案，最终 6 套作品赢得了中车株机的认可。2018 年 9 月，湖南工业大学与中车株机、十八洞村苗绣合作社联合打造“苗绣国家非遗扶贫就业工坊”，并签订合作协议，中车集团当场签下 5 年苗绣礼品订单，交由团队进行前期产品设计制作。

三、运营情况

在运营方面，团队确定了精准三步走，即“精准设计”“精准培训”“精准销售”。

1. 精准设计

在精准设计方面，深入挖掘苗绣文化的内在含义，开发了日用品、服装服饰、工艺礼品三大板块产品，深受消费者欢迎，尤其是一些工艺礼品供不应求。同时，团队已申请专利 20 项，均无偿授权十八洞村苗绣合作社使用。除此之外，还与诸多知名企业对接为其进行定制设计，2018 年与中车集团签订了“绣高铁”订单，设计了近百款高铁苗绣产品，苗绣被当成了中国国礼，通过一带一路送往世界各地。

2. 精准培训

团队从精准扶“制”、精准扶“智”到精准扶“志”对十八洞村绣娘进行多方面培训。

第一，团队联合当地妇联对阿妈进行精准扶“制”，共举办了苗绣技法、缝纫制作等培训，并优先培训建档立卡贫困户，让他们学习了辫绣、皱绣等高级针法，大大提升了绣娘的刺绣技艺和产品创新能力，进行精准扶“制”。

第二，精准扶“智”。团队充分发挥湖南工业大学设计学科优势，带领绣娘走出大山，走进高等学府，感受现代教育气息，参加设计思维培训，接受新潮的思想观念，促其在未来苗绣的创作过程中能迸发更多的灵感。

第三，精准扶“志”。团队带领绣娘们走进中车株机等大型企业，惊叹于祖国的日新月异，感受中国科技的腾飞，让她们切身体会“大国工匠”精神，增强民族自豪感，增强“致富奔小康”的信心和决心，励志摆脱贫困，进行精准扶“志”。

3. 精准销售

为了让产品拥有源源不断的销路，团队走访了数十家大型企事业单位，说服他们进行苗绣定制化礼品长期定点采购，体现大型国有企业社会企事业单位履行社会企业责任。目前精准锁定的大企业有中车集团等数家单位。我们在凤凰古城、边城、千户苗寨等旅游景点精准对接了 12 家旅游产品专卖店代销产品，打造了稳定的销售渠道。线上，团队建立了苗绣数字化管理系统，在各类电商平台上进行精准宣传推广，如淘宝、微店、斗鱼、抖音。爆款产品——苗药香囊：“苗绣 + 苗药”（两项国家非遗结合）作为线上引流产品，我们打造了苗药香囊，因其驱蚊、提神效果显著，造型精美且适应性广而备受消费者喜爱。

通过苗绣产业的带动，2016 年十八洞村人均年收入由原来的 1236 元增加到 8313 元，成功实现脱贫。2018 年，十八洞村及周边村落共计 560 名阿妈回家就业，阿妈们的苗绣收入每月最低增加至 2500 元。其中，29 岁的龙霞依靠苗绣，年收入可达 35000 多元，已经成为苗绣工坊的核心管理者；33 岁的龙志荣，是 3 个孩子的妈妈，成长为高级绣娘后，每月工资在 2800 元以上，脱贫后的她如今正在致富的道路上奔跑着。八年前，那个因为穷，年轻阿妈全都外出务工，孩子没人陪伴的十八洞村，早已旧貌换新颜，苗苗的妈妈终于回家靠苗绣就业，和苗苗团聚。截至目前，已有 468 名留守儿童盼到了阿妈回家。

我们不断整合资源，联合政府、企业、高校共建的“苗绣国家非遗扶贫就业工坊”，为十八洞村的阿妈们开辟了一条可持续发展之路。我们的扶贫模式在国内复制到了邵阳城步、贵州松桃。未来，我们将不断创新设计苗绣产品，建立苗绣的基础数据库、自媒体平台、数字化系统模块等，以点带面，带动其他传统手工艺发展，以苗族人民带动各少数民族人民，以村落带动更广泛的地区，以民族文化的发展带动我国优秀传统文化的发展。真正实现从精准脱贫到乡村振兴，再到致富奔小康。“绣色十八洞”公益团队成员也获取了公益资金补助、产品设计零星提成，确保每月基本收入，具备基本造血功能，同样实现可持续发展。

四、所获奖项

图 3　苗绣国家非遗扶贫就业工坊合影

我们团队连续三年参加了各类创新创业大赛，其中 2019 年荣获中国“互联网 +”大学生创新创业大赛“青年红色筑梦之旅”赛道银奖；2018 年荣获中国“互联网 +”大学生创新创业大赛“青年红色筑梦之旅”赛道铜奖、湖南省“互联网 +”大学生创新创业大赛“青年红色筑梦之旅”赛道一等奖、株洲市大学生创新创业大赛一等奖、最佳创新奖等荣誉。2017 年荣获株洲市大学生创新创业大赛和湖南工业大学创新创业大赛三等奖等荣誉。

五、经验体会

图 4　媒体报道截图

湖南湘西花垣县十八洞村的发展长期落后。2013 年 11 月 3 日，习近平总书记在十八洞村考察时，首次提出“精准扶贫”的理念，这也使得该地区成为了我国“精准扶贫”第一站，之后当地政府将“苗绣”确定为十八洞村五大发展产业之一。然而，无论是从绣娘的思想境界、绣制技术，还是从绣品的创意程度、营销模式上来说，十八洞村的苗绣产业振兴还任重道远。正在这个发展瓶颈难以突破之时，我们的团队勇敢地担负起了这个“破瓶颈”任务，成员们以时不我待的精神迅速介入，在十八洞村打响了一场“苗绣振兴”精准扶贫攻坚战。

早在2011年7月，公益团队便赴十八洞村以及周边村落进行了田野调查。立足于十八洞村苗绣，确定了苗绣产品开发设计方案和苗绣非遗数字化管理系统建设方案，注重民族与现代工艺的交叉融合，借用新工艺技术和新设计的表达形式开发系列创新产品。经过八个年头的深耕，通过精准设计、精准培训、精准营销，凝练并打造了“绣色十八洞”公益品牌。团队一方面致力于精准扶贫，另一方面致力于创新性地传承苗绣这一非物质文化遗产，因此而得到了众多国家级媒体的高度关注。新华社、《人民日报》等多次报道，中央电视台新闻联播对此进行了专题报道；湖南省委书记杜家毫、副书记乌兰对我们的产品尤其是我们的公益行动给予了高度肯定。更令人振奋的是：习近平总书记也为我们特别点赞！

我们希望未来有更多有志青年加入公益创业行动中，在大学期间参加一次创新创业的活动很有利于学生未来的发展，即使以后在企业工作，这些经验也是相当宝贵的，它会给我们不同的见解，是我们一生的财富。

（湖南工业大学推荐，执笔人：杨勇波、温辉）

云氧 26° 匠品赋能精准扶贫项目

——大连云氧 26° 物联网农业科技公司创业案例

一、创业背景

在国家政策方面，习总书记鼓励号召青年扎根农村，当代大学生与互联网有着天然的高度融合性，懂得在商业充分发挥互联网的力量，习总书记在给青年的回信中号召广大有志青年“扎根中国大地，了解国情民情”，在十九大会议上，也探讨了农业发展和山区扶贫攻坚，发出鼓励青年返乡扎根农村，为农村发展拓展全新的路径和方向，国务院、教育部、农业部关于大学生返乡创业的号召，也在鼓励更多有志青年返乡创业，为农村脱贫攻坚奠定了人才基础。

基于消费升级的大背景，其根本在于：中高端消费群体基数增大和 80 后、90 后、00 后消费主力军观念的变化，即对个性化、定制化、小众化产品的追求。基于此，根据团队调查：目前市场上 80% 是赤砂糖，15% 是劣质古法红糖，优质古法红糖稀缺，不仅古法红糖质量不能保证，且大多定位于中老年保健品，品类单一，口感差，品牌调性老、土。目前市场上无任何一个红糖品牌，抢占 20 ～ 35 岁年轻消费群体心智，不满足年轻消费群体的消费需求。根据“大姨吗”平台数据表明 83% 左右的女性生理期对于红糖有消费需求，除此之外红糖在饮品，功能饮料等方面的需求也未被深度挖掘；红糖产品易形成味觉依赖，客户粘性高、复购率高。

图 1　团队合影

同时在“互联网 +”农业的产业赋能下，基于农产品 1.0 原产地价值的优质产品，将迎来 2.0 赋能的阶段性成长爆发，云氧 26° 的每一款产品，都将结合产品本身特点赋能，云氧 26° ——一颗有温度的古法红糖，即赋能年轻化和礼品化。云氧 26° 响应国务院、教育部、农业部关于大学生返乡创业的号召，联合大学生村官，依托非遗技艺，以一县一品的方式做产业赋能，带动山区精准扶贫。

图 2　公司产品宣传

二、创业历程

2017 年年末，创始人钟兴富妈妈医院检查确诊为股骨头缺血性坏死，手术后中度贫血，医生建议喝红糖水补血。因为自己对于红糖的认知是空白的，在买红糖的过程中，工科男的轴性体现出来了，在查找红糖相关的资料过程中，却发现市场竟然 95% 的红糖是赤砂糖和劣质古法红糖，找不到自己心仪的好红糖。

等到妈妈出院后，钟兴富开始走上寻糖之旅，30 天走了西南三省 40 余个地区村落，200 多家农户、糖坊，拜访了 19 位熬糖老匠人。回来的时候，背包里全是各地的红糖样品，两米开外都是甜味和甘蔗味，深入研究后，通过熬糖老匠人的经验分享，咨询医学专家、化学专家，自己总结出辨别一块红糖的四字方法：“望、闻、冲、品”。

在持续了几个月对古法红糖的痴迷研究和对各地古法红糖的多维度对比后，尤其在与老匠人的交流中逐渐发现他们心中的难处：一辈子只知道熬好糖的他们，虽然被央视 CCTV《传承》第二季《绝技》报道，但是老匠人们却不懂如何将自己熬制的古法红糖卖出去，更不知道如何让自己视如珍宝的红糖走出云贵大山。尤其是当老匠人缓缓拍打着自己的手，语重心长地说：“这门手艺传承了四代人了，我今年 71 岁，我熬了一辈子红糖，一辈子也只会熬红糖，我要为女娃娃们熬一块好糖。”这些都让创始人钟兴富心中顿生一种责任感和使命感，自己是云贵地区走出来的大学生，学成归来应该为家乡脱贫贡献自己的一份力量，并且习总书记在给青年的回信中也在号召广大有志青年“扎根中国大地，了解国情民情”，更是坚定了钟兴富心中的返乡创业梦。

于是，他最终决定选择了家乡云南的非物质文化遗产巧家小碗古法红糖作为自己的创业起点，也将公司的第一款产品定名为：云氧 26° 。一方面：云氧，是对西南地区的提炼，代表自己的家乡，氧是自然，健康的元素，做到了深度结合云贵大山的味道；另一方面：26° 是北纬 26° ，突出原产地价值。

三、运营情况

大连云氧二十六度物联网农业科技有限公司，注册资本 100 万元，法人代表钟兴富，于大连交通大学国家科技园，大连交通大学创新创业学院孵化，定位于云贵地区爆款产品孵化公司，公司已推出产品云氧 26° 古法红糖。公司 Slogan: 云氧 26° ——一颗有温度的古法红糖；公司使命：孵化 10 款产品，以产业赋能的方式带动农民脱贫致富；公司愿景：成为第一家西南山区爆款产品孵化公司；公司价值观：无论做什么，别忘了爱。项目定位于匠品赋能孵化公司，为云贵地区匠品赋能，项目采用“公司 + 合作社 + 老匠人 + 大学生村官”的模式，实现“匠品 + 供应链 +IP+ 渠道”的闭环模式，旨在打造一条特色化的云贵地区匠品地图。

项目创始团队，钟兴富，大连云氧二十六度物联网农业科技有限公司创始人，被评为 2018 年度大学生创业英雄 100 强，一手生鲜社区智慧微菜场项目（大连市政府菜篮子工程）合伙人兼运营总监；刘荣华，巧家县大学生村官排排长，主要负责品控、包装、物流、售后；万兴全，非物质文化遗产传承人，具有 50 余年熬糖经验，负责甘蔗种植及红糖熬制。同时，团队以巧家县鑫祥农村专业合作社为产品原材料甘蔗的种植与生产方，参与农户共 157 户。聘请连续创业者、快消品新零售资深从业者赵宇飞，品牌营销专家、杭州研习社有限公司董事长于连溪担任咨询顾问。校园运营团队由刘懿云、金美含、闫欢、杨雅婷四人组成，主要负责校园场景和市场的运营推广。

公司推出的第一款产品为云氧 26° 古法红糖，产品具有三个特点：（1）云南省非物质文化，央视《传承》栏目唯一入选的古法红糖；（2）金沙江畔湿热河谷地带，中国甜度最高的甘蔗为原料；（3）非物质文化传承人万兴全老匠人古法工艺熬制。产品依托云南省非物质文化遗产，为非物质文化遗产赋能场景化、年轻化、礼品化，服务于 20 ～ 35 岁消费群体，满足其对于古法红糖年轻化新品牌的需求，推出云氧 26° 遇见系列和云氧 26° 致匠心系列产品，实现消费频次从低频到高频，消费需求从非刚需到刚需，市场痛点从小到大的转化，以打造一个年轻化的红糖品牌。

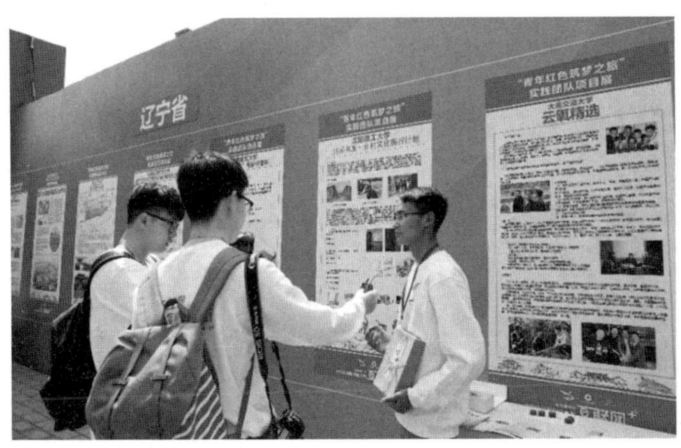

图 3　项目参展

在项目的创新性方面，云氧 26° 实现极致的产品和服务体验的目标，分别从供应链端柔性建设，匠品赋能，新渠道服务以实现商业模式创新性的重塑，此模式以小农意识推动小农经济的发展，在保证产品、供应链等稳定的情况下，还能降低人工成本 60%，同时此模式具有可复制性，可分阶段孵化云贵地区其余匠品，目前已筹备推出琵琶蜂蜜、普洱茶、云南火腿月饼。

在项目可持续性方面，市场上古法红糖定位于中老年群体的保健品，没有出现一个从产品需求到品牌调性满足 80 后、90 后、00 后的消费品牌，而云氧 26° ，对标白酒领域的江小白，做一款年轻化产品；云南巧家古法红糖作为一项“非遗”技艺，具有在古法红糖领域独一无二的产品优势，但因存在于偏远山区不为大众所知，而云氧 26° 所做的是基于非遗技艺赋能场景化、年轻化、礼品化，将产品做成一款符合 80 后、90 后、00 后消费群体的轻奢产品。目前产品已迭代至 3.0 阶段，产品好评率 98% 以上，复购率达 37%，用户自传播率达 20%，20 ～ 35 岁客户占 89%，送礼比例占 72%。

目前已经通过直营渠道，开通淘宝店云氧生活馆、小程序云氧精选、抖音小店云氧甜；通过电商合作渠道，与零里优选、佳妮优选建立合作；跨界合作渠道：拭光醉、旅行黑卡；KOI 合作渠道：青年作家大萌、阿德；新零售合作渠道：理工格子铺、1461 咖啡厅、执茶拾麦体验店，通过多维合作建立营销新渠道。

而在项目社会价值方面，项目一方面响应国务院、教育部、农业部关于大学生返乡创业，联合大学生村官的号召，依托非遗技艺，以一县一品的方式做产业赋能，带动山区精准扶贫的号召，以巧家县鑫祥种植农民专业合作社为连接，带动农户 195 户（其中贫困建档户 57 户），帮助农户提高收益 20%；目前已与巧家县大学生村官团队开展合作。同时，探索出精准扶贫的产业赋能样本，带领更多有志青年返乡创业。

四、所获奖项

图 4　参加全国“青年红色筑梦之旅”启动仪式

1. 作为辽宁省10个项目代表之一参加第四届“互联网+”创业大赛“青年红色筑梦之旅”全国启动仪式；

2. 辽宁省2018“创青春”大学生创业大赛金奖；

3. 第四届中国“互联网+”大学生创新创业大赛辽宁省银奖；

4. 作为辽宁省3个项目代表之一参加“第四届互联网+创业大赛·青年红色筑梦之旅”井冈山活动；

5. 被评为全国大学生创业实训营第二期最受青睐的20个项目之一；

6. 作为唯一一个乡村振兴类项目进入2018中国国际大学生创新创业大赛十强总决赛并获铜奖；

7. 创始人钟兴富获全国大学生“创业英雄”百强；

8. 第五届中国“互联网+”大学生创新创业大赛辽宁省金奖；

9. 第九届全国大学生电子商务三创挑战赛辽宁省一等奖；

10.“创青春”辽宁青年创新创业大赛二等奖；

11. 广发证券微创业行动东北营区银奖。

五、经验体会

在创业的500天里，不记得多少次回到家乡，也不记得多少次拜访熬糖的老匠人，但记忆深刻的是老匠人的一些话：

“这门手艺传承了四代人了，我今年71岁，我熬了一辈子红糖，一辈子只会熬红糖，我要为女娃娃们熬一块好糖。”

“我们的糖有300多年的历史了，它是非物质文化遗产，还上电视了（这颗糖作为CCTV《传承&绝技》栏目唯一入选的古法红糖），我熬了一辈子红糖，这个是对我们的认可。”

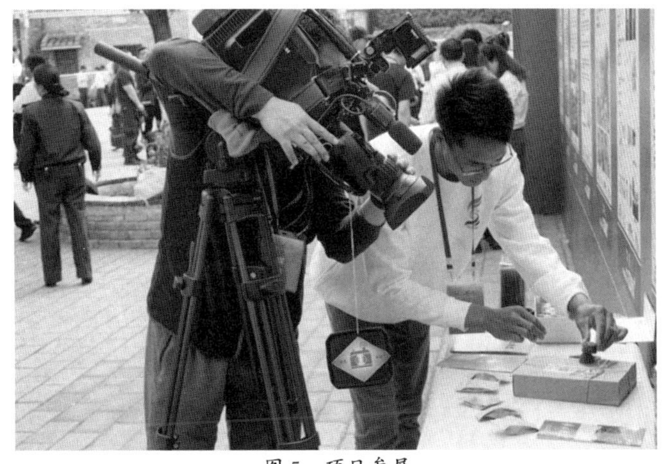

图5　项目参展

“好的红糖，要好的甘蔗才能熬出来嘛，我们这个山卡卡头没得啥子污染，气候湿热，你看冬天了小娃娃们还能穿短袖在水头玩，浇甘蔗的水是从山上淌下来的山泉水，我们都是吃这个水呢，所以这个地方的甘蔗好得很，中国其他地方甘蔗甜度在10°～12°左右，我们这地方甘蔗甜度15°～17°。不好的甘蔗根本榨不了糖，有的能做出糖但做的糖不香也不甜，好的糖需要 12 ～ 19 斤甘蔗才能熬制一斤糖。”

在创业过程中，有人问我：“你为什么要做这件事？”我的答案，或许在万爷爷的话里：“小钟，难得你这个大学生回到家乡来干这件事，我们的糖是好东西，但是我们只认得熬好糖，认不得咋个卖出去，你来干这件事了，我们把你当娃娃一样，我们会记着你。”

这种创业幸福感，是甜的。

（大连交通大学推荐，执笔人：刘昀）

设计相伴生活，生活改变设计

——半设计文创产品开发案例

一、创业背景

吉林艺术学院产品设计系师生在教科研与学习的过程中一直在思考如何将设计方案变成真实的、让人们喜爱的产品，如何将产品市场化，产生相应的经济价值与社会价值。

1. 文化创意产业前景宏阔

随着物质生活的丰腴，人们对精神世界的渴望越发强烈，消费心理也从追求基本的实用功能转变为精神层面的体验享受。文化作为一种无形的精神财富，得到越来越多人的重视。将抽象的文化资源赋予具体的产品中，给产品带来更多内涵，在提升产品价值的同时，更有利于传承文化。发展文化创意产业已经成为一种趋势，对社会的发展有着巨大的推动作用。文创产品的需求日益旺盛，市场前景宏阔。

2. 学科专业优势

产品设计专业属于艺术学科门类下的设计学，在产品的设计与开发中更彰显专业水准、更强调艺术表现、更追求文化品位。在每年的毕业设计作品展览中，学生的创意作品都会得到业内人士及大众的青睐于喜爱。同时在综合艺术院校的多学科交叉环境中，做文创产品开发有着更丰富、更优渥的土壤。

3. 利用现有条件

吉林省距离江浙和广深一带的加工区域比较远，给设计制作带来了不便，尤其在资金有限的条件下，依靠模具批量加工的产品较为困难。随着近年学校对产品设计系的设备投入，如3D打印机、三维雕刻机、激光切割机等设备，师生利用这些设备的特点来做设计，后来的木制产品和PVC灯具的开发正是近年设备不断投入之后摸索出来的方向。

二、创业历程

1. 产品开发方向的确立

最初，在产品的开发上做过多种尝试，开发过日用品、电子产品、家具，但是最后都由于各种条件限制而搁浅。在不断地品尝着欣喜和失落的过程中，逐渐认识到自己的优势和短板，最终在地域文创产品中找到了适合自己的方向。吉林省是木材的主产区，木材的加工基础也比较好，并且经过市场调研，现代都市大众对这种有质感、有温度的木质产品青睐有加，师生尝试着开发了木质文创办公系列产品，初步确立了产品开发的方向。

2. 品牌内涵的打造

当确立了产品开发的方向以后，想要做有质感、有温度的产品光靠材质还是远远不够的，品牌内涵乃至品牌文化的建设与打造也是必不可少的。现在的市场上充斥着各种“文创”产品品牌，他们多以现代的消费文化为基础，如果盲目加入其中，在众多文创品牌中就必然很难引人注意。师生们思考应该创立一个既体现地域文化特色，又具有新时代都市文化特点的文创产品品牌。

在加工木质产品的过程中，很多同学津津乐道地打磨着手中的木料，师生们感觉到“传统手作”和“工匠精神”是现代城市生活中所缺乏和期盼的，应该让消费者亲自体验它的加工过程，感受到手作的快乐，而不是花钱买到一个精美的木质成品。由此灵感产生了，让消费者也能体会手作的快乐则是品牌特色与核心。我们把这个品牌命名为“半设计”，“半”的意思是我们把加工的一部分工作交给消费者来体验完成，再者“半”与“伴”同音，设计相伴生活，生活能够改变设计。

3. 创业团队的组建

创业团队是项目发展的关键，在产品开发阶段主要是产品设计系的师生共创，而真正创业还需要懂运营懂市场的成员加入，创业团队后期既有灵感丰富的创意鬼才、电脑软件的建模高手、熟练操控设备的行家，又有市场经验丰富的推广专员、创新创业咨询导师，除此之外还有学校的大力支持。团队成员各有专长、通力协作。

4. 参加“互联网 +”大赛

2017 年“半设计”木质文创产品开发项目参加了第三届中国“互联网 +”大学生创新创业大赛，在整个比赛过程中，加速了项目发展进程，也加深了项目团队对创业创新的理解。省赛金奖争夺赛当天，将半加工的产品带到了比赛现场，专家们对项目产品很感兴趣，他们特意现场上网搜索了一下，得出的结论是“网上没有，是他们的原创”。看到专家们用细砂纸打磨产品时脸上露出了欣喜神色，我们得到了极大的鼓励。使项目团队兴奋的不仅是比赛成绩，更重要的是明确项目的发展方向及坚持做下去的信心。

5. 拓宽销售渠道

一个产品的开发是完整的过程，不仅仅是创意、加工，还要有产品的包装和销售，很多问题都是我们没有遇到过的。项目最初是计划建立自己的网站进行产品的宣传和销售，经过尝试发现这是一个非常专业又非常耗费人力的事情，在第二个冰雪文创灯具系列的开发过程中，除了接受订制产品之外，项目与 i 未来原创艺术平台及中东瑞家进行合作，不断扩大销售渠道。

6. 工商注册

项目经过 1 年多的发展，在各个方面有了一定基础的条件下，于 2017 年 7 月注册了“半设计”商标，于 2018 年 5 月注册了长春一伴产品设计工作室，开启了真正创业模式的企业化运营。

7. 与文创企业合作

在努力打拼的时候，又有一个机会助力了项目品牌的成长。那是2019年暑假，“两岸大学生文博创意大赛”吉林赛区比赛在长春举行，此次比赛以伪满皇宫博物院为题材，部分项目成员加入其中，从此开辟了一个新的设计题材和合作项目。满族文创成为了新的开发的项目之一，有了外力资金的支持，项目的经济“压力”减轻了许多，这种合作方式是“半设计”将来发展的一个重要方向。

8. 新的开发增长点

每年吉林省高校有10余万名新生入学、10余万名毕业生走出象牙塔，我们看到了一年级学弟学妹对于学校的新奇和骄傲，也看到了学哥学姐离校时的恋恋不舍，以吉林艺术学院为例，每年毕业季有大量校园文创产品的需求，校园文创产品系列将是新的开发增长点。学校的“文化尺”就是其中之一，我们用条状木料加工成方形木格尺，用激光雕刻上我们学校的发展史，当学生们感到自己在校的时间就是校史中的一部分时，与学校紧密相连的感觉就更加强烈了。我们的设计得到了本校的支持，校园文创产品将成为我们销量稳定的产品。

三、运营情况

“半设计”文创产品开发项目前期投入10万元作为启动资金，主要用来购买材料、产品配件，以及包装的制作，在这个阶段中，我们主要开发了木质文创办公系列产品，积累经验为我们的后期发展打下基础。

中期投入20万元开发冰雪文创灯具系列。与未来原创艺术平台合作进行网络销售，并且接受订制，逐渐找到了适合自己的市场方向。

在前两个阶段的基础上，“半设计”文创产品开发项目已实现盈利50余万元，项目准备和国内著名木质文创品牌合作，借助他们成熟的加工设备、销售渠道开发更多的产品，使“半设计”的品牌更有生命力。

四、所获奖项及参展

（一）获奖情况

1.“互联网+”大学生创新创业大赛国赛铜奖；

2. 美国IDEA世界杰出产品设计奖；

3. 韩国K-DESING优胜奖；

4. 日本亚洲学生包装奖；

5. 台湾金点奖；

6. 中国“红点”原创奖；

7. 2019“两岸大学生文博创意大赛”一等奖 1 项，二等奖 1 项，三等奖 1 项；

8. 2018 年中国优秀工业设计奖吉林赛区二等奖；

9. 2018 年吉林省首届冰雪创意大赛二等奖。

（二）参展情况

1. 2018 年中国艺术教育博览会；

2. 米兰设计周中国高校设计学科师生优秀作品展；

3. 吉林省海峡两岸大学生设计作品巡回展；

4. 吉林省大学生创业创新教育成果展；

5. 吉林省科技成果转化展。

五、经验体会

“半设计”文创产品开发项目历经三年，从创意灵感到创新设计再到创业实践，从对生产技术、市场营销、项目管理的懵懂到现在能够较为合理地处理三者之间的关系，经历了迷茫与坚定、泪水与微笑、分歧与合作、放弃与坚持、失败与成功、经历了太多太多……“半设计”可能并不像其他高科技类项目那样高大上，但“半设计”这个团队确是一步一个脚印扎扎实实走过来的，师生们的创新创业能力得到提升，思路视野更加开阔，对本专业实践教学、学生的能力培养方面都起到了积极的推动作用。

1. 由创意设计到创业设计的转变

学生平时在学校学习的设计是“创意型”设计，而现在要面对的是“创业型”设计，在接下来的研究中深深地体会出两者之间的区别。不仅要考虑创意感、艺术性、文化品位，更要考虑如何实现设计的应用。产品追求的是最大限度地利用我们拥有的材料、发挥我们有限的加工能力，把产品加工得更加科学合理、坚固耐用，还要在不降低质量的前提下降低成本。

2. 对学生创新创业精神的培养和能力的锻炼

艺术类学生本身就具有良好的创意思维能力，这其中不乏有较好的创新创业潜质的学生，我们着力对这些同学进行课内教学和课外延伸培养，将他们引导到创新创业的实践中来，充分发挥他们的能力，培育他们的创新创业精神。在项目实施过程中，对团队成员取其所长，专人负责专门模块、分工明确、责任到人。培养团队成员的责任感和团队的合作品质，这些精神品质的培养对他们日后走上社会有非常好的推进作用，在未来的工作团队中他们也必定发挥出自己的正能量。

3. 对学校创新创业实践教学的引导作用

近年高校的创新创业教育改革及创业创新大赛，使我们认识到培养创新创业学生的专业能力可以转化为创业能力，我们的专业教学也应该在引导学生创新创业方面做一定的工作。在现有教育教学内容方式、专业知识和学术思想的基础上，加大创新创业实践教学的环节和力度。产品设计专业教学在这方面走在了前列，逐步形成了创新创业的教学体系，2018 年“产品开发设计课程”被吉林省教育厅评为“创新创业教育改革示范课程”。

“半设计”项目至今形成了基本完整的产品开发框架和经营模式，今后面对不断变化的社会需求，“半设计”将持续挖掘增长点，创新商业模式，引领学校的创新创业思潮，立足东北，面向全国，争做文化自信的知名文创品牌。

（吉林艺术学院推荐，执笔人：恽鹏伟、王安旭、王衍婷、李欣颐、刘翔宇）

以匠人之心，琢时光之影

——聊城市果然文化传媒有限公司创业案例

一、创业背景

当前，在高校竞争日益激烈的背景下，校园文化品牌建设成为各大高校提升竞争力的必要手段。作为学校优势与特色的体现，高校校园文化是学校在发展过程中经过长期的积淀、选择与凝聚而成，是需要被广大师生公认和遵循的价值取向、思维方式与行为准则等的总和。然而，高校文化品牌在校内并未获得应有的认可与情感认同，更毋庸谈其社会影响。如何让高校校园文化被广大师生认可并遵循，扩大其社会影响力，成为高校文化品牌建设过程中亟需解决的问题。

校园引入文化影像生态圈主要是为了有效提高高校在社会上的声誉度和社会效益，包括且不仅限于院校所培养的高素质人才质量、学校所获评价、产学研成果的数量和质量、就业情况、用人单位对毕业生的反馈等社会价值。校园文化影像系统生态圈既有为高校树立品牌、提升自身形象的作用，也有传播、传承文化的特性。对高校而言，其形象的塑造不仅需要社会受众对高校内部比较直观的校园规划的感性认识，而且是从对文化影响系统生态圈所展示出来的高校内在的精神风貌（包括学校办学理念、教风、学风、教师的敬业精神、学生的综合素质状况）的感知。成功的影像系统生态圈应该是将学校自身特有的价值以及艺术美学价值完美进行交融。以聊城大学为例，通过视觉元素和相关影片的拍摄手法来突出“敬业、博学、求实、创新”的校训，发扬“崇教、尚学、敦厚、奋进”的聊大精神，以及“学在聊大、奠基人生”的口号。这对于学校的文化推广、形象提升以及文化辐射都有很大促进作用。各大高校作为传授技能与知识、产学研一体化的单位，应具备其独有的文化特色、视觉特色。

十九大报告指出，我国的“公共文化服务水平不断提高，文艺创作持续繁荣，文化事业和文化产业蓬勃发展”。果然文化传媒公司将以此为契机，从理念和实践层面上锐意创新，以广阔视野观察和分析中国与世界的共同发展，尽最大的努力制作具有创新性、高质量的影视作品，为推动我国文化产业发展作出应有的贡献。

二、创业历程

1. 公司注册前

2013 年底，联合爱心助学组织制作的微电影《春雨》首映，当天吸引 100 余位爱心人士、企业家加入慈善助学的队伍中，募集善款53700元，那是第一次参与制作微电影，也是第一次深深地感受到，对口的专业能给需要帮助的人带来希望。之后，我们团队开始更加刻苦的打牢基础理论及专业课程学习，在五年时间里，牢记初心，用微电影讲述真故事，以微电影传递正能量。前后共计摄制了47部微电影作品，受到服务单位的一致好评，有些作品更是得到国家级、省市多项微电影节的认可。

2. 公司成功注册后

2015年11月，公司正式注册，当月，承接了第一个短片业务，一家新能源企业的形象宣传片，这家公司董事长在广东创业，是聊城本地人，政府招商引资，他把公司总部返乡迁址到聊城，引领开展新能源电池项目，我们深入了解企业成长，摒弃传统宣传片说教式风格，制作了人文精神主题短片《荣耀》，向公众展示着这家企业的社会责任感和使命感，更增强了企业的知名度和美誉度。首映礼上，影片得到了众多来宾和政府领导的一致好评。

以影视媒介讲述创业者的发展故事，见证成就辉煌的每一个瞬间。在过去两年，我们服务了83个甲方朋友，成片216部。从企业到村镇，从金融系统到个体工商户，从桃李天下的高校到扎根乡镇的艺术培训机构，从政府机关到协会团体，他们的身份各不相同，但同样的是，他们在大众创业、万众创新的大环境下朝气蓬勃的演绎着自我，在不同的岗位上奋斗着自己的梦想，汇聚着中国梦的动听故事，我们接受委托，记录了他们的风雨历程，见证着他们的精彩与辉煌。

3. 调整业务方向阶段

校园影视文化项目部已从初级的视频供应商转变成为影视文化战略体系的高级合作伙伴，注重艺术性与实用性的有机结合，定制个性化的视频系统解决方案。我们秉承以人文创意艺术为方向，以商业价值为核心，全力打造高校校园文化影像系统生态圈。我们精准方向，以影像为媒介，解读教育改革，梳理校园文化，阐释办学定位，展示校园环境及教学科研实力等校园顶层设计。

4. 公司成长关键点

公司在不断摸索求进中探寻规律，在资源整合中不断规避风险。在公司发展的关键时刻，公司负责人制定了以“全景·精准·传播”为定位的发展方向，业务范围包括消费者调研、品牌管理、全国媒体策划及代理、广告创意设计、内容娱乐行销、公关推广活动、户外媒体运营、数字营销等全方位整合营销服务。团队力争打造全新高校文化影像推广新方向。

三、运营情况

自成立以来，公司不断完善管理，深拓影视应用，通过强有力的行业资源整合，坚持品牌化战略方针，稳健成长。摄制聊城市文化符号产品、构建影视文献资料。在品牌项目的积极运营中，公司深耕校园文化体系建设，打造融媒体宣传路径。先后布局了聊城大学学校、二级学院及各专业文化品牌。2019 年仿照该模式打造聊城其他高校、中小学文化品牌。2020 年积极向济南及周边省市推广，还积极布局儿童电影电视剧产业。

在市场营销方面，公司正在逐步完善营销方案，在此之前的业务渠道主要为团队成员关系营销。总经理肖长博目前兼职团市委宣传部副部长、八家行业协会宣传部负责人和中国影视艺术协会签约导演，在此平台上，有相当可观的客户群体建立合作。并借助聊城大学校友会（据统计，聊城中小学校长有 70% 毕业于聊城大学），积极构建校园影视文化体系，积极建立长效机制。

基础运营情况从公司的获利能力分析可知，在 2016 年，公司营业收入 127 万元，获得利润 56 万。在 2017 年，公司营业收入 260 万元，获得利润 138 万元。2019 年营业总收入 1107 万元较 18 年相比增长了 28.4%，其中利润总额较 18 年增长了 24.9%，公司利润增长率日渐可观。通过公司的不断创新发展，公司的收益额稳步提高，发展前景广阔。综合 2018 年 5 月至 2019 年 6 月公司收支明细，并在加大投资生产的基础上对公司未来三年营业收入预测。公司预计于 2020 年达到营业总收入 1800 万元，利润总额达到 750 万元，经过团队们的精诚合作，公司预计于 2022 年，营业总额破 3000 万元。

四、所获奖项

自从成立以来，公司不断完善管理，深拓影视应用，通过强有力的行业资源整合，坚持品牌化战略方针，稳健发展。公司与团聊城市委正在积极打造聊城市青年新媒体工作坊人才孵化基地，目前已签约三家高校、两所职业院校，并推出了《青年力量》《我是志愿者》等一系列点击量破百万的影片，公益纪实片《用我的声音，做你的眼睛》摘得了第 25 届金鸡百花电影节微电影展映单元一等奖；与冠县县委组织部、宣传部合作拍摄《第一书记》受到各级领导赞誉，并提名中国（威海）国际微电影盛典最佳剪辑奖。

几年来，公司与山东教育电视台、聊城大学共同举办了“青春中国”山东省大学生微电影盛典。一系列品牌活动的开展，拓宽了为合作伙伴提供优质品牌服务的路径，更增强着品牌的影响力。经过团队成员的精诚合作，团队成员屡获佳绩。其中，公司重点项目校园文化影像系统生态圈荣获聊城大学“互联网 +”大赛成长组金奖、山东省“互联网 + ”大赛获山东省赛区银奖等奖项。其次，公司团队成员荣获国际大学生微电影盛典一、二、三等奖、新锐导演奖、万峰林国际微电影节二等节目、中国大学生微电影节最佳纪录片奖、全国美誉成果展综合评审二等奖。并且我公司参与山东省创青春创业大赛，被共青团省委、人力资源与社会保障厅等部门授予铜奖荣誉；被共青团聊城大学委员会授予青年就业创业见习基地；成为聊城市慈善义工协会第一届常务理事单位……一项项表彰是赞赏更是鞭策，激励着我们以更加饱满的热情投入到影片创作中，积极打造更优秀、更精彩的故事。

五、经验体会

传媒业的发展与社会、经济环境密不可分。随着我国经济持续快速向纵深方向发展，中国传媒行业将迎来新的发展契机。

经过我们的不断积极改进影视短片内容制作服务，我们制定了立足根本，稳健发展的项目方针。在项目实施中，我们采取精确定位客户，扩大影响辐射区放眼全局，贯通融合相关生态圈公司部门，将会把打造高校相关文化影像系统并进一步优化，有望打造相关省内国内友好高校校园文化影像系统生态圈，并使之相互贯通融合，扩大至全国大范围高校影像生态圈。在资源整合服务方面，公司以“全景・精准・传播”为定位，业务范围包括消费者调研、品牌管理、全国媒体策划及代理、广告创意设计、内容娱乐行销、公关推广活动、户外媒体运营、数字营销等全方位整合营销服务。部门不断细化对各高校相关文化品牌的打造，将校园文化背景，公共文化资源，特色精品项目深耕创作，一对一进行文化包装并将之与新媒体平台和互联网媒介紧密结合起来，扩大高校校园文化的影响力和传播广度。消费用户的转化方面，公司从第一阶段的以定点高校为主的多对象服务，转化到第二阶段主要致力于服务各大高校：形象宣传片、主题微电影、招生宣传片、校园文化建设片、项目专题、专业介绍片、校园公开课、大型活动直播、录播。再到第三阶段对全局所建立的生态圈进行融会贯通，使得影视生态圈的作用发挥到最大。

亲身体味创业的艰辛，我们体会到无论是创业还是其他投资都不可避免地存在着风险，风险是与机遇同在的。市场风险、财务风险、决策风险等因素都无时无刻不是我们身边的绊脚石，我们要做的就是时时刻刻脚踏实地，砥砺前行。我们深知只有成功地回避风险才能抓住机遇，迎接挑战！

从创业的腥风血雨中走来，我们日趋完善，不断成熟。在这一旅行中，我们敢于梦想未来，更愿意把握现在，赚钱的行业有很多，但我们选择能为社会留下宝贵的精神财富。我们始终坚信，影片是最性感的表达方式记录创业者成长历程，见证创新者辉煌成就。我们全力以赴调度身心，实现所有的奇思妙想，我们要塑造商业价值，更要成为思想的驾驭者制作。没有灵魂的影片就是浪费生命。创造奇迹是我追求的唯一光荣。我们愿为此恒心立誓，以匠人之心，琢时光之影。

（聊城大学推荐，执笔人：刘珺绯，吴彤彤）

一个"95后"男生的甜蜜事业

——糖古非遗糕点传承

他是"95后"非遗传承人，是古婺文化的传播者，是大学生创业的先锋军；他怀揣梦想和情怀，用心创立自己的品牌，将自己的产品插上互联网的翅膀，让"非遗"糕点走得更远。

一、创业背景

徐家兴出生在浙中传统糕点世家，现为徐氏第十五代掌门人。徐家祖孙三代与金华传统糕点有着割不断的情缘。年过古稀的奶奶是金华第一家也是唯一一家国营糕点厂的金牌糕点师，掌握当时40多种传统糕点的制法。从小耳濡目染的他，在奶奶的严格指导下学糕点制作。近年来，家里的糕点生意日益萧条，让他百感交集。

进入大学后，学校响应"大众创业，万众创新"的号召，开展了"挑战杯""创业模拟""互联网+"等丰富多彩的创新创业竞赛，搭建了众创空间、大学生创业园等各式各样的创业实践平台，让他一下子看到了希望与机会。他暗自下定决心："在这样的大数据时代，我要学以致用，将传统糕点推广出去。"在学校创业导师的悉心指导与帮助下，他开了一家淘宝店，开启了创业的大门。2016年，他在学校创业园开办"拾韵国乐坊""糖古糕点坊"两家店铺。本着对传统糕点难以割舍的情怀，他成立了金华工匠食品贸易有限公司成立，并注册了商标"糖古"。

二、创业历程

（一）发展历程

随着时代的发展与进步，机器加工糕点的竞争压力越来越大，虽然机器的口感比不上纯手工，但是它们拥有量大，价低的绝对优势。加上外来西式糕点的冲击，金华本地的传统糕点似乎逐渐退出人们的视线。他家从金华最早的私营糕点厂之一的火爆销售逐渐变成生意越来越差，到最后成为因为没有订单连续不用上班濒临倒闭的老厂。

他就读的金华职业技术学院创业氛围浓厚，老师了解他的情况后，积极鼓励他走上创业之路。当面对越来越多的人淡忘了传统糕点时，他也在反思："现在已经不是酒香不怕巷子深的年代了，再好的东西也需要宣传。"于是，他开始利用网络、媒体和电商等各个平台进行合作推广。慢慢地，当生意有所起色，许多人开始认可他们产品的时候。他开始在学校里招募团队，带领学弟学妹们进行创业实践。

2016年公司成立后，面临了一个非常现实的问题，传统糕点"重油、重糖"、工艺繁琐、投资回报不高。这些难题一度让徐家兴一筹莫展，他经过反复思索，决定从市场中寻找突破口。之后，他走访了金华所有的老一辈糕点制作师，发现传统糕点既要保持不变又要求改变，不变的是风味传承，变得是健康理念。用了近两年的时间，经过200余次的食材配比，300余次反复实验改良，终于成功研发出“三低一无”配方工艺，该工艺包括60道工序。例如，开发的“紫回回”糕点，独创使用植物色素红曲粉，废除胭脂红的传统添加剂。这种工艺既保证了口味又实现了健康理念，获得了质量监督管理局的认证。

公司以“坚持传统、手工制作、绝无添加、美味健康”为团队初心，目前主要经营金华传统手工糕点私人定制，采用低糖低油无添加的配方，坚持纯手工，无添加的制作工序，更加符合现代人的口味与对健康的需求。在互联网时代，通过“线上＋线下”的预售模式，不但拓展销路增大影响力还减少损耗，因为是预售，所以也让顾客实实在在品尝到了新鲜的“金华味道”。自主研发“四斤头”“婺式月饼”“紫回回”等金华传统糕点十分受大众喜爱，被评为金华市糕点行业的金奖。近两年，国家出于对传统非物质文化的保护，为了传承珍贵的技艺，将金华传统糕点评为“金华市的非物质文化遗产”。

（二）只有付出才有回报

在许多产品中，有一爆款“糖古婺式月饼”风靡金华城，也是让他的传统糕点生意登上了一个新台阶。这要归功于他父母精湛的制糕技艺和他的突发奇想。经过多次尝试，他还原了金华古老月饼的味道，并加以改良。有了“好产品”后，如何宣传是关键。一次机缘巧合，他偶然得知金华市婺城区将举办青年创业大赛，面对如此好的打造知名度的机会，他赶紧报名，然后就是准备创业计划书、PPT、演讲注意事项等参赛资料，不懂的地方他就向老师和学长请教，通过几天几夜的准备，他一遍一遍地对着电脑背着稿子，争取完美地展现自己的创业项目。比赛当天，他充满信心，胸有成竹。可当第一个演讲选手上台时，他不禁惊呆了。其他选手云淡风轻地开场，搭配柔和的背景音乐，独树一帜的PPT风格，都让他见识到了“山外有山，人外有人”。从那时起，他懂得了任何事情不能浮躁、不能骄傲。虽然比赛只得了优胜奖，换来的却是这款刚研发出的中秋月饼和《金华日报》合作宣传的机会，并开拓了眼界。后来，他不断提高自己，积极参加创新创业大赛，在金华市举办的一次创业大赛中，他抱着学习的心态登上了金华市的舞台。作为年纪最小的参赛选手，他不慌不忙地向评委老师介绍创业项目：金华糕点的由来、现状、发展前景等，并向老师展示他们刚研发出的这款糕点，振奋人心的是这次他的项目大受好评，成功入围下半场决赛。最终他以综合成绩第二，荣获金华市青年创业大赛二等奖，奖金2万元。而第一名是年销售过亿的做进口生意的公司，第三名是年销售过千万的农产品公司。这次比赛增强了他的自信心。比赛结束，很多的媒体电视都联系采访了他的传统手工糕点项目，几十余篇报道相继发出。

目前，现在传统糕点主要通过预售定制的模式。在淘宝、微店、公众平台网络销售加上与金华各大媒体合作宣传。每年中秋旺季一个月营业额超过80万。

（三）未来要靠自己打拼

他是一名来自“3+2”班级的学生，他的大学生活只有短短的两年。很多人认为大学是脱离高中苦海的天堂、是年轻人向往没有父母管教的地方。但他觉得大学是一个小社会，是面临毕业后独立自主承担责任的最后时刻。他曾在心里默默地对自己说：“这两年我一定要比别人三年过得更精彩！”他积极参与社团活动，参加各种比赛，希望可以通过实践锻炼自己。班级团支书的重任、学习上较大的压力，创业刚起步时的困难让他很迷茫很无助，往往是同学在寝室打游戏，他在旁边准备文件。他也曾想过放弃创业，做一个普通的大学生，是老师和同学的鼓励与支持让他一路走下去。学习创业两不误，他的学习成绩全班第一，创业项目发展得也越来越好。

除了经营金华传统糕点店，他还利用赚来资金在学校创业园开了一家中国民族乐器店，负责乐器教学、出售、承接商演。他会吹笛子的，也喜欢乐器，于是他与志同道合的同学成立了社团并开了这家乐器店——拾韵国乐坊。期望构建一个乐器爱好者的交流平台。开店第一个月就招收了30多名同学。他说：“感谢学校给予我们很大的帮助与扶持，让我们能够放飞自己的创业梦想。”于是，社团只要参与学校的各种演出全部不收取任何费用。成立一年时间，他的乐队为学校和各学院演出20余场，深受广大师生好评。

现在的他一边打理着走上正轨的糕点生意，一边在团市委下属的金华市青少年综合服务中心工作，分管创新创业和新媒体工作。以前是参加创业大赛，现在是筹办创业大赛。不一样的环境都会带来不一样的成长体验。他平时也会受邀参加一些创业事迹分享会，每次他都会说：“感谢学校给他这个良好的学习环境和创业氛围，感谢一路以来曾经帮助过他的人。感谢父母将宝贵的手艺传承下来，言传身教地告诉他什么是‘工匠’精神。”他还会说：“无论是创业还是学习，首先就是要有一颗不怕苦，不怕累的心和迎难而上的精神，还有一群支持信任给予帮助的伙伴们。每个人肯定都会遇到问题，只要不轻易说放弃，总会迎刃而解，你才会成长，你才有抓住机会的能力。”如今，糖古糕点已经成功申请金华市非物质遗产传承人。

三、运营情况

2017年，凭借传统工艺、独家配方、谱系传承、社会反响，公司被评为“金华非物质文化遗产”项目，徐家兴被评为金华市“非物质文化遗产传承人”，而“糖古”糕点也成为了金华地区唯一一家非遗传承人创办的糕点企业。

“徐家兴很拼，我记得在学校的时候，课余时间还需要经营网店、微店，经常深夜还要背稿子，同学们还在睡觉的时候，他就出门了。”同班同学说起他总是充满了钦佩。在这样一日复一日的辛苦坚持中，公司生意越来越好，从几十单变成几百单。

毕业后，徐家兴更是全身心投入糕点创新中，不断钻研，开发了经典、养生、轻奢、节庆、婚庆五大系列等40个产品。他根据南宋时期婺式月饼的制作手法，经过水泡、蒸熟、磨粉、拌馅料等10多道工序，还原了800年前的古婺月饼。为了迎合更多的消费者，他又在原基础上创新出不同的口味，推出了五仁、芝麻、蔓越莓、巧克力等多种馅料制作。婺式月饼一经推出，供不应求，今年更是风靡了整个中秋，仅一款产品月销量达100余万元。

“要进步，就不能止于眼前，需不断创新。”销量提高后，徐家兴又在传统门店模式的基础上，开通了微店、淘宝、天猫等线上销售，目前与天猫超市、京东、淘宝等7个国内主流电商平台，22家知名皇冠店铺达成合作，成为这些平台直营的供应商。此外，徐家兴还率先提出了“传统糕点　私人定制”的轻奢理念。截至目前，公司已经承接私人定制70余场。2018年，公司与金华旅游部门合作，结合二十四节气共同开发了24款高端金华非遗伴手礼，并相继开发了一系列糖古糕点衍生产品。

“网络时代，瞬息万变，走以前的老路，已经无法跟上消费者的步伐，必须时刻关注市场的发展，才能立于不败之地。”徐家兴说道。创业三年多以来，“糖古”从最初的注册资本50万，启动资金20万，到现在年营业额破500万，直接带动就业人数100余人，并得到了人民网、《浙江日报》、“浙江在线”、《金华日报》、金华电视台等15家媒体的采访报道，这成功的背后是徐家兴对于非遗文化的热爱与坚持不懈的追求。

“公司目前已趋于稳定发展，如何将非遗传承发扬，是我需要仔细思考的问题。”为此，怀着弘扬非遗文化的梦想，2017年，徐家兴合作成立了金华首家“非遗体验中心”和浙江省首个非遗学院，项目得到了政府的高度认可和支持，为其提供了2000平方的低租金场地。他以非遗传承人的优势，开设非遗项目体验区、非遗展区，整合了全国40余项非遗技艺，聘请非遗传承人，提供专业的非遗技艺教学，目前已开设婺州窑、砖雕、传统糕点、剪纸等专项培训40余期，共吸引了来自全国400个游客团队，5万余人前来参观交流，培育非遗人才100余人，一时间在金华掀起了一股非遗学习热潮。

四、所获奖项

糖古非遗糕点传承项目获第三届“互联网+”大赛银奖，浙江省大学生创业大赛金奖，金华市农村电商创业大赛获得二等奖、金义都市新区创业大赛一等奖、义乌青年创业大赛一等奖、金华市科技创业大赛获得三等奖、参加婺城区青年电商创业大赛获得优胜奖，被《金华日报》《金华晚报》“今日婺城”等媒体采访。2017年浙江省电视台《浙江经视》栏目特拍摄十五分钟，宣传其创业事迹。他的就业创业事迹在2019年第二届“闪亮的日子——青春该有的模样”大学生就业创业人物事迹征集活动中入选典型事迹，展现了当代大学生的精神面貌。

五、创业体会

“希望通过我们的非遗体验中心和非遗学院，能让更多人了解非遗文化，喜欢传统糕点，让老祖宗留下的手艺能够发扬光大。”徐家兴说道。

“立心圆梦，铸就品牌，成于创新。”谈及创业经历时，徐家兴提到最多的就是“感谢”二字。“感谢学校给我良好的学习环境和创业氛围，感谢一路走来帮助过我的所有人，因为你们才让我有勇气去克服困难、承担责任、勇往直前。”徐家兴说，非遗的创业之路，还需要更长时间去探索和检验。

（金华职业技术学院推荐，执笔人：王飞、陈丹）

湘西飞出“红凤凰”，助力老乡建家乡

——湖南湘西凤凰滕氏朱砂有限责任公司创业案例

一、创业背景

1.“凤凰，最美边城”

凤凰（苗文：Jib Zhes），隶属于湘西土家族苗族自治州，东与泸溪县交界，南与怀化市麻阳县相连，西同贵州省铜仁市碧江区、万山区、松桃苗族自治县接壤，北和吉首市、花垣县毗邻。2016 年，凤凰县总人口 43.2548 万人，常住人口 32.75 万人，少数民族人口 34.1418 万人。

凤凰县是国家历史文化名城，曾被新西兰著名作家路易艾黎称赞为中国最美丽的小城，是沈从文笔下的绝美边城，从这里走出了沈从文、黄永玉等享誉世界的大家名家。

该县是湖南省土家族、苗族主要聚居的县，是国家扶贫开发工作重点县、国家武陵山片区区域发展与扶贫攻坚试点县，属典型的老、少、边、穷地区，截至 2019 年 7 月，全县仍有近 1.7 万人未脱贫，未脱贫人口中 80% 以上属于土家族、苗族。

2.“世界朱砂看中国，中国朱砂看凤凰”

凤凰，除了有绝美的风景，还盛产一种美丽的矿石，那就是朱砂。我们的主人公滕飞就与这千年凤凰和千年朱砂矿有着不解情缘。

凤凰县位于湖南湘西与贵州铜仁交界处，蕴藏了我国三分之一的朱砂矿，是我国乃至世界重要的朱砂矿产地。朱砂被称为“万石之尊”，曾是湘西地区，乃至中国最盛行的红文化载体。20 世纪 80 年代以来，朱砂矿石加工为湘西经济发展做出了重要的贡献，但也给大湘西的环境带来了严重的破坏。随着国家出台“节能减排”政策，政府关停了矿厂，原来靠山吃山的乡亲纷纷外出务工。看着童年里的青山绿水没了，村民下岗了，朱砂原矿没了销路，从湖南工艺美术职业学院毕业后的滕飞毅然回到家乡，走上了朱砂工艺品技术扶贫、就业扶贫之路。他要变朱砂的粗加工为精深加工，真正成为乡亲们发家致富的“金山银山”。

二、创业历程

1.“红凤凰”的主人和他魂牵梦绕的“家乡情”

20 世纪 80 年代，凤凰县大力发展矿产加工业，茶田镇朱砂矿产为我国经济发展做出了重要的贡献，同时也给地方环境带了巨大破坏。湘西、贵州铜仁境内富含朱砂矿的山体都被挖空，山体受到严重破坏。早期，朱砂的粗加工主要通过在河流里进行浮选，提炼汞矿（俗称水银），造成了河流污染严重，甚至有一别地表河出现了断流。

2005 年，国家“十一五”规划纲要中提出“节能减排”政策，湖南省、湘西州、凤凰县各级政府积极响应该政策，关停了该地区的粗加工矿场，进而使凤凰县茶田镇、新场镇等村寨的矿民不得已眼巴巴地守着矿石，不知前路何方？年轻劳动力纷纷背井离乡外出务工，古老的村寨里面只剩下年迈的老人和幼小的孩童，乡村日益破败。

让朱砂工艺品这只“红凤凰”走红的，是一位名叫滕飞的年轻人。滕飞是地道的土家族人，世代居住在凤凰县茶田镇瓦坪村。“其实，与我一起长大的伙伴们，要么辍学外出打工，要么选择了当时热门的计算机、贸易等专业，但是每天我的脑海里总是浮现童年与小伙伴嬉水的地表河因为浮选矿而断流，昔日忙碌的乡亲因为矿山封停而纷纷离乡务工，村寨里只剩下留守的老人、小孩的景象，难道除了提炼汞矿，朱砂就不能有别的用途吗？我的内心有一种强烈的冲动，那就是让朱砂能帮助我们土家人苗家人的发家致富。”滕飞坚定地说。

或许是内心的召唤太过强烈，高考时，他选择了湖南工艺美术职业学院工艺品设计与制作专业，跟随学校国家级工艺美术大师刘宗凡苦学三年，2012 年成立了个人工作室，入驻学校大学生创业孵化基地，产品主要销往凤凰县旅游景区，并在学校帮助下开设了淘宝店铺，2013 年湖南工艺美术职业学院毕业时，滕飞放弃了北京的高薪工作机会，与女友——同为湖南工艺美术职业学院多媒体设计与制作专业的付诗雨回到村寨，“我想把家乡的朱砂工艺品卖到全国甚至全世界去，带动乡亲一起生产制作，让乡亲们共同致富”。

2. 创新创业路险且长，唯有坚守才能成功

选择就读家人鲜少听说过的专业，放弃北京的高薪工作机会，回到距离城市遥远的穷乡僻壤都不是一个轻松的决定。父母关切忧虑之情，滕飞都看在眼里。这是一条鲜有人走过的路，“盲人探路，摸石过河”，说的也就是这般了。开始的时候，家人都以为他只是一时兴起，回来折腾个几个月，就会乖乖地回到城里。可他们没想到，滕飞对朱砂工艺品的设计与制作的痴迷程度远远超过他们的想象。他常常清晨起来，就钻进了工作室里进行配比、画图，很晚回到家也不赶紧吃饭，反而摆弄起激光机、电脑来。2015 年注册成立个体工商户，2017 年成为凤凰县滕氏朱砂工艺品有限公司的联合创始人，从 2009 年第一块树脂与朱砂粉倒模产品到现在公司已经形成了涵盖朱砂晶体工艺品、原石工艺品、压膜工艺品、朱砂雕刻 4 大类 398 品的全产品链，实现了朱砂精深加工零浪费、零污染。他从苗族土家族文化中攫取元素设计的“十二花神系列”“凤凰系列”“保安瓶”系列，利用红色文化设计的毛主席像等产品成为公司的明星产品。

3. 建立扶贫车间和扶贫点，引老乡爱故乡建家乡

朱砂工艺品这只从凤凰山村飞出的“红凤凰”，吸引了外地的客商慕名而来，络绎不绝。企业越来越大，村寨不少外出务工的乡亲来家里取经，甚至要求回来跟着滕飞干，滕飞高兴之余，还嗅到了一种气味，那就是在自己身先士卒后，村民们开始发生“化学反应”。2017 年 8 月，公司正式被评授予济南市天桥区—凤凰县劳务协作扶贫车间，是凤凰县 3 个东西部协作扶贫车间之一。2019 年公司被授予湖南省湘西州“巾帼扶贫车间”，与茶田镇瓦坪村、新场镇小垅村等 4 个村寨达成精准扶贫劳务合作协议，为留守在家的妇女、老人提供了朱砂工艺品初加工的岗位。现公司直接吸纳 31 名建档立卡户就业，组织朱砂技术培训班、电商培训班 17 期，为 612 名返乡村民开展朱砂技能培训，选送 24 名员工外出培训。

三、运营情况

1. 经济效益可观

公司形成了从晶体到原石到雕刻到粉压，全流程零浪费、零污染的生产流程，拥有专利 5 项，另外，朱砂字画室外抗氧化技术和朱砂附着生漆技术正在 2 项专利申报中。此外，湖南工艺美术职业学院作为校企合作单位，为公司免费转化了 1 个实用新型专利、3 个外观、1 个软件著作权，为攻克本公司的技术壁垒起到重要作用。

经过近 3 年的发展，公司已实行“大、中、小三级经销商 + 电商相结合”的营销模式，积极参加矿石展会，产品热销湖南、贵州、四川、湖北、广西、香港、台湾等 16 个省市地区和巴基斯坦、泰国、老挝等 5 个“一带一路”沿线国家，年收入突破 1200 万元，预计 2019 年全年收入突破 1500 万元。

2. 扶贫成效明显

公司建有扶贫车间 1 间、“巾帼扶贫车间”1 间，与茶田镇瓦坪村、芭蕉村、新场镇小垅村等建立扶贫点，组织朱砂技术培训班 7 期，选送 9 名员工前往济南培训，提高贫困户脱贫致富本领。中组部陈群威副主任亲临公司指导，鼓励滕飞好好发展朱砂工艺品产业，带动当地百姓一起致富。直接吸纳 31 名贫困户就业，带动 479 人返乡就业，其中 156 位贫困户脱贫；带动 92 人成功创业、156 人脱贫，平均月收入增幅 2350 元。

3. 助力朱砂产业转型升级，留住大湘西“青山绿水”

改变了过去朱砂浮选提炼汞矿的粗加工局面，在公司带动下，实现真朱砂论克卖，零浪费、零污染，朱砂精深加工产业发展成为凤凰县七大重点产业之一。随着朱砂工艺品的产业发展，原材料的利用率可以达到 95% 以上，对环境低污染甚至零污染，加上国家在立法上的完善，粗放的朱砂化工提炼已经逐渐地被淘汰出时代的浪潮，铸就了新时代朱砂矿产的发展，为国家的环保整改、矿产的转型与改革提供了新的思路。

4. 促进全域旅游发展

2018 年凤凰县与张家界旅游市场朱砂工艺品专卖店突破 100 家（本公司销售占 50%），据不完全统计，全年两地朱砂工艺品销售额突破 2 亿元，届时将带动近 800 人脱贫致富。湘西州长龙小华视察公司时表示："滕氏朱砂工艺品，肯定能带动大湘西全域旅游发展。"

四、所获奖项

凭借多年的朱砂工艺品行业经验和"互联网 +"经验积累，滕飞敏锐地的嗅觉到，需要更大的舞台让"红凤凰"飞出去，公司获评为"湖南省自主创业就业先进个人""湘西州创新创业带动就业示范个体户""湘西州创新创业带动就业示范民营企业""湘西州放心消费示范单位"等荣誉 9 项。项目受到凤凰县、湘西州、湖南省以及国务院扶贫办等各级领导关怀。

2018 年 6 月，公司获"中国创翼"大赛湘西州选拔赛"金华奖"；2018 年 8 月，"建行杯"第四届湖南省"互联网 +"大学生创新创业大赛一等奖；"建行杯"第四届中国"互联网 +"大学生创新创业大赛铜奖的优异成绩。

五、经验体会

回望创新创业路，滕飞说，"有梦想，才会有希望"。今后滕飞将继续扎根凤凰，升级企业产品种类和迭代，进一步推广朱砂工艺品品牌，争取更大的经济效益和社会效益，带领更多的农民朋友脱贫致富。心有多大，舞台就有多大。现在，他最大的愿望，就是想着帮更多的农户早日富裕起来，为他们办更多的事，出更多的力。同时，他也希望像他这样有一技之长的大学毕业生能回到家乡，回到农村，在广阔农村增长才干，为建设富强、美丽、文明的中国添上浓墨重彩的一笔！

目前滕飞通过母校湖南工艺美术职业学院的牵线，与公司与瑞金中央革命纪念馆、宜春市政府、宜春市旅游发展有限公司等 3 家单位达成合作意向，正系统开发朱砂红色文化工艺品。五年时光在弹指一挥间匆匆落在身后，作为白手起家的草根创业者，滕飞将继续带着他的"红凤凰"走向更广阔的未来。

（湖南工艺美术职业学院推荐，执笔人：杨丽敏）

初沙文化沙画创业项目

——哈尔滨初沙文化传播有限公司创业案例

一、创业背景

在当今科技时代，高新技术层出不穷，而文化创新少之又少，演绎一门既有特点又易普及兼具创新的艺术形式更是难上加难。沙画艺术的普及推广是互联网新媒体时代下的新文化产物，它从绘画技法、绘画材料，以及展示效果上完全颠覆人们对传统绘画的理解和观念，这是一种全新的绘画形式。

沙画艺术在21世纪蓬勃兴起得益于匈牙利的著名沙画大师Ferenc Cako，2003年，他结合背景音乐、投影等现代科技手段，完美地将传统沙画与现代舞台艺术相结合，另外在画面切换中，更注重逻辑转承与创意衔接，使得表演美轮美奂，浑然天成，带给人们前所未有的视觉和听觉的综合体验。从此，沙画这一传统而又现代的艺术表演形式，迅速在全世界范围内得以快速传播。沙画表演瞬间万变、转瞬即逝的艺术效果让人叹为观止，具有极高的观赏价值。曾有人说，沙画的最高潮，就是最后那一抹——一切的美瞬间灰飞烟灭。正是由于沙画艺术具有生动的气韵和极强的视觉冲击力，因此场景、画面非常深入人心。尤其是情节连环画这种沙画艺术与影视艺术结合的艺术形式，给人以亲临感，具有很高的观赏价值，是一个很新奇的艺术形式，2008年正式在中国兴起风靡。

初沙文化沙画团队于2015年成立全国首个高校沙画艺术研究中心，为沙画艺术教育普及贡献出跨时代的一步，从2009年团队工作室成立，截至2019年6月团队成员作品网络点击总播放量破10亿，处于行业内领先地位。央视网、《人民日报》、万达影视、光线传媒等影视媒体，以及徐峥、黄渤、王宝强、赵薇、姚晨、张靓颖等各大明星都曾转发，有较强社会效应，与多家知名企业达成长期的战略合作。

沙画艺术不仅是一种艺术创作活动，也是人际、团体之间沟通的桥梁、交流的途径。是一种带有传播性质的艺术活动，使观众清晰地看到现代互联网科技在整个传播过程中的作用和地位，也清晰地看到展示活动各部分之间的内在联系，观众由此具有了学习艺术的主观能动性。美轮美奂，以其自由把握和创造形式的审美观照，力求表现作品完美的艺术效果及永恒的经典魅力。

互联网媒体门户的网站，使沙画这个小众艺术更有效地展现在人们面前，2008年正式在中国兴起，飞速发展，市场份额暴增。

在如今飞速发展的互联网时代，各种各样的信息以惊人的速度在全球范围内传播，瞬息万变的资讯使这个世界发生着日新月异的变化。随着互联网的发展，网络媒体逐渐取代了传统媒体在人们生活中的地位。在互联网上，每一个账号都像一个小小的媒体，转发微博、评论新闻，无数的信息、观点、态度便汇入了互联网这个浩瀚之海。每一个人都作为一个小小的媒体，通过互联网这个特殊的平台，向全世界各地传递着信息。在目前近 9 亿网民、3 亿微博用户的努力之下，沙画自媒体不断焕发出来自广大群众的巨大能量。

沙画行业的就业前景也是十分可观，属于优质就业类型。2015 年美术艺考生突破 100 万人，70% 的美术类毕业生选择转行至其他行业。人才流失是当代美术教育极大的损失，沙画就业能很好地缓解这一现象。

沙画已经开始作为一种特殊的艺术表现形式，被更多人所接受。很多人在婚礼上开始通过婚礼沙画来见证自己的幸福。沙画在商业上应用也越来越广泛，企业宣传片、产品发布会、开幕式、闭幕式、演唱会、晚宴、生日宴、企业年会、客户见面会等。

文化创新的根本途径是立足于社会实践，该创业项目热衷于公益事业，自企业创办以来，多次到希望小学进行沙文化爱心支教，推出社会公益热点沙画视频，引起人们对公益更大的关注度，以后也将会与爱心机构、爱心基金会进行合作，坚持用新的文化魅力去感染每一个人。

文化创新可增强国家的亲和力、感染力、吸引力、竞争力，从而提高文化软实力。科技可强国，文化亦能兴国，初沙文化远航沙画愿意勇担此任，不忘初心、砥砺前行。

二、创业历程

项目创始人——吴迪，是一名土生土长的哈尔滨人，2012 年考入哈尔滨学院。那时候刚上大学的他，对大学生活的向往与憧憬，开始了大学生活。

他给自己定义是一个闲不住爱折腾的人，刚上大学开始，就积极参加校内外的活动，参加学生组织，任校团委秘书长，参加冰雪雕大赛、积极实践，兼职发过传单，电器城卖过电脑，还推销过酸奶等等。

他说，那时候脑海里“创业”的含义，并没有像现在这么具体，只是觉得大学生活就应该丰富多彩一些，什么都想经历和尝试。也就是因为这样，恰恰也正是因为这些经历才塑造了现在的他。

沙画，顾名思义是用沙子作画。沙画是一门小众艺术，可能大多数人都一样，最开始认识沙画是在电视上，或者婚礼庆典上，他也不例外，在上大学之前接触沙画也是这些途径。他要感谢大学专业老师——艺术学院的祝远老师，是她带吴迪走进了这门神奇的艺术，因为沙画并不是大学里的专业课程，兴趣使然。那时候 2012 年，大一，他每到课余时间或者假期会多请教老师沙画的技法，然后勤加练习。当时他也从来没有想用沙画去谋利，只是爱好，只是想学，因为除去上课的时间，感觉课余时间还是很多的，想让大学生活更充实一些。

这样经过了一段时间的学习，他更加喜欢上这门艺术，也便一步步走上了职业沙画师的道路。2013 年大二，通过介绍会渐渐接一些沙画演出单子，每一次为保证现场的沙画演出效果，不出差错，设计好画面后，都会提前反复练习 100 遍或者更多，有时候画着画着就到了凌晨两三点。演出时就他自己一人，冬天需要他自己一人拿着很重的演出设备去做沙画演出，到了现场手被冻的都要缓一会儿，才能作画，但得到对演出认可的时候，他内心还是很欣慰的。

功夫不负有心人。2015 年他创作了沙画作品《科比退役沙画》，上传当天晚上点击量就突破 40 万，因为这个作品他还登上了腾讯体育直播节目，全网观看人数突破 1000 万。后面又陆续得到了电视台的演出机会。

同年，在学院的支持下，与老师成立了哈尔滨学院沙画艺术教学研究中心，是国内首家本科高校内正规沙画教学与科研机构，创造机会让更多大学生接触沙画、了解沙画。

临近毕业，他毅然决然地选择继续从事沙画行业，通过联系，与海南三亚一家文化公司合作，拓展当地沙画业务，刚毕业三天，他便远赴海南，决定大干一场。

但现实却给他泼了一盆冷水，由于当地区域差异性问题，业务拓展进程并不顺利，在海南的酷暑下我们上街推广，做沙画路演，效果并不大。也正是在这段时间，他重新审视自己。面对挫折，不能就这样放弃，业务很少，他就继续沉淀，提升能力，在那段时间他思考更多，专业技术也进步不少。

2017 年上半年，结束了三亚的合作，他回到哈尔滨，得到消息，母校的创业园已经建设完毕，开始运营了，大力支持本校学生自主创业。他便提出了申请，决定试一试。一经申请，发现大创中心对创业学生关怀是无微不至的，注册公司后，学校还组织税务局的老师过来辅导公司税务问题。他当时倍感亲切，下定决心好好把公司运营起来。

2017 年中旬，他报名参加第三届“互联网 +”大学生创新创业创业大赛，这是一段难忘的历程，对他是一个全新的挑战，一个证明展现他自己的好机会，为了更好地参加比赛，他做了充分的准备，他整合多年的沙画从业的经历，整合信息，分析大赛的章程，找到创业思路，在网上一遍又一遍地去看如何去编写创业计划书，如何去做路演 PPT，创业园组织的各类赛前辅导培训，一场不落地听完，回去再提炼重点总结整理，生怕遗落了什么，在备战比赛的那一个月，几乎每天都奋战到深夜。比赛临近，虽然心里忐忑，但还是充满干劲，一遍一遍地进行路演的演讲练习。

“付出终换来了回报。”在省赛上，他的路演创业项目《远航沙画：用一捧沙打造文化艺术营销的旗舰》获得了评委老师的一致认可，给了他莫大的鼓励，最终在全省 10675 个项目中脱颖而出，2017 年获省级一等奖。

之后他代表黑龙江省 19 个代表项目之一，在全国 2241 所参赛高校、37 万个项目中，经过大赛专家委员会评审、组织委员会审定，最终获得国家级铜奖。在这之后连续三年里继续参赛，继续蝉联奖杯，也创造了校史最好成绩。

沙画项目多次代表黑龙江省用沙画的形式，参展北京文博会，深圳文博会，哈洽会等，受到社会各界，广泛赞誉和好评，其沙画作品不仅在网络上，有很强的影响力，同时也被黑龙江省教育厅官方转发。

三、运营情况

哈尔滨初沙文化传播有限公司，前身为行业十年知名沙画工作室——远航艺术沙画工作室，工作室始于 2009 年，是中国较早一批从事沙画行业的专业沙画工作室。

沙画创作团队现有 30 余人，是一群充满梦想、才华与热情的年轻人的集合——沙语者。不同于市场大多数的沙画工作室，我们是由专业顶尖的沙画老师带领，哈尔滨学院学生为主导。曾以沙画为载体完成了数千部优质作品，其作品《沙画版花千骨》等点击播放量率破亿，微博转发过万。其作品登上各大报纸电视新闻，反响强烈。远航沙画致力于创意沙画的衍生，在沙画就业沙文化传播领域，以及对当代大学生的美育多面性做出很多贡献。

紧跟新时代文化创新脚步，主要以沙文化宣传影视为主营业务，尤其注重于高品质的沙文化从业人员培养，用新文化创业去带动高质量的文化就业，提供更多优质就业机会，主营方向有：企业沙画宣传片、城市沙画宣传片、电影视沙画宣传片、婚礼沙画宣传片、招生沙画宣传等。相对于传统宣传片以较低的价格可以达到新颖的视觉效果，产生意想不到的创意表现是其优点。

线下有完整的沙文化工艺品生产线，包括公司特有的固彩沙画（将沙画固定成工艺品（解决了沙画不能保存的痛点）——2015 年诞生于中国，具有无可比拟的社会价值，现拥有三项发明专利及授权）、沙瓶画（源自约旦）制作流程工艺，完备工艺品销售制作团队坚持用心打造满意作品为理念，在外我们有稳定的沙画现场演出、视频演出等渠道，以及优秀的沙画培训师资，团队内部我们有优秀的沙画绘制人员，和已经成熟的沙画后期处理技术人员。

文化创新的根本途径是立足于社会实践，该创业项目热衷于公益事业，自企业创办以来，多次到希望小学进行沙文化爱心支教，推出社会公益热点沙画视频，引起人们对公益更大的关注度，以后也将会与爱心机构、爱心基金会进行合作，坚持用新的文化魅力去感染每一个人。

四、所获奖项

1. 第三届中国“互联网 +”大学生创新创业大赛国家级铜奖；
2. 第四届中国“互联网 +”大学生创新创业大赛国家级铜奖；

3. 第五届中国“互联网 +”大学生创新创业大赛国家级铜奖；
4. 第三届黑龙江省“互联网 +”大学生创新创业大赛一等奖；
5. 第四届黑龙江省“互联网 +”大学生创新创业大赛一等奖；
6. 第五届黑龙江省“互联网 +”大学生创新创业大赛省金奖；
7. 第五届黑龙江省“互联网 +”大学生创新创业大赛最具网络影响力奖；
8. 第六届中俄博览会——第三十届“哈洽会”优秀展示奖；
9. 第六届中俄博览会——第三十届“哈洽会”优秀组织奖。

五、经验体会

此创业项目为文化创新类创业项目，可增强国家的亲和力、感染力、吸引力、竞争力，从而提高文化软实力。“科技可强国，文化亦能兴国。”初沙文化远航沙画愿意勇担此任，不忘初心、砥砺前行，为打造中国式的文化自信，努力奋斗！

（哈尔滨学院推荐，执笔人：黄丽丽、吴迪）

创业如漂洋过海，如何做好学生创业的摆渡人

——福州小芒文化传播有限公司创业案例

一、创业背景

小芒同学是目前福建省最大的95后、00后电音派对缔造者。从电音派对出发，通过品牌打造、电音文旅、主题定制，致力于打造中国高校电音社群第一品牌，让更多年轻人感受电音的魅力并了解电音文化。在国内电音爱好者骤增的背景下，国内举办的电音派对对于学生群体仍存在许多痛点，例如：消费高，场次不多等，大学生群体需求高却无法高频次消费，小芒同学抓住这一市场空白，通过举办主题性强、性价比高、符合高校大学生需求的电音派对；基于互联网时代学生群体的微信、微博、QQ等社交软件使用率非常高，形成小芒社群，具有社群经济力，因此在小芒社群与电音派对业务基础上拓展出：组织文旅活动，研发周边文创产品，利用所特有具备的平台资源、战略合作资源及专业顾问团队，致力于打造小芒社群生态圈。

二、创业历程

1. 梦想水滴如何起浪

创业项目常常都是从一个很小的想法、爱好或兴趣开始。那么如何能从梦想小水滴引起创业大浪呢。“小芒同学”创始人江潇逸是一名热爱电音的大学生，每一场大型的电音活动都能看到他享受电音文化的身影。从高中到大学，走过数十个城市，参加数百场电音节活动，曾经内向胆怯的他，因为电音变得阳光开朗，于是他想要把电音文化传播下去，把电音带给他的生活态度影响更多人。可是落地执行是最艰难的第一步，如何入手一直困扰他，让他觉得创业遥不可及。于是，有了我和他的第一次交流，我只是鼓励他，让他自信，有信心能把自己热爱的东西呈现出来，从自己最熟悉的地方入手，就是举办一场属于高校大学生的电音派对，并为它取名“小芒同学”。第一场的高校电音派对活动是一种尝试，经过长达近两个月的筹备，无数个日夜头脑风暴，终于成功举办了上千人参加的电音派对，第一次的成功给了团队极大的信心，并以此为基础，有了未来的无限可能。

2. 项目小船如何渡海

一个周期的尝试，“小芒同学”形成了以线上渠道运营，线下执行的模式，把大学生作为主要目标客群的。运营的公众号“小芒同学”成立3个月以来，运用线上对线下（Online to Offline)O2O 的创新模式成功举办11场大学生电音派对，获得3万人线下参与，以福建

为辐射中心，计划在一年内拓展全国业务。项目通过直播进行二次流量转换，在全国进行品牌 IP 形象宣传。通过招募校园代理、品牌加盟变现品牌价值，筹集加盟费来沉淀资金收入。

小芒同学在福建举办的首场高校电音派对中，2000 多张门票 5 秒内售空；携手国际顶级潮牌 Supreme 举办的电音派对在活动前 3 小时门口已爆满；举办首场 12000 多人线下参与量并创下福建室内电音派对记录的电音狂欢派对；打造浙江首场高校电音派对短时间内达到 25 万多线上宣传量……自从“小芒同学”开始稳定运营后，开设了许多新的业务板块。通过小芒同学打造并利用电音派对推广文化，吸引粉丝，由此所形成的社群用来催化用户关系，建立用户信任，扩大用户基础。场景用来强化用户体验，通过定期开展相关线下和线上活动，形成用户粘性，让“芒粉”感觉物超所值，并诱发新的需求（如文旅定制和文创周边等）。

3. 团队水手如何前行

好的项目需要好的团队，犹如一艘大船出海航行，水手们的作用无可替代。“小芒同学”团队组建并不顺利，核心团队成员更替频繁。如何能组建高效默契，战斗力强生命力旺的团队决定了项目的成败。“小芒同学”逐步摸索出从“芒粉”里面逐层挖掘人才，搭建团队的模式。

“小芒同学”团队成员都是热爱电音的小伙伴，也都是“芒粉”。由不同高校热爱电音的同学组成，他们各有擅长的领域，有擅长摄影的，有擅长活动策划的，有擅长运营公众号的，还有擅长 PS 及剪辑的。他们在每场活动中充分发挥特长，把突出优势发挥到极致。面对规模越大、质量越高的小芒同学系列电音活动，团队所面临的工作也变得越来越繁重。从普通的公众号运营到小芒粉丝社群的管理，每一步都是小芒同学创始人江潇逸带领他的团队一点点摸索出来，从刚开始到处摸索，到慢慢找到适合小芒同学的发展方向。看似光芒四射的小芒同学外表下，其实经历了太多看不到的磨难。

4. 轮渡船长如何领航

“小芒同学”成长的速度非常快，这和创始人江潇逸有着非常重要的关系，他与普通的创业项目创始人不一样，他不是带着自己的团队疯狂做前期调研来获取数据，而是带着团队穿梭在各地各大电音派对游玩，带他们亲身感受一场真正的狂欢派对，带他们深入体会电音文化。从而通过打造深入人心的电音派对，把自己对电音的情感传达给同样喜欢电音的发烧友，带给他们真正意义上的电音狂欢派对。同时，江潇逸对于“小芒同学”的电音活动有属于自己的主题系列想法，独特风格主题系列加上高质量的现场效果，使“小芒同学”迅速成为高校电音届的“网红”。

5. 创业导航如何摆渡

一个真正好的创业项目，是在不断地改进和完善，“小芒同学”亦是如此。它没有一味地盲目前行，而是在和团队、指导老师不断探讨和摸索中前行的，同时还通过各种创新创业大赛，不断地在新的领域学习新的东西。通过大赛的磨炼，比赛评委老师的指点，“小芒同学”从最初的打造品牌 IP 形象转型到“芒粉”社群运营，从单纯的热爱电音做电音到找到自己的定位及价值，这些都是通过自身很难摸索出来的，而在“互联网 +”“挑战杯”“创青春”这一系列比赛中，与创业前辈的沟通交流，吸收了很多的养分。

三、运营成效

“小芒同学”目前布局 10 个省级分部，组建多个“芒粉”群。其中资深“芒粉”为小芒活动奔赴外地超万人，活跃“芒粉”参与 3 次以上活动，“芒粉”人数超过 50000 人，辐射影响超过百万人次，年营业额突变千万元。同时，“小芒同学”也在诸多创新创业比赛中也纷纷取得了优秀的成绩：福建省“互联网 +”大学生创新创业大赛银奖；全国“互联网 +”大学生创新创业大赛铜奖；福建省大学生三创大赛金奖等。

四、经验体会

“小芒同学”在福建省“互联网 +”比赛中作为创意组唯一一支文创类队伍参赛，在众多具有技术专利的项目中，“小芒同学”起初倍感压力，备赛过程中始终无法有充足的信心在其他高科技项目面前展示自己。所以在备赛初期，“小芒同学”渴望把所有东西都展现出来，做出惊人的效果。但后来发现方向不对，在压力之下，团队渴望展现所有的东西，以至于项目核心优势无法体现，颇显杂糅，于是团队又陷入了迷茫。在不断地研究和摸索后，团队意识到“小芒同学”粉丝之多，不就是通过粉丝影响力在做社群经济运营吗？团队顿时恍然大悟，项目的核心不是去做电音品牌，而是粉丝影响力。于是，团队成员开始收集案例资料，不断地阐述各种做社群运营的思路与要点，分析优势和不足，让团队比较性地总结“小芒同学”的运营模式以及盈利模式。这让团队一下清楚了“小芒同学”要展示的方向。于是团队开始了紧张冲刺的备赛阶段，无数遍地演示 PPT，无数遍地修改策划书，这些都是“小芒同学”成长的痕迹。最终“小芒同学”不负众望，取得福建省赛银奖、国赛铜奖的优异成绩。在“互联网 +”比赛的评委指导交流会中，团队更是从各大企业家那里学到了许多“小芒同学”还未了解涉及的、可以作为衍生产品的方向及领域，从而为“小芒同学”这个创业项目本身的发展发掘了更多可能性。“小芒同学”通过“互联网 +”大赛不仅清楚了项目自身定位，丰富了项目本身，扩大了知名度，与外界商业圈进行了紧密的接触。

本届大赛在主体赛事以外，同期组织了一系列丰富精彩的活动。如，“大学生创客秀”集中展示了各地各高校创新创业教育成果和入围全国总决赛现场比赛的参赛项目，打造一场双创科技大秀；“对话 2049”未来科技系列活动，则邀请了前沿科学尖端科学家、战略科学家与大学生创业者对话，探讨未来科技发展方向，激发大学生的创新活力；走进

“浙商”文化体验活动，让青年创客感悟浙商厚重的文化积淀，激发创新创业热情；大赛优秀项目对接巡展；开展历届大赛优秀项目展示交流和投融资洽谈对接活动，进一步推动了大赛成果转化；现场融资路演闪电对接会，打造了覆盖国内、国外最大双创融资路演平台。“小芒同学”在这些活动中受益匪浅。

五、未来规划

“小芒同学”致力于打造百城千校万场电音派对，通过电音文化发散吸引粉丝，引入大量电音爱好者加入“亲芒计划”。还将丰富芒粉社群生态圈，扩展“小芒 + 产业”，打造电商、文旅、演艺等子项目，巩固“小芒同学”自身品牌价值。同时，还努力将“小芒同学”打造成国际知名电音品牌，通过强大的影响力引领全球潮流方向。

（福建师范大学协和学院推荐，执笔人：吴昌盛、林圣发）

第五部分

社会服务

沙鼠科技，美好生活

——重庆沙鼠科技有限公司创业案例

一、创业背景

2014 年夏季达沃斯论坛，“大众创业、万众创新”的概念第一次被李克强总理提出。与此同时，互联网、大数据等现代信息技术不断取得新的突破，新的创业机遇前所未有。在 2014 年到 2017 年，从“滴滴”到“美团”，再从“携程”到“盒马生鲜”，这些公司在给大家生活带来便利的同时，也唤醒了年轻一代通过自己的双手实现梦想，为社会创造更多价值。

中国特色社会主义进入新时代，我国社会主要矛盾已经转化为人民日益增长的美好生活需要和不平衡不充分的发展之间的矛盾。衣食住行四大生活场景，食有美团、住有携程、行有滴滴，唯有衣物护理行业市场还未开拓。基于此，23 岁的重庆“最老”大一本科生周经伦，带着一群朝气勃勃的大学生成立了一家全新理念的衣物洗涤公司。他们要做的是促进洗衣行业转型升级，为人们的生活带来更多便利。

二、创业历程

（一）起航阶段：想法萌芽

创业的想法源于一次偶然的机会。在一次聚餐上，大家感慨大学生活的美好，分享着生活感想和体验。其中有一位同学抱怨，上了大学以后需要自己洗衣服，学校的公用洗衣机又不能保证衣物的卫生，每次去干洗店清洗又贵又耗时，自己还得大老远地跑到洗衣店，很是麻烦。周经伦听到了这一声音以后，便进行了深入的思考。他就是那位重庆“最老”本科生、选择重新高考考入西南大学、身价过千万、任两家公司 CEO 的周经伦。在这群人中他有着更好的商业洞察力，和在座的同学展开了关于“洗衣难”问题的讨论。于是周经伦想：我们为什么不能自己做一个互联网洗衣平台呢？线上下单、上门取送，问题不就都解决了？

图 1　沙鼠科技创始人周经伦媒体关注图

（二）探索阶段：艰难中窥见光亮

想法提出后，团队迅速付诸实践。要创业，人才是重要的资源，创始人便马上联系到了曾经与自己并肩创业的团队成员：拥有多家世界 500 强企业工作经验的重庆大学会计学硕士李瑶；创始人从西南大学内组织了十余位品学兼优的同学共同创业；而在赴芬兰访学期间，他又邀请来了软件技术能力出类拔萃的香港大学计算机科学硕士严峻。

2017 年 10 月，为了有更完整的工作和思考时间，团队在校外租了一间办公室，连续通宵两周，撰写了 20 万字的策划书，共计 200 多页，前后共修订策划书 20 余稿。

图 2　团队工作照

与此同时，市场调研工作也在稳步推进。市场负责人滕辉率领着调研队伍，充分利用周六、周日和课余时间，奔赴重庆市内的各大高校进行市场调研，调研队伍的足迹几乎遍布重庆市区所有高校的每一栋宿舍。为节约调研成本，每一次去调研都是挤地铁，来往穿梭于不同高校之间，共享单车与他们总是形影不离。他们的目标只有一个，就是通过大量的调研数据验证顾客需求是存在的，这个项目是有希望和未来的。

经过一段时间的调研和策划，项目思路越来越清晰，内容越来越完善，大家开始集思广益，这个项目到底应该叫什么呢？团队成员反复考量和商议后，最终确定项目名称为“沙鼠生活”，这一名称的理念来自：沙鼠是世界上最爱干净的动物。

2018 年 4 月，沙鼠团队将西南大学作为洗衣服务市场基地启动试运营。团队的工作正稳步推进，一方面对市场进行大量的调研和反复测试，另外一方面制订了 13 大服务体系和七大运营流程，试运营的第 1 个月，市场反馈十分良好，客户好评率达到了 100%，坏单率仅有 1%，很快西南大学市场顾客就扩张到了 2000 人。

2018 年 6 月，“沙鼠生活”项目策划书已经修订了 60 余稿，曾经在第 1 版本中的 200 多页也浓缩到了 30 余页。市场反馈也一直向好，数据积累也不断丰富，终于在 6 月 26 日沙鼠科技项目获得了白猿资本投入的 20 万元种子轮融资。也正是在第一笔融资进入以后，沙鼠团队加快了创业路上的脚步，面向武汉和长沙市场进行了市场开拓，并组建了新的分部团队。而在一切欣欣向荣的情况下，“沙鼠”的第一次重大危机正在悄然来临。

（三）危机阶段：波折中寻觅前路

2018 年 9 月，行政总负责人张曦赴美留学后的一个月。团队的一位大股东背地挑拨分割员工，企图分裂公司，甚至还偷取了“沙鼠”的策划书卷公款而逃，同时骗取了 50 万融资，建立和“沙鼠”项目一模一样的抄袭竞争品牌。与此同时，西南大学市场连续出现坏单，公司赔款压力巨大，加之市场地推营销的费用急剧增加，利润率甚至出现了负数，公司账上仅剩 964 元。更让团队意想不到的是，市面上了出现了很多恶性竞争的品牌，大肆进行“价格战”，公司运作进入了前所未有的困难时期。面对这样艰难的时期，沙鼠团队人心动摇，有的人选择了离开。如何活下来，如何把人心再凝聚起来，成为了摆在沙鼠团队面前最大的问题。

2018 年 9 月，团队召开了第一次全体整顿大会。在这次大会当中，成员深度反思团队内部出现严重分裂问题的原因。一直以来，团队内部没有形成规范的公司管理制度，组织结构、薪酬体系都十分不完善。内部并没有形成良好的层级关系，每一个人享有的决策权几乎都是一样的，导致工作效率降低下，漏洞百出。

（四）重生阶段：资源整合综合发力

团队意识到沙鼠团队急需成立公司，从团队向公司进行转变。紧接着公司进入正式注册公司的备战期，在此阶段无疑需要整合多方资源。团队第一时间就向学校西南大学求助。需要财务人才，团队就在西南大学青创中心的创业交流群里找到了财务总监耿嘉谊；需要投资人交流，就在西南大学创新创业学院的陪伴下四处路演；需要专业导师，经管院的三位教授博导就亲自挂帅，为团队悉心指点；需要宣传，创始人就在校团委和新传院的推荐下被更多媒体关注；需要办公场地，学校就四处奔波，不仅为团队联系了科创园区的办公场地，还为团队沟通了北碚区当地的街道支持。

2018 年 9 月，沙鼠科技有限公司正式注册成立。团队各方运作趋于制度化和规范化，并制定了相关制度和行为规范。团队运作离不开资金的支持，项目创始人多方寻求融资，多次奔赴全国各地商谈融资事宜，作为初创企业，在成立仅一个月的情况下成功拿到"种子轮"20 万的融资。迈入 2019 年，沙鼠团队各项工作稳步推进，在多方取得可观成绩，专利及软著申请、积极融资、软件开发升级、市场拓展……新一步战略即将实施。

图 3　沙鼠团队照

回首整个创业过程，团队经历过绝望，但也收获着希望，经历着痛苦，更期待着未来。

三、运营情况

从萌发创立"沙鼠生活"创业项目至今，不过短短两年时间，但公司目前已步入正常运营阶段，并逐渐发展壮大。具体运营情况如下：

（1）公司战略规划

公司分三步走战略稳步推进，分别为：积淀、提升、颠覆。目前完成第一阶段战略：以西南大学为试点逐步向全国推进，武汉、长沙市场快速建立，精准抓取万名客户信息，小程序及 SAAS 服务系统研发完毕。

（2）融资与营收情况

资金对于初创企业的发展尤为重要。因此，沙鼠科技有限公司在发展的过程中一直重视通过多种融资渠道获得创业资本。企业注册资本 500 万元，其中创始人周经伦出资比例 66.6%，其余创始人员出资 23%。此外，公司还不断通过商业路演、获取政府支持等多种途径融资。2018 年 10 月，沙鼠科技完成“白猿资本”20 万元种子轮融资。2019 年 11 月，百万融资也尚在商洽中。

自 2018 年 9 月沙鼠科技有限公司成立以来，公司收入和盈利率逐步上升，尤其是在“沙鼠生活”校园洗衣平台的投入使用后，经营状况持续向好。在沙鼠生活平台上线之前，客户市场不足 3000 人，平均月盈利达 5000 元，净利率 24%；而在“沙鼠生活”平台正式上线以后，近 6 个月来用户规模迅速增加，产品复购率达 70%，单店月流水 52 万元，净利率增长至 32%，好评率达 100%。

与此同时，公司研发的沙鼠生活洗衣门店 SAAS 衣物管理系统“鼠仓”于 2019 年 5 月正式上线，该软件销售给洗衣门店，获利率可达 200%，而全国有接近 30 万家的洗衣门店没有独立的衣物管理结算系统，由此可见公司前景十分可观。

（3）市场规模及开拓情况

公司的市场分为 2B 端和 2C 端，以“沙鼠生活”为主的 2C 端市场目前运营良好，而以“鼠仓”衣物管理结算系统为核心的 2B 端，目前也在试运营和系统检测阶段。

沙鼠团队以西南大学为试点并进行市场精耕，不到两年时间，用户便从最初的 2000 人增加到现在的 10000 人。对于西南大学市场来说，目前的用户人数并未饱和，公司正在进行新一轮的地推竞赛，在全校范围内招募相关人员，以期实现用户人数新一轮的增长。我们的目标是西南人学每 3 人，就有 1 人在使用“沙鼠生活”洗衣平台，真正实现西南大学校园全覆盖。

对于 2B 端市场的推广，2019 年 8 月沙鼠团队正式建立了一支覆盖全国的 200 人“醒狮计划狮子军团”，旨在全国范围内打造一支能打仗，能打胜仗的产品销售精英团队，并以此撬动国内整个洗衣市场。

（4）研发情况

沙鼠团队重视建立技术壁垒和研发投入，每年的研发投入比例约占公司总盈利的 20%。研发团队人数为公司总人数的 15%。沙鼠团队目前专心研发产品，建立技术壁垒，沙鼠生活小程序正式上线，并申请了软件著作权。这套小程序不仅在客户端可以为用户提供下单入口查询，方便顾客查询订单、操作订单、追踪订单以及联系客服等，同时在运营端也方便配送员进行订单管理查看和自动最优路线算法规划。这套小程序甚至可以为公司财务提供完整的数据和财务报表，并且可以和沙鼠科技的 SaaS 系统进行互联数据共享。

（5）人员培养

目前沙鼠团队总人数 35 人，其中 70% 具有海外留学经验，主要来自于重庆、长沙、武汉三大一线城市，覆盖了 13 大专业领域。公司全面响应创新创业政策，并积极参加创新创业培训，培养员工创新创业思维，拓宽眼界，提高创业能力和思想境界。

四、所获奖项

从筹划到落地，一年间“沙鼠科技”受到多方关注，其间得到了CCTV、重庆电视台等多家媒体纷纷报道，匈牙利国会副主席伊什特万、匈牙利使领馆总领事、渝北区委常委领导参观“沙鼠科技”总部，共青团重庆市委张继军书记莅临“沙鼠科技”办公场所。

图4　团队接受重庆电视台采访

图5　重庆市政协主席、北碚区区委书记到访

项目也陆续荣获团中央“青春创客”路演大赛全国二等奖、重庆市“创青春”创新创业大赛银奖、重庆市“互联网+”大赛铜奖等20余项省市国家级奖项。部分获奖情况如下：

1. 2018年共青团中央第三届“青年之声·青春创客”创业大赛全国二等奖；
2. 2018年“加州伯克利GSVC社会”企业创业大赛大中华区百强；
3. 2018年入选微软中国“云暨移动孵化计划”项目；
4. 2019年广发证券大学生微创业行动西南区创业比赛金奖；
5. 2019年重庆“创青春”大学生创新创业大赛银奖；
6. 2019年重庆市“互联网+”创新创业大赛二等奖；
7. 2019年重庆市大学生创新创业实践项目；
8. 2019年中央电视台“创业英雄汇”重庆市百强项目；
9. 2019年第三届“星火计划”创新创业大赛特等奖；
10. 2019年第二届“嘉陵创客杯”创业大赛第三名；
11. 2018年第三届重庆市大学生创新创业成果展参展项目；
12. 2019年第四届重庆市大学生创新创业成果展参展项目；
13. 2019年重庆市第一季度大学生创业项目路演活动优秀项目。

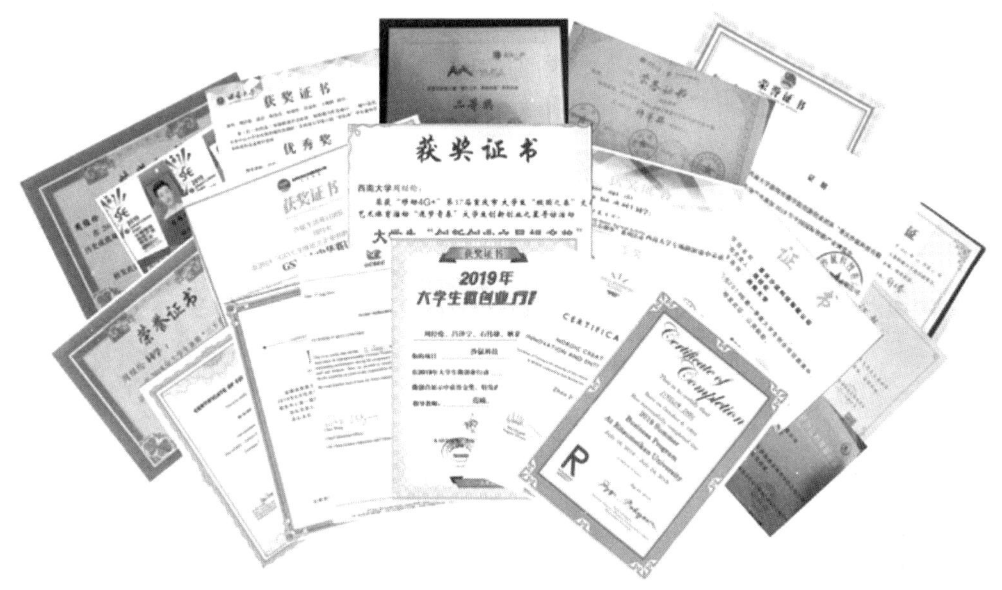

图 6　“沙鼠科技”获奖情况图

五、经验体会

“沙鼠科技”创业项目借助科技发展和政策扶植，获得了市场的极大认可。发展至今，有如下经验体会：

（一）满足人们日益提高的生活质量需求是企业经营的宗旨。

重庆沙鼠科技有限公司经过无数次的沉淀和提炼，自始至终都把诚信、务实、勇敢、团结作为文化总纲，团队成员始终秉持“不求当大官、不求赚大钱”的信条。创业初衷也始终是能为社会做些实事，真正从洗衣方面改变市场环境，满足新时代下人们日益提高的生活质量需求，同时也大量带动了就业，帮助更多人实现理想。不论何时，创业者都应不忘初心，不论走得多远都不要忘了为什么出发，而每一个“沙鼠人”都将肩负使命，奋力前行。

（二）公司战略和制度是创业企业发展的立足之本

从公司发展历程上看，清晰明确的战略是企业发展道路上的灯塔。在明确的战略指引下，公司各项经营活动逐渐步入正轨。除此以外，从沙鼠科技曾经因为制度的缺乏而经历的危机来看，完善的制度有助于初创公司各项工作顺利开展，因此切不可忽视制度的力量。

（三）人才和资金是创业企业不可或缺的资源

回顾“沙鼠”的创建过程，优秀的人才是创业发展的基础，源源不断的资金供应是企业的血液。对商机的敏锐把握是沙鼠团队能够不断走在行业前沿最大的优势，而团队创业最大的倚仗便是身后一个个优秀的“沙鼠人”，他们是公司前进的坚实后盾。

（四）为梦想付诸行动是创业者的基本素养

创业之路漫长而艰辛，很多人无数次问沙鼠团队：你们真的能做成吗？这个问题无论问多少遍，答案只有一个："未来属于敢于为梦想弄脏双手的人，坚持不懈努力做，不忘初心，砥砺前行，会做成的！"风起于青蘋之末，要善于发现机会，也要善于相信自己，这世上没有九个字，"你疯了，你做梦，不可能！"

（西南大学推荐，执笔人：张御龙、张曦、滕辉、胡茜茜）

逐梦需要一点近乎执拗的坚持

——可循环快递箱的设计及分析项目

一、创业背景

千淘万漉虽辛苦，吹尽狂沙始到金。白驹过隙，转瞬间三年恍然而过。回首过去，色彩斑斓。大一学年，我开始接触“挑战杯”；大二学年，我开始接触“创青春”，然后完成国家级创新创业项目，修完创新创业训练营课程，在创新创业的道路上一步步走来，感触颇深。

大学代表着无限的可能，进入大学，我也在努力地寻找着自己的方向。我加入了各种学生组织与社团，接触了管理、艺术、商业等方面，最令我庆幸的是在自己懵懂的时候就接触到了创新创业。尽管那个时候还认不清自己，辨不明方向；尽管只是盲目地参与，但见过了胸怀理想的人，见过了意义非凡的事，让我开拓了眼界，守得云开见月明，明白了自己究竟想要成为一个什么样的人。不为金钱，不为浮名，只为自己有资格扛起一点社会责任，脚踏实地，在自己喜欢的领域做出一点儿令自己骄傲的事情。

现代社会随着电子商务的迅速发展，网购商品越来越成为主导趋势，然而我国快递业发展还不够完善，包装污染物已严重影响人类的生存质量。可循环快递包装箱通过对中空板材、塑料瓦楞板、PP 发泡片材等材料的对比，选择较好的材料来优化设计，并通过抗压强度、跌落等实验分析对比快递箱体结构。整件箱采用一页成型的设计，既节约材料又简洁方便，对比当前的可乐运输包装箱，可以大大减少缓冲材料的使用。箱盖和箱底不使用胶带，通过结构插合完成箱盖的封合，组装简易，结构简单。循环箱折叠箱体的设计，方便运输和储运，可以多次循环使用，减轻快递包装的污染问题。

二、创业历程

“路漫漫其修远兮，吾将上下而求索。”作为项目负责人，我深知在创新创业的路上远没有一帆风顺，而是荆棘丛生，沟壑纵横。令我们一路前行的一定是对梦想的执着和那近乎执拗的坚持。

从第一次参加比赛，我就决定自己组队，不知道该找什么样的队友，不知道谁愿意一起拼搏，不知道该怎样选题，不知道申请书怎样写，不知道的太多，所以也就没有了太大的顾虑，或许是对新鲜事物的好奇，或许是对自己充满信心，初生牛犊不怕虎，问题一个个的思考、请教、讨论再思考。逐渐方向明确了，队伍成型了，一切也就迎刃而解了。当一头雾水的时候，我们需要的是一份勇气和自信。

当项目开始进行，考验才刚刚开始。我们该如何推进项目呢？方向十分重要。我们也曾分头查阅文献后，只简单商讨就盲目行动，最终发现事倍功半。负责人要调动所有成员发散思维，大胆创新，积极整合所有资源，做好沟通的桥梁，广听善断，这样可以将犯错的可能性降到最低。万丈高楼平地起，只有方向正确，我们才能有的放矢。箱子封合方式采用隐形锁扣盖结构，即可减少胶带的使用，又方便使用开启。而箱底结构经对比发现，纵向对比直线型自锁底结构与斜线型自锁底结构薄弱角附近的底板结构来看，斜线型结构两板重合的角度为 50°，要大于直线型结构的 40°，由此可见斜线型自锁底的底角结构要比直线型自锁底稳固，粘合位置距离长棱较近，而距离宽楞较远的结构无论是在所能够承受的最大压力上，还是在内装物受到的最大加速度冲击上，都是六种自锁底结构当中的最佳选择。

在奋斗的过程中，团队无疑也是十分重要的一环，因此团队的建立与管理显得尤为重要。作为一支大学生创新创业团队，我们在专业技能上远远不能跟商业化团队相比，但我们的目标明确、方向统一，真正能够达成价值观的共识，我们为梦想而相聚，莫论其他。所以我们可以执着地克服一个个难题。当然，我们也不是一帆风顺，每个人都会遇到人生的种种状态，每个人都有喜怒哀乐，因此如何确保团队始终保持健康运转十分重要。作为负责人，面对这一问题我也曾犯过错误。基于大家对梦想有着执着的追求，曾以大家的自主性作为推动力，但不可否认的是我们每个人都有着通病——惰性。因此定期开会，主动了解当前团队的关系氛围，团队成员的心理状态，及时反馈项目落实进展状况十分重要。我们应未雨绸缪，而非亡羊补牢。

即使有着明确的方向，志同道合的团队，我们也要面对不计其数的挑战。落实项目计划方案远没有最开始时的激情四溢，会有些枯燥，有些乏味，甚至会遇到令自己感到无力的阻力。在这时，我们需要的就是那一种近乎执拗的坚持和对自己对团队的自信。首先负责人要以身作则，以自己坚韧的意志推动项目，时刻传递给队员积极的能量。一位华东师范大学的同学的话让我印象深刻。他说，他佩服我们，因为我们坚持推进项目三年，而他在尝试过半年后就选择了放弃。坚持逐梦的人不一定会成功，但最后能收获梦想的人一定坚持到了最后。

项目在当前可插式、可堆式、折叠式包装箱的基础上进一步改进完善，克服当前周转箱的笨重缺点，方便调运。并针对特定产品设计整件箱，方便快捷。同时，可循环快递箱将大大减少包装物的使用，以实现低碳环保，保护环境。新型塑料可循环快递箱采用新型环保材料代替当前快递包装材料，其优越的化学性能及物理性能有利于快递包装箱的循环利用。从创新研究逐步转化为创新创业探索的过程令我终生难忘。有很多人质疑过我们的项目，或是商业模式，或是技术壁垒，或是资本挤压，感觉商业框架向一座大山堵在心口，难以自拔。当我们的理想被资本禁锢，那么我们也就丢失了最本质的追求——对梦想的执着。不管是技术壁垒，还是商业壁垒，这些代表的只是不同类型的沟壑，我们要做的不是望洋兴叹，而是不忘初心，执着着我们所坚持的，脚踏实地，一步步前行即可，技术壁垒不够强，我们在接下来就要改良技术；商业模式不通，我们就要请教学习，规划完善的商业模式。我们要明白从创新至创业的转化绝不仅仅是技术与资本的转化，而是对我们执着追求的理想的进一步完善。因此我们要做的不是对资本的妥协，而是与现实交接，让我们所期待的技术变革，社会进步投入实践，让我们期许的自我价值发光发热。当然，创新创业的路上远不是坚持就能克服所有困难，但对梦想的坚持却是克服一切困难的根基。

三、项目进展情况

“蓦然回首，那人却在灯火阑珊处。”可循环快递箱设计研究项目结合电商快递包装箱的现状及特点、学院实验室条件，以循环快递包装箱及其缓冲衬垫为研究对象，分析比较快递包装箱的材料，改进市场现有的循环快递包装箱及其缓冲衬垫；针对特殊商品设计整件箱。同时根据调研分析设计与之相匹配的循环系统，对其可行性进行分析探究分析。本作品结合电商快递包装箱的现状及特点，改进市场现有的循环快递包装箱材料、结构及其缓冲衬垫；采用 PP 中空板材料在当前包装箱的基础上设计；隐形锁扣盖包装箱；用于饮料运输的 20 灌装一页成型包装箱；通用缓冲衬垫。并设计与之相匹配的循环系统，以实现低碳环保，保护环境。研究过程对比分析中空板、塑料瓦楞板、纸板等，选取性能优良的材料进行分析测试，替代当前的纸质材料。并调研分析当前存在的快递包装箱，自主设计可循环包装箱，并分析其优良特性。最后针对电商中某些特定商品，设计整件箱，并进行分析。

通过为期一年的探索分析，我们团队调研完成了循环体系的构思，通过试验完成了对聚丙烯材料应用于箱体上的强度分析及对循环包装箱结构的设计及分析。中间经历了很多困难，克服了许多挑战。团队在收获了一点成绩的同时，也深知团队的不足。团队接下来将继续发扬大创项目磨炼出来的坚韧意志品质，脚踏实地，认真仔细地完成每一份接下来的任务。一步步确立自己的进展路线，为将来打下了夯实基础。

四、所获奖项

本科学习期间积极参加了国家级大学生创新创业训练项目，热爱科研、探索实践，在国内核心期刊以第一作者身份发表论文 1 篇，第二作者身份发表论文 1 篇，申请实用新型专利 2 项。参与完成了 2017 年国家级“大创计划”《可循环快递箱的设计及分析》项目。该项目入选 2018 年“第十一届全国大学生创新创业年会”，该项目荣获年会“我最喜爱的项目”。同时，本科期间参加了第十四届全国大学生课外学术科技竞赛，荣获天津市一等奖，参加了“创青春”比赛、“创新创业”训练营和学校 60 周年校庆创新创业嘉年华等活动。一直坚持在创新的路上。

五、经验体会

三年创新创业的历程，让我受益匪浅。从懵懂的参与到自我价值的认知，我深深体会到一个创新创业者的使命感与自豪感。创新创业绝不是简单的资源整合，商业运转。而是以社会责任为使命，以实现自我价值为目标，着眼于社会的痛点、难点，呕心沥血，兀兀穷年。燃烧自己所有的激情与热血推动社会的不断发展。大学四年，学校为我们筑垒的是起点而非终点。新的征程，我将继续执拗于自己的坚持，以学校为力量的源泉，肩负社会责任，努力实现自我价值。在创新创业的道路上我会勇往直前。

（天津科技大学推荐，执笔人：梅丙海、滕爽）

“丝路通”：中国对韩 B2C 全供应链一站式服务领军者

——荣成丝路通供应链有限公司创业案例

一、创业背景

（一）政策背景

2013 年 9 月和 10 月，习近平总书记在出访中亚和东南亚国家期间，先后提出共建“丝绸之路经济带”和“21 世纪海上丝绸之路”的重大倡议。中国开始不断向“一带一路”沿线国家投资建设。

从 2015 年到 2018 年，国务院先后三次设立了跨境电商试验区，在第三次公布的跨境电商试验区中，就有“丝路通”所在城市——威海市。

2019 年 1 月 1 日起，电商法实施，使得代购行业开始向正规化迈进。

（二）行业背景

跨境的 B2C 业务不比国内，中间涉及到多个环节，过程冗杂、周期长、费用高，所以中国 B2C 出口仅占了 B2B 的一个零头。而近年来中国经济放缓也使得国内市场打起“价格战”，需要扩大出口，拓展销路。可是中小企业对外的 2B 贸易让境外经销商把大部分钱都赚走了，所以非常需要能够直面消费者的、低投入的、高时效的一站式供应链服务。但中国还没有能包办从工厂到境外消费者全供应链的企业。

（三）创业起源

2017 年，创始人金贤俊先生婉拒了韩国圆光大学的“直博”邀请，只身来到了威海市。由于留学期间发现了中国对韩 B2C 贸易中供应链板块严重缺失，没有企业能包办厂家到境外卖家的所有环节，于是白手起家创业，打造属于丝路通的“全供应链一站式服务”。

二、创业故事

在 17 楼的小会议室，金贤俊把价目表拍在了桌子上、兴奋地对“丝路通”的骨干们说道：“这次韩、日之行基本已经确定了船务公司的一级代理商资格，这样咱们就能够从三级变到一级，少了两道盘剥，利润率至少能上升两个点。”从回国创业至今，已经有两年多的时间，也让他从一个风华正茂的少年变成发际线后移的大叔。

故事的开端，要从 2013 年金贤俊担任东北亚博览会翻译志愿者开始，他在这次志愿活动中结识了朝鲜春香气合作社的经理，身为中医药学子，让他对这种中草药概念的化妆品颇感神奇。几经周折之下，他也是取得了长春市和延边州的代理资格，但当拿到货的兴奋被“不需要”“我们这里有固定的品牌”这样冷漠的拒绝浇灭的时候，他的心凉了一半，不断推销不断被拒。就在他要放弃的时候，终于有一家化妆品店，接受了春香气合作社的产品。当天晚上他喝得酩酊大醉，室友们把他抬回寝室的时候，他依旧哭泣不已。金贤俊家庭优越，从小在象牙塔中生活，何曾受到过这样严酷的打击。好在他的坚持，有了第一家就有了第二家、第三家越来越多的商家认可他的产品。而他的创业故事也被母校长春中医药大学的领导知晓，推荐他参加各类创新创业比赛，也是在 14 年取得全国“创青春”大学生创新创业大赛铜奖。

随着年级渐高，他逐渐放下了生意，前往韩国留学深造。留学期间，很多同学常让他帮忙代购一些中国产品，后来他也笑着说这是市场逼他二次创业。代购得多了，也就必须和快递打交道了，不同于国内发达的快递行业，跨境 2C 物流中间涉及到了很多环节，过程冗杂、周期长，不仅是代购，跨境电商也遇到了同样的问题，而多年的生意经验，让他敏锐得捕捉到，跨境电商的供应链服务将会一片蓝海。

2017 年的夏天，他向导师交出了两篇 SCI，顺利地拿到了硕士学位，也拒绝了导师给他的直升博士机会，就这样带着 20000 元钱只身回到了离韩国最近的中国城市——山东威海，做起了跨境的快递生意。

当时发往韩国的很多货物都是通过威海中转，在那儿换上韩国的快递单，再发往韩国的，但是集货是一家，报关清关是一家，海关监管仓是一家，装卸又是一家，而他要做的就是把中间所有的过程整合起来，做全供应链的服务，让买卖双方更省心。他为公司起名：丝路通，希望能跟着国家“一带一路”倡议，通达全球。他倒是不缺客户，有之前认识的代购朋友，但是租仓库、贴面单、填写报关单、装卸等等中间的过程就只能他自己来完成了。他常常给同事们描述当年的情形：为了省钱，吃住都在仓库，下雨的时候害怕漏雨，货都是在床上，他自己蜷缩在角落里躲雨。刚开始的几个月里他是老板，也是装卸工，也是操作工。租仓库，租货车用掉了这几年他攒下的钱，为了节省开支，他没有交暖气费，仅仅靠着一张电热毯，熬过了冬天。

快递费用都是月结，开春的时候，是他正式运营的第四个月，这次结算完，“地主家”总算有了余粮，他记得非常清楚，账面剩余 98000 多元，他可以租个像样的房子，可以付首付买个好点的车，可以好好地享受放松一下，但是有个仓库，刚好招商，1000 平方米，地理位置很好，一平方米一年 100 元，刚刚 10 万元。得！大干一百天，又回到了解放前，但是更好的仓库位置和更大的仓储能力让业务量快速提升，而他也开始组建团队，招揽人手。希望能够在这小小的仓库中，建立起“丝路通”的商业帝国。

每天的发货量从 10 单、20 单，一直到上百单，因为一站式的服务体系，越来越多的客户找到了他，而快速提升的业务数据，也让下游的派送企业也找到了他，国内市场的饱和，让众多企业寻求出口途径，下游韩进集团的转型失败也迫使他们寻求 2C 路径，而金贤俊刚好站在了跨境电商出口行业的风口之上，乘“一带一路”的东风不断完善和发展业务能力。在业务快速膨胀的时期，他并没有因为突然而来的利益冲昏头脑，以服务起家，那必须以更加优质的服务回馈给客户，才能保有长期稳定的营收能力，于是他将团队拆分成仓储团队和专业化清报关团队和境外事业团队，每个团队之间分工合作，竞争评比，而他也带领核心骨干开始摸索“中国对韩跨境电商 B2C 一站式服务体系”，逐渐完成体系的方方面面，打通出口主要关节，帮助跨境电商将运营成本从 15% 降低到 10% 以下，直接为客户增加 5% 以上的利润，而且整体派送时间少了 2 ～ 3 天。在金贤俊赴日赴韩之前，在一次对“菜鸟”高层领导的拜访中对方看见名片，诧异道：“原来你就是‘丝路通’的老板，没想到这么年轻。”可以自豪地说“丝路通”这个名字在业内已经是大有名气了，据统计“丝路通”已经占据中国对韩跨境 B2C 的业务量 40% 以上，成为了世界前十物流公司韩进集团的中国独家合作伙伴和韩国趣天涉中物流业务的独家合作伙伴，几个布局的仓库也随着客户的蜂拥而至，趋于饱和，“绝对不能因为巨大的利润冲昏头脑，提供不了一贯优异的服务，那是对客户的不负责，我们必须稳步发展”。

接下来“丝路通”对内将进一步整合资源，扩大仓储配送能力，提升服务水平和服务能力，对外“中国对韩跨境电商 B2C 一站式服务体系”已经基本趋于成熟，而这种“轻资产，重服务”的服务模式，非常易于复制，依托合作伙伴“丝路通”已经实现 24 小时抵达全球收货国家，而金贤俊也希望能够将这种模式复制在“一带一路”的沿线国家，这一直是我们的企业宗旨。

“我们以丝路为名就是想让中国的品牌唱响丝路，而不仅仅是作为世界工厂，因为品牌孕育价值，价值才能包含文化。”

三、运营情况

“丝路通”的业务范围包括境内运输、清报关、跨境海运，9610 出口退税垫税、双边保税仓贮、境外派送、韩国电商平台代运营在内的全供应链服务。目前，“丝路通”事业群下辖 6 家公司，分别在对外投资、出口、境外平台代运营等几个方面分工合作，目前正在集团化的准备过程中。针对韩国业务，我们分别在威海市、荣成市，还有韩国的群山建立了 3 处仓库，威海仓库集货、荣成仓库保税、群山仓库中转保税，上游企业目前在库备货总额在 3.5 亿元左右。

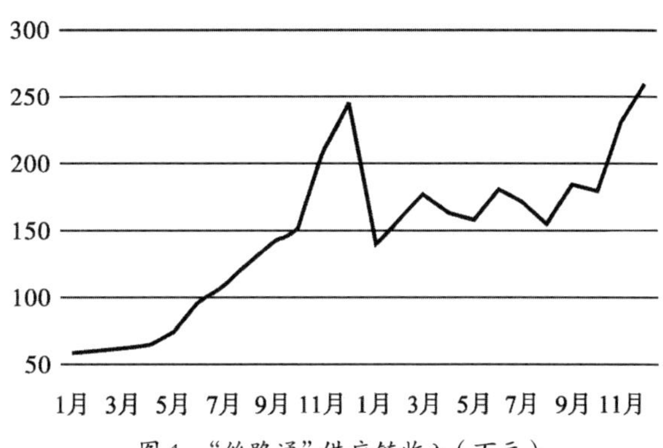

图 1　“丝路通”供应链收入（万元）

“丝路通”营收为 3 个部分：供应链收入、代运营抽成和自建站收入。

供应链方面截至 2019 年 11 月，2019 年营收 2140 万元。

代运营方面预计年销售总额约 1 亿元。

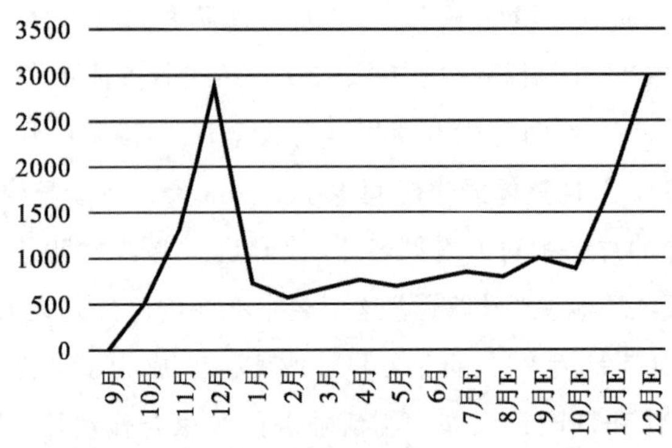

图 2　代理运营总额(万元)

自建站目前营业能力较小，暂不举出。

目前，“丝路通”发送包裹数已超过 1000 万个，可以说每 5 个人韩国人就有 1 人拆过“丝路通”的包裹，运营 2 年全面收拢了所在地区所有优质客户。并且获得政府鼓励，支持开展“丝路通物流小镇”项目。

核心优势：第一大优势，软硬件优势，公司仓库设址为—威海、荣成、韩国群山，每日货轮往返，夕发朝至。双边保税备货，时效极高，而且还建立了专门服务于对韩跨境电商的 ERP 系统。第二大优势，合作优势：“丝路通”为韩国最大世界前十物流公司——韩进集团中国区特约总代理，已经签署了长达 5 年的排他协议，中韩业务中我们的快递费比国内知名友商便宜一半以上，快 2 ～ 3 天。另外我们还是南京电子口岸的战略合作伙伴，通过这个平台，我们成为了国内少有的为跨境 B2C 企业提供出口退税的公司，累计退税近 2000 万。9 月 17 日我们成为了韩国趣天涉中物流业务独家合作伙伴。第三大优势，团队优势。我们的仓储物流团队专门深耕跨境电商行业，为客户定制每一单的行程，而专业化报关团队已经实现产品的入库出库、报关清关，再到登船的无缝衔接，最快 1 天能到韩国，做到中国最快。另外，我们还拥有国内最优秀的韩国电商运营团队，去年 12 月我们曾运营某公司 NAVER 平台的店铺，单周最高销量突破 5 亿韩元。

四、所获奖项

1. 吉林省高校毕业生十大“创业先锋”；
2. 第五届全国“互联网 +”大学生创新创业大赛主赛道银奖；
3. 吉林省“青春创客”大赛第二名。

五、经验体会

公司运营2年来，从一天10单到今年“双十一”期间一天1.1万单，“丝路通”享受上了国家的政策，也响应了国家的号召，“丝路通”人坚信跟着国家，才能获益。

这些年来“丝路通”人去过很多国家与地区，很多“一带一路”沿线国家人民已经享受并且爱上了新颖、耐用的中国品牌，华为就是很好的例子。但是不是每个企业都能在全世界开店，很多外国人购买平价中国产品的唯一方式竟然是通过留学生代购，中小型制造企业没有能力打通跨境出口过程中的数十个步骤，于是境外经销商肆意加价，正因为此，“丝路通”才定下了“独行出口，创汇为民”的企业宗旨，我们希望能帮助中国的品牌出口走向世界，我们的仓库中有着2000多个中国的中小品牌，他们的产品无不质优价廉，他们只有几个点的利润空间，如果自建团队进行外贸，他们将付出更大的成本，而“丝路通”通过商业模式的建立，已经将物流的成本降低至10%以下，可以说“丝路通”就是跨境电商企业直面消费者的最佳选择。

随着业务的逐渐稳定，“丝路通”已经度过了最初的创业阶段，正向着集约化迈进，就在发稿前，“丝路通”团队接受了威海市市政府的会谈邀请，会议上副市长指出，在市区两级帮助下，将会大力推进“丝路通跨境物流小镇”项目全面进行，以“丝路通”为先锋，打造威海市跨境电商出口新模式。

（长春中医药大学推荐，执笔人：李博文）

窝边优选：全国最大的校园会员制电商平台

——上海责己网络科技有限公司创业案例

一、创业背景

近年来，我国的在校大学生人数不断增长。据统计，2016 年我国大学生人数达到 3741w。庞大的数量基数也创造了千亿级别的市场规模，《2016 中国校园市场发展报告》（以下简称《报告》）显示，2016 年中国大学生消费市场总规模达到 6850 亿元。

《报告》中还提到，影响大学生消费决策的因素包含有社交媒体、视频广告等。通过对大学生获取商品信息的调查显示：大学生主要以朋友推荐、社交媒体广告、电商和厂商推送、电视广告、明星网红推荐等 7 种方式获取商品信息，其中大学生获取商品信息最信赖朋友推荐，社交媒体广告是大学生获取商品信息的第一媒介，信息源占 45.1%。

研究发现，大学生作为互联网的原住民，在资讯获取上呈现社交化、个性化、时尚化、轻量化休闲四大倾向。在大学生的媒介使用习惯方面，新浪微博以 61.2% 的使用率高居第一，其次为今日头条和微信公众号。另据《2016 微博用户发展报告》显示，微博用户拥有大学以上高等学历的占比高达 77.8%，这也说明微博等社交媒体早已融入大学生群体的日常生活，已经成为大学生第一媒介信息源。

社交媒体的发展和用户消费习惯的变化推动着电商领域的变革。牛瑞东认为，社交电商改变整个电商的格局主要体现在三点：一是让整个电商领域向细分化发展，提高用户的消费体验。例如，“唯品会”针对女性消费，“贝店”注重服务宝妈，“每日一淘”专注于生鲜产品；二是社交电商可以为自由创业者提供创业平台；三是社交电商会赋能给一些没有品牌化的商品，节省其营销成本。

从经济来源上看，93.3% 的大学生生活费来源还是靠家庭支持，43.2% 的学生已经采用各种形式的打工兼职，来补充生活费。其中以网店、微商和代购为代表的个体经营，以及网红、主播和个人自媒体为代表的自由兼职成为大学生群体基于新媒体的主要赚钱方式，占据了 15% 的赚钱渠道。

紧抓电商的社交属性，专注于大学生市场，窝边优选既是学生购物的不二之选，也是学生轻创业的最佳平台。

二、创业历程

牛瑞东是一位连续创业者，系 Mini 创业营六期学员，获中国“互联网 +”大学生创新创业大赛金奖、“创青春”全国大学生创业大赛金奖等各级赛事荣誉数十项，大商学院、Mini 创业营学员，江苏大学等多所高校创业导师，曾入选人才项目“金山青年创业英才”计划。

2014 年 11 月，牛瑞东机缘巧合地参加了校内举办的大学生创新创业讲堂，并在台下听取了以往创业者的经历，于是牛瑞东开始设想自己的创业思路，他根据自己的学生干部经历写出了人生的第一个商业计划书——“微寻赞助宝”（一个帮助大学生社团、学生会拉赞助的平台）。几番周折，牛瑞东将这个创业想法转达给台上的演讲者后（也是后来的天使投资人），开始做第一个大学生创业项目，并获得了投资人 5 万元的种子基金来做项目测试。

在 2015 年暑假，牛瑞东阅读了第一本关于互联网的书籍——平台战略。牛瑞东认为“微寻赞助宝”就是这本书中所阐述的不能成功项目，根源在于用户转换成本低，也就是说用户可以很轻而易举地从一个平台转移到另一个平台上（如果另一个平台给的赞助多）。所以他用了一个晚上的时间，痛苦地写了一封邮件给投资人表达这个项目不能持续下去的想法。

但在 2015 年春节诞生了一个新的东西——微信红包，牛瑞东看到了机会，他认为红包极符合人性，也符合游戏改变世界的四条定理：1. 宏大的统一目标（大家都想抢大红包）2. 清晰的游戏规则（随机分配金额的大小）3. 及时的反馈（点开红包的一瞬间钱自动到我们的钱包里）4. 自愿参与（我们都是自愿参与抢红包，没有人在背后用枪指着我们必须要抢）。所以牛瑞东设想，可不可以把赞助信息也放在红包里，例如很多的商业推广信息和校园周边的商户推广信息，这样既省去了商户发传单这样传统的推广方式（既不环保，且宣传不精准），校园大学生又可以以抢红包的形式阅读商户广告信息。牛瑞东再设想：既然商户可以发任务，学生与学生之间是不是也可以发任务广告，可不可以把代拿快递这样的任务也写到红包里去呢？继而就产生了三种红包方式：赞助红包、广告红包、个人红包。而这个设想和模式竟然给牛瑞东的创业项目融资到了 100 万，也催生了牛瑞东第一家创业公司——镇江市红包兔信息技术有限公司的成立。

当时恰逢“饿了么”刚开始进入江苏市场，牛瑞东创业项目的商业模式模仿“饿了么”着力进军校园市场，每周的逢单日他们在校园疯狂扫传单，让大学生接受认可，一段时间内“红包兔”成为了“大学生上卫生间不用带纸的神器”。但长期下来，牛瑞东发现“红包兔”最终并没有被大学生真正使用，这样伪需求的核心在于：流量获取难，没办法让一所学校三分之二的大学生一下子成为他们的客户，导致供需关系不平衡。所以，“镇江市红包兔信息技术有限公司”这个创业项目从 2015 年 3 月做到 2016 年 6 月，共盈利 310 万（其中 150 万为各项创新创业赛事奖励，60 万仅为公司盈利）。此时此刻，牛瑞东面临了新的选择和境遇，他开始思考如何解决自己固定和主导需求端的问题，并开始探索“S2B2C”的商业模式。

三、运营情况

大学生消费能力有限，但潜力无限。围绕着大学生这一庞大的消费市场，各行业拓展以及创业行为都迅速涌入校园，“饿了么”“OFO 共享单车”等均从大学生市场开始创业，电子商务、消费金融等行业亦将大学生市场视为最重要的阵地。

“窝边优选”创始人牛瑞东深挖四年校园市场，团队拥有全国 150 多万校园活跃粉丝作为市场裂变的基础，拥有 1000 个潜在待激活的合伙人，可快速在学校里积累第一批客户进行裂变。具体分析窝边优选的市场前景，牛瑞东认为“窝边优选”市场用户主要有三个特性：

互补性：目前市场上的社交电商平台主要直接用户群体为 28 ～ 35 岁，连接用户为 0 ～ 5 岁与 55 ～ 65 岁。“窝边优选”直接用户为 18 ～ 26 岁的大学生群体，连接用户为 45 ～ 54 岁，巨大的互补性为“窝边优选”创造了一个万亿级市场。

增长性：每年有 800 万大学生入学，能源源不断地为平台输送用户，加大平台市场占有率，平台可顺利从大学生时代“截胡”用户。

成长性：新生代用户的消费习惯变迁，社交软件的参与感带来的电商 3.0 的机会，有巨大的市场容量可以增长。

2018 年下半年，牛瑞东在上海成立了“窝边优选”（上海责己网络科技有限公司），获得了伯藜创投、唯品会 CFO、尚高资本 MD 等投资的千万级天使融资，以及起点资本领投、伯藜创投跟投的千万级 Pre-A 轮融资，公司目前有近百名员工，仓储总面积超过 1 万平方米，公司总部设在上海，分部在南京。在这一转型过程中，牛瑞东的“窝边优选”用了 2 个月的时间，进行了江苏、安徽等地数个城市的大范围市场拓展，月销售额达数百万，并且保持月增长 150%，显示出足够的爆发力。牛瑞东告诉我们，窝边建立成熟的晋升体系，为学生轻创业保驾护航。平台旨在“好物不贵，分享更美”，为学生搭建“窝边创业者学院”，店长从新生到组长，到班长再到辅导员让成长可见。店长可自由在自己的社交媒介传播商品或平台，邀请新店长入驻，每一次的团队扩大都能获得更高的奖励，直至成为窝边的合伙人。

牛瑞东告诉我们，窝边优选计划今年年底融资 3000 万，专注于拓展 SKU，从低价高频的快消品 SKU 切入，增加美妆、3C、服装等 SKU，满足大学生用户的 50% ～ 60% 的生活需求；拓展市场，将目前 2000 余个校园电商社群、150W 粉丝进行裂变，并完成 10 万名店长的招募，实现月流水 3000 万；拓展技术，逐渐增加用户体验，从微信 H5、小程序延伸至体验更佳的 APP；打破壁垒，开拓 100 个线下前置仓，覆盖 1000 万大学生。

四、所获奖项

1. 第五届中国“互联网 +”大学生创新创业大赛金奖；

2. 中国社区团购平台 TOP20；

3. 哈佛商学院全球商业创新大赛亚太赛区银奖；

4. 网易中国创业家大赛上海总决赛十强。

五、经验体会

牛瑞东总结自己的创业经历，感悟颇深，他始终认为创业是一项充满挑战的事业，一个具有创业愿望的大学生能否最终走上成功创业之路，与他是否相信自己可以在激烈的挑战和竞争中胜出有着直接的关系。同时，大学生实践创业也是一个不断探索的过程，在这个过程中可能会遇到挫折和失败。所以大学生是否自信、能否在挫折和失败中重新振作，对于创业能否成功至关重要。首先，创业要先找到创业的初心（也就是愿景），只要初心是对的（道层面），商业模式是可以不断迭代的（术层面）。其次，创业最重要的是不要下赛道，只要还在创业，只要还在这个赛道上，如果遇到了机会（天时、红利），就一定会是一个能享受红利的企业。最后，创业是一个“借假修真”的过程，要做好一家企业，使之盈利甚至上市，其实是假象，真相是创业者本身是否通过创业的这段修行，增长自己的认知获得指数。

牛瑞东说：“创业可能会失败，但是创业者是不会失败的，创业过程中，你在心智、认知上会获得很大的提升。”

（江苏大学推荐，执笔人：赵金宇）

假发新“丝”路
——许昌宅宝饱公司创业案例

一、创业背景

全球发制品市场规模持续稳定增长。中国是全球最大的发制品生产基地和发制品出口国，超过全球发制品总出口总额的70%。据统计2018年中国发制品出口总额为36.21亿美元，超过全球发制品总出口总额的70%，其中96.83%的出口份额集中在北美洲、非洲、亚洲以及欧洲，其中北美洲和非洲的占比分别为39.05%和36.92%。

河南许昌及周边地区是全世界最大的假发生产基地，2018年河南省发制品出口总额占中国发制品出口额的51.37%。经过百年的发展，许昌发制品现在已实现由真人发产品向化纤发产品、由粗加工向深加工、由单一产品向多样化产品转变。2013年，党中央提出“一带一路”的多边区域合作战略之后，发制品跨境电商也迎来了新的发展机遇。首先，它为公司跨境电商业务的发展营造了一个良好的政治环境，其次在海关和税收方面，效率有了大幅度地提升。在“丝绸之路经济带”沿线进行基础设施的建设，大大提高了出口商品的物流时效，通过“21世纪海上丝绸之路”对非洲的投资，让许昌发制品企业在非洲的出口额实现了飞速的增长。因此，许昌不仅仅有瑞贝卡这样的假发上市公司，同时存在着大大小小的发制品出口公司200多家，发制品从业人员近10万人，发制品产业链条从业人员超过50万人。2018年中国发制品出口总额为36.21亿美元，其中许昌及周边地区超过中国发制品出口总额的50%。

二、创业历程

许昌学院2016届毕业生程立强和李国超一起创办了假发跨境电商出口项目，该项目于2015年注册成立许昌市宅饱宝电子商务有限公司，这是一家集发制品销售服务于一体的跨境电子商务公司。

公司以B2C跨境电商直销1.0的零售模式切入市场，从许昌假发厂家直接进货，依靠“亚马逊”“速卖通”等平台迅速打开市场。截至2018年公司的营业额已经达到了1469万人民币，同时每年可以保持300%的年复合增长率。在初步了解行业规则之后，公司有了自己的发展目标与行业定位并决定扎根假发行业，从公司初建至今管理层制定了促进公司发展的战略规划，从最初的跨境电商1.0发展战略一路走来，公司取得了卓越的成绩，近年来随着公司的快速发展，已经有了成熟的产品供应链以及稳定的目标市场和客户群体。为了适应快速变化的市场环境以及跨境电商发展的大趋势重新进行战略规划与布局，转型促发展，目前公司已经开启了跨境电商 2.0 发展战略模式。从用户倒推产品，从产品定制、品牌定位、社交电商以及用户数据管理 4 大领域理顺整个跨境电商“产—供—销”体系。目前，公司主要经营的产品有化纤发、模特头、假发配件等一系列产品，主要经营的跨境电商平台有“亚马逊”“速卖通”“Wish”等，其产品均排在同行前列。公司目前已完成品牌注册 4 个，品牌授权 5 个，其中 Beyond Beauty 在亚马逊假发品牌具有较高的知名度，Silky Strands 在速卖通平台也具有一定的影响力。

公司 1.0 发展战略主要以借助速卖通、亚马逊等平台进行假发产品线上零售为主，其最终目的是促进产品成交。此外在 1.0 发展战略中公司产品供应主要以小批量、多批次的购进当地假发生产厂家的产品，公司收入的主要来源是产品批发价和零售价之间的差额。2.0 发展战略主要以跨境电商为主，在 1.0 的基础上增加了产品定制化、品牌化，从产品的本质上即产品质量和价值进行提升，通过个性化定制满足了客户不同的需求也为公司带来了更多的 C 端用户。通过产品品牌化公司有了产品的议价权，打造属于公司自己的品牌，使得公司在定价策略和营销策略方面有了更大的主动性。

公司倡导并践行将电商工具融入到“假发垂直行业深耕”的发展模式，借助跨境电商平台进行假发产品垂直化细分，开拓国内外细分市场。这也是公司未来的 3.0 发展战略目标。公司从战略抉择上主动放弃真人发产品主打化纤发以及化纤发类目中的细分产品。通过加大对化纤发产品的研发投入，从化纤发的原材料到产品质感、美感入手打造多元化的化纤发产品，专注于化纤发销售，最终奠定公司在发制品行业中化纤发产品的行业领先地位。

公司目前经营的平台有“亚马逊”“速卖通”“Wish”“阿里巴巴”国际站。主要营业收入来自于亚马逊和速卖通，跨境电商出口零售平台近两年的迅猛发展，正在悄然改变着传统外贸出口 B2B 的格局，截至 2018 年跨境电商出口零售已从 2013 年的 14.1% 增长到了 19.7%。跨境电商作为近些年电子商务最快的增长点，不仅受到众多公司的青睐，同时得到了国家的大力支持。据统计 2018 年跨境电商的交易规模达到了 9 万亿元，超过中国进出口总额的 30%，其中跨境电子商务出口规模占比达到 7.89 万亿，占跨境电商交易规模的 78.11%。我国作为电子商务强国，越来越多的传统外贸公司开始转型做跨境电子商务，行业从业人员也呈快速上升趋势。“一带一路”政策的实施，为加快跨境电商出口物流，提高通关效率提供了便利，跨境电商海外园区的建设，又为物流、海外仓、保税仓提供了良好的发展机遇。2018 年，国务院相继出台了 8 条措施支持跨境电商的发展，如使贸易更加便利化、提高出口退税比率等；2018 年 11 月份，李克强总理在国务院常务会议上又提出支持跨境电商出口，研究完善相关出口退税等政策，这些政策都有利于中小企业开展跨境电商实践。

三、运营情况

公司开始以 B2C 跨境电商直销 1.0 的零售模式切入市场，以低成本货源进入假发市场，从许昌假发厂家直接拿货，降低产品成本和仓储成本，依靠亚马逊、速卖通等平台迅速打开市场。2015 年本公司的营收只有 27.4 万，到了 2018 年有了大幅度的增长，增长到了 1469 万，预计 2019 年，公司销售额将达到 3000 万元，利润为 500 多万元，每年保持 300% 的年复合增长率。

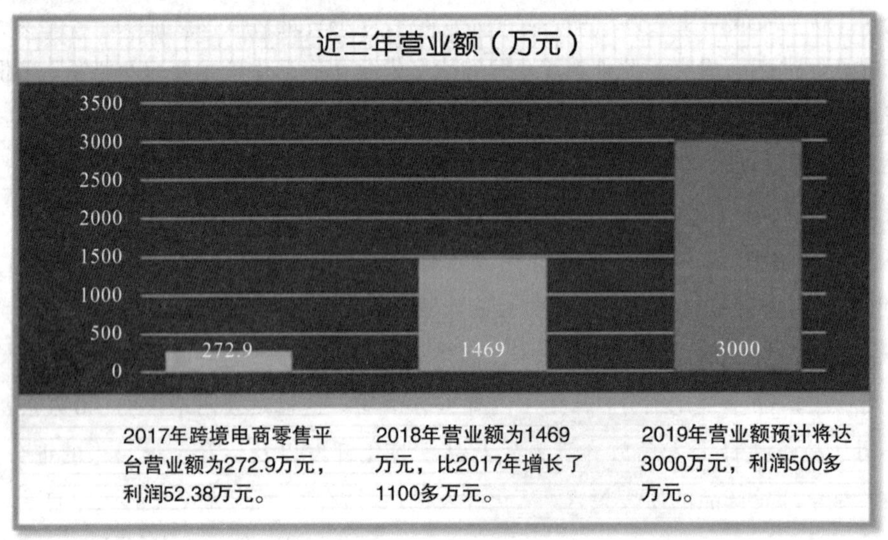

图 1　近三年营业情况

公司为了开拓市场，减少单一途径带来的问题，开拓了亚马逊、速卖通、Wish、阿里巴巴国际站等平台，B2B 与 B2C 渠道相结合，通过多渠道的销售模式来增加竞争力。

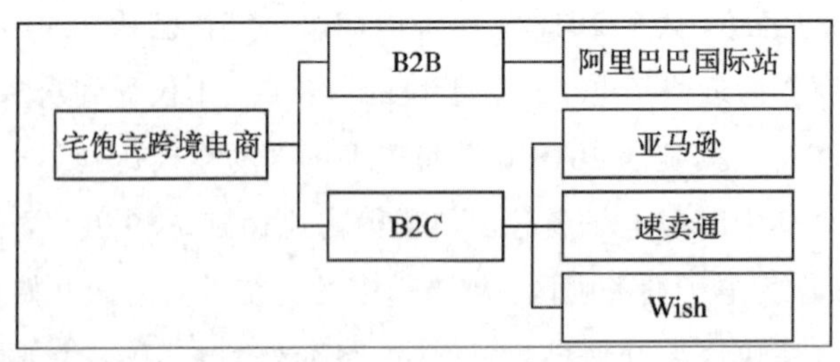

图 2　公司销售模式

公司的 B2C 业务经过四年时间的发展已经逐渐成熟，到达了开展 B2B 业务的时机。2019 年公司在阿里巴巴国际站，品牌名为 Beyond Beauty Spring Twist，大量开展 B2B 业务，与企业和小型批发商接触，提高产品销量，开拓市场份额。目前国际站销售额已达 10000 美元，店铺级别为 3/4 钻。

电商操作“七分在选品，三分在运营”，在选品方面我们通过数据分析、观察同行、厂家反馈三个方面协同推进。首先数据分析方面，通过站外 Google 寻找有关经营品类关键词的搜索量，来判定产品的大致趋势，同时根据自己的供应链来判定是否开发某种产品。此外，公司还会通过站内最新热销商品，来查找适合的产品。另外，通过关键词搜索结果来确定产品的热度也是一个重要的参考指标。其次，同行观察上，每天营销人员的一项工作，就是上去看一下对方是否有上新的产品。如果有，就进行后续的分析工作，积累的产品多了，就知道哪一个产品最适合接下来开发。最后，在工厂及客户反馈方面，及时跟工厂进行沟通，发现其他订单量比较大的品类或者其他厂家正在做的款式，寻找适合在网上进行销售的产品。公司客服人员一般都会有客户的私人联系方式，客户需要新产品会询问客服人员，一般客户接触到的新产品大都是国外大品牌的产品或者社交网络上最新流行趋势产品，这样公司就可以对好的产品进行研发，作为公司下一款在网上进行销售的产品。

要想做好电子商务平台，手里有了好的产品还远远不够，还需要在产品信息包括主图、标题、详情页上下足功夫。“酒香不怕巷子深”这个谚语在电商平台上是行不通的，做好基础工作，优化好自己产品信息也是至关重要的。主图方面如果达不到高端大气、上档次的要求，我们就一定要做到简洁大方，主图的好坏影响着产品的点击率，只有客户点进来我们的产品详情页面，才能形成转化购买。产品的标题一方面影响着产品的搜索流量，另一方面也影响着买家的购买行为。首先，我们在标题中排好我们的关键词，尽量把重要的词放在标题前面和尾部符合机器抓取的习惯。其次，我们不能为了单纯获取流量把大词全部放在标题中，标题中的词语应该跟我们的产品是相关的，这样客户看到才会产生购买欲望。详情页是买家下单前最后浏览的内容，所以在这里我们会把产品的特点清晰明了地展示出来，同时给客户最大的优惠，转化成最终的订单。

在产品的推广方面，我们采用了站内广告推广与品牌推广相结合的方式。电商平台最重要的流量来源方式就是通过站内广告投放，一方面在新品开发阶段，它可以为产品带来更多的流量，另一方面当产品处于领先阶段时，可以帮助我们占据有利位置，巩固我们的排名。好的广告会给店铺以及店铺里的商品推广带来很大的帮助，不仅能使店铺里商品得到很大的曝光度，还能提高自然排名。品牌推广方面我们会从电商平台以及社交平台去推广，站内品牌推广方面，最重要的是通过品牌头条广告，头条广告主要是将自己的品牌及有代表性的产品展示在买家搜索页的最上面的位置。这类广告买家可以通过搜索关键词，类目索引以及品牌名搜索来看到，买家可以通过点击头条广告进入店铺浏览品牌下面的产品。站外推广方面，我们会根据不同的社交平台实施不同的营销策略。Facebook 上面我们主要的推广方式是通过群组进行折扣营销，另外在品牌主页及时更新我们自己的新产品。在 Instagram 上，我们会发布自己产品的图片以及买家秀，让客户通过账号进入店铺，在 YouTube 上，我们也会找适合我们自己的网红，免费赠送产品。

公司目前也在进行着自己私域流量的建设，打造自己的跨境电商 3.0 模式。我们会在国外主流的社交平台上建立自己的品牌主账号，之后通过搜索引擎广告、社交平台自身广告等形式推广品牌的影响力。我们会在这些社交平台上通过发 Coupon、趣味问答、发新产品来增加粉丝，当粉丝达到一定数量之后，再进行公司的产品推广。另外，公司也会通过联系平台客户关注、在社交平台做广告的形式来增加自己的粉丝量。

四、所获奖项

2019 年 8 月，项目获得“互联网 +”创业大赛河南赛区第一名。

五、经验体会

公司创始人为许昌学院 2016 届毕业生，于大二开始创业，入驻学校创新创业基地。对于大学生创业，学校给予高度支持，给与扶持政策，经过四年的发展，公司业务逐渐成熟，与学校深入开展合作，作为学校学生实习产业基地之一。

在许昌跨境电商人才越来越缺乏的情况下，公司人才储备良好，得益于公司与地方高校的深度合作，公司从成立之初就在许昌高校进行办公，深入了解学校发展与学生学习情况。公司与许昌高校联合成立了跨境电子商务实验室，公司为相关专业的人提供专业的技术培训，高校为企业输送高质量的跨境电商人才。同时公司也为在校学生提供实践的机会，目前公司 16 名员工中，有 14 名都来自许昌学院及周边高校，同时公司每月为学生提供兼职 150 余人次。

虽然公司已经在第三方平台形成了一定的品牌影响力，但是相对于国内及日本韩国、美国的大品牌还有一定的差距，所以应该以电商平台为主，扩大自己品牌的影响力。同时加快产品研发部署，提高品牌产品的知名度。同时，在客户管理方面，应该采取更科学、更高效的系统，真正树立自己的品牌形象。

（许昌学院推荐，执笔人：刘杨）

以心养心，筑心未来

——京师筑心团队创业案例

一、创业背景

今天，中国正在实现两个百年目标的道路上稳步前行，但建设全面小康社会之路并非一马平川。其中最大的困难之一就是扶贫工作。

《2015年世界发展报告》明确指出，贫困不应仅从物质资源的匮乏上找原因，还需要从贫困主体的主观思维上加以认识。要提高贫困识别的精准性和帮扶策略的有效性，贫困群体的心理资源评估与帮扶是不可或缺的一环。由此可见，扶贫工作并不仅仅是让人民生活富裕，其中更加重要的一环是帮助贫困群体建设健康、乐观、向上的心理状态。“扶贫”必须先“扶心”“扶志”。

同时，贫困地区儿童的心理教育是贫困群体心理帮扶的重要组成部分。《国家贫困地区儿童发展规划（2014—2020年）》指出，儿童发展是阻断代际贫困的根本涂径。

但是，令人担忧的是，贫困地区的儿童正面临着严重的心理健康问题。2015年21世纪教育研究院发布的《教育蓝皮书》指出，贫困地区学龄儿童心理健康状况堪忧，在性格、情绪、行为、人际关系、学习适应等方面都表现出比大城市学龄儿童更多的心理问题，尤其是离家出走、逃学、偷窃、破坏财物、作弊等严重行为问题方面的发生比例几乎是大城市儿童的两倍甚至好几倍。乡镇中心校学龄儿童的心理健康状况尤其差。

《中国心理卫生》《中国临床心理学》等相关研究发现，贫困地区留守儿童的抑郁、自伤、自杀的概率显著高于正常儿童群体。社会上关于贫困地区儿童辍学、自杀、犯罪等新闻的增加，让我们愈加意识到在对贫困地区儿童扶贫支援中，扶志和扶心的重要性。

对于贫困地区儿童心理健康建设，中央给予了高度的重视。习近平同志《在中央经济工作会议上的讲话》指出:“不要让孩子输在起跑线上，尽力阻断贫困代际传递。”2015年，国家国务院办公厅发布了《国家贫困地区儿童发展规划（2014—2020年）》，进一步重视国家贫困地区儿童发展，促进贫困地区儿童发展是切断贫困代际传递的根本途径，是全面建成小康社会的客观要求，也是政府提供基本公共服务的重要内容。《国务院办公厅转发教育部等部门关于实施教育扶贫工程意见的通知》指出，要把扶贫纳入基本国情教育范畴，加大教育扶贫宣传力度，营造全社会参与支持教育扶贫的氛围。

一直以来，北京师范大学的学子心系祖国，渴望为建设祖国、脱贫攻坚贡献自己的绵薄之力，京师筑心团队的创始人徐晓丹博士也不例外。基于上述社会背景，徐晓丹博士提出了扶贫扶心的计划，并得到了广大师生的一致支持，甚至学校就业中心的老师也提供了专业的创业咨询，这大大增加了其创业的决心。

但是，从创业伊始，团队就遇到了许多难题：

第一，团队成员如何将自己在学校所学知识与扶贫工作结合起来，如何从专业的角度开展科学的心理扶贫？

第二，团队成员基本都为高校的学生，无法天天坚守在“扶贫一线”。而心理扶贫不是一朝一夕的事情，如何开展持续的扶贫？

第三，如何获得扶贫的资金来源？

理想很丰满，现实很骨感。虽然团队所有成员都抱着满腔热血，期待大展拳脚，但是面对这一系列的问题，团队似乎陷入了困境。

在不断的讨论、观察和探索过程中，京师筑心团队想出了一个扶贫好方法：“以心养心，筑心未来。”考虑到市场上缺乏对儿童青少年全面而且系统的心理测评和心理服务，无专业的工具和服务及时监测儿童青少年的心理健康状况，更无专业而有效的干预手段，京师筑心团队也为普通中小学生提供心理服务，并利用其中获得的一部分收益，为贫困地区青少年提供可以负担的心理服务，以此获得持续的扶贫资金来源，从而保证了扶贫工作的持续性。

至此，京师筑心团队确立了自己的核心目标：“打造新时代的心理健康教育。”团队正式走上了研发、创业的道路。

二、创业历程

京师筑心团队的创业主要分为四个阶段：概念开发与产品规划；详细设计；小规模适用；大规模推广及未来发展。

第一阶段：概念开发与产品规划。京师筑心团队细致了解心理健康教育市场痛点，国家对于心理健康教育的重视程度，深入中小学提供免费的心理健康服务，了解学生、学校、家长的需求与痛点，初步确定了心理健康课程的框架和心理健康服务体系（心理课程1.0版本，心理咨询）。

第二阶段：详细设计。团队在研发的过程中以哈佛大学的多元智能理论、Martin E.P. Seligman的积极心理学理论及Gallup George Horace的优势识别理论为理论基础，项目成员的科研结果为现实依据，认知神经科学测评（fMRI、ERP等）、游戏测评及问卷测评为技术支撑设计了一套针对中小学生的测评体系和服务内容，在服务中使用游戏测评和脑科学测评的方式对学生的心理健康和优势进行了测评，并针对得出的数据对服务方式和方案进行了调整。

第三阶段：小规模试用。京师筑心团队的该成果已经在海口市和奉节县进行了一系列检验，通过与重庆奉节县教育局、海口市市团委签订合作协议，并借助第三方公司的人力，京师筑心项目共服务约 40000 人次，内容主要围绕“心理体检（心理测评）+ 心理服务（心理课程、闪亮特训营、线上及线下的讲座、心理团体辅导展开）”。

第四阶段：大规模推广及未来发展。在 2019 年内，团队将完成京师筑心小程序、APP 的研发，完成“京师筑心”公众号，形成样板测评，完善项目运营的系统化方案，形成核心竞争力。同时团队将对脑科学测评进行升级。现有的脑科学测评仪器费用高昂，增加了测评成本，团队进一步研发亲民的脑科学测评仪器，使之更易推广施行，已初步拟好设计框架，硬件设备在接洽中。团队还将优化服务成果的量化指标。心理咨询、心理健康课程的质量与效果可以为后续的服务方案提供指导性建议，虽然该成果有专业的师资队伍来提高咨询与课程的质量，但是效果如何评估还需要进一步的研讨与设计。为此，项目组计划引用干预研究的范式，帮助评估咨询与课程的效果。以期应用结果与科研成果项目相互转化促进。

三、运营情况

京师筑心团队研发成果已经在海口市和奉节县进行了试用，并取得了优秀的成果：

（一）海口市京师筑心项目执行效果

2019 年 3 月至今，团队通过电话、网络、现场授课等多种形式开展未成年人心理健康教育，助力广大青少年健康成长，通过海口市未成年人心理健康辅导站开展现场授课、公益讲座、团体辅导、个体辅导等心理健康教育 120 场次，3 ～ 10 月共计服务人数约 3400 余人。学生咨询量增加了 1.5 倍，当地人民网等媒体多次报道。并与海口市团委达成一致，计划 2020—2021 年完成海口市 31 万中小学生的心理体检，并重点服务 5 ～ 7 所学校。

（二）奉节县京师筑心项目执行效果

团队针对儿童在心理体检与个体咨询中反映的共性问题，为重庆市奉节县奉节中学、永安中学、夔门中学开展初一、初二、初三、高一、高二、高三共 38000 人次开展心理健康课。 包括人际交往、情绪应对、拒绝校园欺凌等主题。通过对学生进行授课的形式，使学生增强了对自己心理状况的认识，在一定程上提高了学生的心理健康水平。

团队为奉节县 33 所中学、96 所小学校长及 49 名幼儿园园长开展心理健康公益讲座。通过讲座刷新了学校领导对于心理健康教育的认识，加深了对心理健康的理解，增强了对学生心理健康的重视。

团队为奉节中学和永安中学约有 4862 名初一、初二、高一、高二的学生参与了心理体检抽样调查。该调查筛选出了心理健康低于正常水平的学生，并为每个学生建立了属于自己的心理档案。心理档案为进一步给学生进行心理帮助提供了现实依据，筛选出了心理健康水平较低的学生，针对这些学生，项目组为期制订了心理干预计划。

通过研究心理体检抽样调查结果，团队发现约59.6%的学校存在不同程度的心理困惑或心理问题倾向，其中100人（总分≥65分）可能存在严重的心理问题倾向，为避免恶性事件发生，造成不可挽回后果，面向全体学生开展心理咨询服务，对其中100人给予重点关注和多渠道干预，12月中旬开展干预后测，以考察干预效果并制定后续干预目标。

另外，团队主要采用线上线下相结合的心理咨询方式为学生提供日常心理咨询服务。部分学生到学校心理咨询室进行了个体心理咨询，另有部分同学进行线上咨询。咨询内容涉及学习压力、亲子关系、同伴关系、早恋等。团队为了能及时为家长答疑解惑，并为日后线上测评（app和公众号）引流，建立了一批京师筑心家长群。

京师筑心团队已与重庆市奉节县教委达成一致，2020年完成重庆市奉节县13万名中小学生心理体检，重点服务学校将增加至6～8所学校。

（三）项目小规模运营总结

1. 合作单位。目前，团队与奉节县教育局、海口市团委建立了合作关系，为项目寻找到了试点基地。目前，团队已服务约40000人次。

2. 成长大数据库初步建立。通过心理体检，团队为奉节、海口两个地区参与测评的学生建立了初步的成长大数据。往后的测评结果是在此基础上的更新与累积。

3. 心理健康状况的分级预警。通过心理体检，团队发现有约59.6%的学生存在不同程度的压力与情绪困扰，这些学生有的是一般心理问题、有的是严重心理问题。一方面，团队为学生们提供了多样化的心理咨询途径，另一方面，团队将持续关注这部分学生的心理健康状态的变化。未来将实现多渠道干预、成长档案等工作。

4. 心理讲座与课程的规划。根据心理体检的结果，团队大致了解了学生们的心理困扰分布在哪些方面，据此对讲座与课程的内容重新做了规划，更契合学生的需求。

5. 媒体报道。团队在奉节、海口两地开展的心理服务工作得到了当地媒体的关注与报道，扩大了项目的社会关注度。

九、所获奖项

京师筑心团队获得了社会各界的认可，荣获：

1. 2019年北京师范大学创新创业大赛创意组金奖；

2. 第五届中国“互联网+”大学生创新创业大赛（北京赛区）一等奖；

3. 第五届中国教育创新成果公益博览会第二届大学生（研究生）教育创新创业大赛银奖；

4. 第五届中国教育创新成果公益博览会第二届大学生（研究生）教育创新创业大赛“最佳人气奖”。

十、经验体会

2019对于京师筑心团队最大的体会莫过于两个关键词“感恩”“可期”。

京师筑心团队感恩国家的创新创业的政策，感恩北京市教委、北京高校大学生创工业提供的孵化支持等服务，感恩第五届“互联网+”大学生创新创业大赛给予的认可，感恩北师大心理学部的学科优势，感恩北京师范大学中国教育创新研究院的官方推荐，感恩北师大创新创业中心给予的支持与肯定……基于这么多的支持政策，京师筑心团队对未来充满信心。

联合国儿童基金会发布的出版物《2015年中国儿童人口状况——事实与数据》表明，到2015年，中国共有儿童（0～17岁）2.71亿人。《中国中小学生心理健康发展报告（2019）》指出，90%的中小学生存在发展性问题，40%中小学生存在适应性问题，9%的中小学生存在障碍性问题。无论是贫困地区，还是城市地区，中小学生心理健康状况不容乐观，京师筑心团队将所学知识与扶贫工作结合起来，从专业的角度开展科学的心理扶贫、开展持续、有效的心理扶贫工作，通过专业服务引导贫困山区的孩子遇见优势的自己，构建健康的未来，阻断代际贫困。京师筑心致力于通过科研创业解决社会问题，用商业路径实现社会效益，打造新时代的心理健康教育。

2019对于京师筑心团队是不平凡的一年，谁也未曾预期科研创业会有这样的奇妙曲折的经历——有困惑有成长，有挫折有激励，但归根结底这一切很美好！

（北京师范大学推荐，执笔人：徐晓丹）

“普法+教育”助力西部发展
——“西部桥”团队创业案例

一、项目背景

在西部大开发战略实施20周年之际，党中央国务院出台了《关于新时代推进西部大开发形成新格局的指导意见》。指导意见的出台对于促进西部地区协调发展、决胜全面建成小康社会、开启全面建设社会主义现代化国家的新征程，具有十分重要的意义。习近平总书记在中央全面依法治国委员会第二次会议中强调，做好改革发展稳定各项工作离不开法治，改革发展越深入越要强调法治。西部大开发20年来取得了巨大的成就，西部经济的发展离不开法治和教育的贡献，未来的进一步发展更是要强调法治和教育的作用。

中国政法大学被誉为“中国法学教育的最高学府”，是国家法学教育和法治人才培养的主力军，引领着国家法学教育的创新、法学理论的革新和法治思想的更新。2017年5月3日，习近平总书记莅临我校考察，并就全面依法治国、法治人才培养和青年成长成才发表重要讲话。中国政法大学西部志愿者协会成立于2004年，是全国高校中第一个响应共青团中央，教育部“大学生志愿服务西部计划”的号召而成立的专门性高校团体，在学校学生就业创业指导服务中心的指导下开展各项活动。

图1　支教队员与学生的合影

15年来，西部志愿者协会（以下简称西协）组织开展的“微笑西部”服务计划已遍及西部的所有12个省市自治区，共前往50余所西部的中小学，开展支教活动百余次，派遣大学生支教老师1500余人次，累计为西部数万中小学生提供支教服务。在西协的“微笑西部”活动中十分重视普法内容，在支教过程中专门开授普法课程，向孩子们讲授《未成年人保护法》《预防未成年人犯罪法》等法律知识，使当地学生从小便树立良好的法律意识。

“西部桥”项目负责人大学生是中国政法大学西部志愿者协会的负责人柳俊宇。2019年5月，刚刚接管西部志愿者协会的他一直在思考如何才能更好地参与西部的建设中。“西协的‘微笑西部’计划已经做得不错，要如何进一步助力西部发展呢？我校为法科强校，有什么办法能充分利用我们的学科优势呢？”柳俊宇把想法与好友刘嘉慧以及同为西协成员的张钦、何雨轩等多名同学进行沟通交流，并咨询多位老师的意见建议。最终确定了以“普法＋教育”为项目主体，以“西部支教、西部计划、西部就业”为思路的“西部桥”项目。

二、项目主要内容

“西部桥”项目是在柳俊宇、张钦、何雨轩、刘嘉慧等核心成员的共同努力下创立的。以西部志愿者协会为项目基础，以“普法＋教育”为项目主体，以“西部支教、西部计划、西部就业”为项目思路。

从大学生入学起，就将“西部桥”引入，将其作为官方的大学生西部志愿生涯的管理系统。“西部桥”的定位是不断发掘和鼓励大学生进行社会公益，为西部贫困地区的学校、社区提供社会公益、法律援助等服务。同时，本平台将大力发展桥梁衔接的作用，将大学生普遍的社会公益服务与法律援助进行结合，与西部计划乃至西部就业联系起来，达到志愿西部，服务西部、建设西部的目的。

“西部桥”平台的第一步目标——“志愿西部”将通过设置以下功能平台来实现。

1. 公益服务供需连通桥

为了解决信息不对称，通过建立公益服务供需连通桥，将社会公益服务的需求者和供给者整合起来，为他们打造这样一座可以相互沟通的连通桥。

（1）对于公益服务的供给者而言，将在平台上展示志愿者们的相关信息，包括年龄、性别、曾经参与过的志愿服务经历、未来可以进行公益服务的时间等等，同时可以选择展示自己的学校及所学专业以便更好地运用所学知识进行更专业的公益服务。

（2）对于公益服务的需求者而言，根据需求者自身的特点，通过他们所需要的不同种类的志愿帮扶进行分类。如：西部学校需求者（需要大学生面向学生开展支教服务）、法律服务需求者（需要法律相关专业学生对弱势群体提供法律援助服务）、空巢老人需求者（需要与社区配合组织进行看望照顾）等。

通过对需求者进行分类、对供给者信息进行展示，可以更好实现供需配对，精准有效地开展社会公益服务。

2. 激励管理系统

（1）志愿时间管理系统。通过这个系统，将每位志愿者参与志愿的情况记录下来，并且积累每次公益服务的时间，为志愿者们颁发一张“志愿时间卡”。当人们年轻有余力的时候就可以选择去帮助他人积累志愿时间，当自己需要帮助的时候就可以使用“志愿时间卡”通过积累的时长换取相应的志愿帮扶服务。这样一个系统将人们不同时期的供给和需求衔接起来，通过自己前期的供给换取自己未来的需求。这样的机制既能够有效维持志愿供需的稳定，又能缓解当前社会越来越严重的老人独居无人照看的情况。

（2）公益服务成果报告系统。通过志愿时间管理系统里记录的志愿者的志愿服务经历，定期对志愿者的服务进行综合评价，并向志愿者提供公益服务报告。这样一个功能也可以有效地对志愿者进行激励，公益服务报告可以作为志愿者自身的社会实践能力的展示材料，对于未来求职升学有一定帮助。

（3）外接的人才市场功能。通过与相关就业单位、招聘平台合作，对志愿者的志愿成果报告进行一键式外推，有效帮助相关招聘单位了解其志愿服务经历，对志愿者们的公益行为进行更好地展示。

3. 外接其他扩展功能

（1）社会慈善机构。与社会慈善机构对接，在征得公益服务需求者同意下，向慈善机构提供需求者相关信息，以此可以使慈善机构更精准地对真正需要帮助的人进行援助、捐赠等。同时对于志愿者开展志愿活动过程中所需的志愿相关物资进行适当资助。

（2）其他外接功能。公益服务需求者的需求呈现多元化的特点，有些问题可能需要更为专业的团队来解决。因此，“西部桥”将根据他们的需求，努力对接像妇联、律师事务所这样的机构组织；还可以对接多地区、多专业的高校，以此不断完善服务供给的全面性和专业性，对志愿者的队伍进行不断扩充。

三、项目历程

“西部桥”项目依托中国政法大学西部志愿者协会为对西部交流平台。协会坚持参加响应西部支教 15 年，更加了解西部，对西部支教有丰富经验，与西部地区交流密切；在支教过程中持续开展普法活动，增强当地民众法律意识，为当地居民提供法律帮助。同时“西协”拥有庞大的校友、会友资源。

2019 年 7 月西部志愿者协会组织远程支教志愿者赴贵州省支教，在支教过程中进行校园普法、社区普法以及实地调研，进一步探索以“普法 + 教育”为主要内容的活动对促进西部发展的作用。

图 2　支教队员教授普法课

2019 年 11 月西部志愿者协会普法调研队正式成立，与之前侧重于面向学校的支教过程中普法不同，普法调研队伍更多地面向于社会进行普法。同时与西部地区政府联系，于 2020 年 2 月将前往新疆维吾尔自治区喀什地区伽师县开展普法活动。

图 3　普法调研队成立仪式

四、实践成果

“西部桥”项目具有实际价值，能够发挥其沟通交流作用，在支教和普法的活动开展中不断完善发展，通过不断地调研、完善到现实应用之中，助力西部发展；将激昂的“青春梦”“西部梦”融入到伟大的“中国梦”之中；将志愿精神与法治精神结合起来，共同助力西部发展。

图 4　支教队员给孩子们带去的衣物礼品

2019 年，“西部桥”项目参加了中国政法大学举办的第十届大学生创业大赛并获得了第四名的好成绩，随后参加第五届中国“互联网 +”大学生创新创业大赛的“青年红色筑梦之旅”赛道，荣获北京市三等奖。从中国政法大学西部志愿者协会的项目成立会，到中国政法大学创业大赛，到第五届中国“互联网 +”大学生创新创业大赛“青年红色筑梦之旅”，西部桥项目历经考验，已愈发完善，项目成员屡次前往西部多地政府、学校进行调研考察、开展支教、普法活动。

“西部桥”项目以“普法 + 教育”为主要内容实现社会价值与公益价值，通过委派普法支教队伍对西部地区进行社区普法、中小学支教，展示出在西部计划实行 16 年后大学生西部支教、西部计划以及西部就业的现状，以小窥大，为西部计划以及西部就业提供现实的情况，充分发挥自身法学特长，结合支教经验，吸取校方、当地政府等意见，做到实事求是，为我校或高校以及社会展现更加真实的西部情况，为西部计划及西部就业提供实地实践支持，从而促进西部计划和西部就业的发展。

项目充分发挥宣传红色精神与大学生西部短期支教、西部计划、西部就业之间的互相促进作用，宣传红色精神教育人的作用，深入实地，通过参观与实践的方式深刻体会红色精神，增强志愿服务的理想信念；同时利用支教、普法、西部计划以及西部就业的机会对大学生、应届毕业生进行红色精神宣传教育，发扬红色精神中“实事求是”“坚定信念”等精神，用实践践行理想信念，从而吸引更多大学生、研究生、应届毕业生走进西部、走进基层、走到祖国需要的地方。

充分发挥互联网的作用，利用网络、大数据建立信息整合平台，解决西部地区政府以及西部志愿者、西部就业者之间信息不对等的问题，定点、定向向祖国西部传送符合岗位需求的优质人才，为更多的志愿者、就业者了解西部提供帮助，建立起“西部桥”，做到沟通连接起西部政府、西部学校与西部志愿者、西部计划参与者以及西部就业者之间的联系，更好地利用多方所长发展西部，脱贫攻坚，促进西部大开发与区域的迅速发展。

五、经验体会

中国政法大学西部志愿者协会的“微笑西部”计划是西协建立的沟通校内学子与西部地区的桥梁，是与西部沟通交流、为西部服务奉献的窗口。多年来，西协在校领导、指导教师、历届负责同学的带领下，以为“西部大开发”贡献力量为己任，以“大学生志愿服务西部计划”为长期服务窗口，充分利用我校的学科优势，在西部各省、市、自治区相继开展支教、普法活动。

平凡的我们也能成就大大的梦想。中国政法大学的“西部桥”创业团队，积极响应国家全面依法治国的方针，全面依法治国旨在推进科学立法、严格执法、公正司法、全民守法。我们一群来自中国政法大学西部志愿者协会的学生，希望通过我们的努力，使用我们所学，为西部的法治事业、教育事业贡献一份力量！我们一直在路上！

中国要发展，西部也要加快发展；中国要强，教育必须更强；中国社会要公正有序，法治必须健全！我们希望以我们的力量带动学校、社会，大家一起关注西部，为西部的发展贡献一份力量！让西部落后地区的人民过上更加幸福美满的生活。

（中国政法大学推荐，执笔人：柳俊宇、解廷民、何立丹）

虚拟之光，照亮世界每一个角落
——“虚拟之光”公益创业团队案例

一、创业背景

华东理工大学始终以“提升大学生创新创业能力，实现学生全面发展”为核心，以学生能力达成为导向（OBE 理念），系统规划跨院系、跨学科、跨专业交叉培养复合型人才的协同机制，将创新创业教育融入人才培养全过程。学校依托优势化工、化学、材料等学科的扎实基础，以“工程技术 + 商业管理”为过程手段，以 EHS（Environment、Health、Safety）理念为价值引领，通过建立相关课程、实践体系与创新创业能力之间的矩阵支撑关系，致力于打造面向“绿色中国”“生态中国”“智造中国”“未来中国”的创新创业人才高地。

“虚拟之光”创业团队依托学校“工程技术 + 商业管理”价值引领理念，充分利用学校 LCS（Lab+Club+Shop）创新创业教育模式，积极发挥学校社团作用，将“创客空间”“VR 俱乐部”“创业协会”等多个社团（Club）资源整合，并结合“华东理工大学虚拟现实实验室”（Lab）技术平台，打造了跨专业、优势互补的创业团队。

“虚拟之光”是一个公益创业项目，该项目最初旨在通过“VR+ 文创产品”助力欠发达地区实现多方位脱贫，同时通过构建当地“扶贫工作”闭环，实现精神扶贫与物质扶贫之间的有机联动，达到可持续发展的目的。

其中，“VR+ 教育服务”针对欠发达地区教育资源匮乏、教育设施落后的问题，在当地建设 VR 教学实验室，开设 VR 科普教育课程。通过自主设计和购买“VR 教育”产品，丰富当地青少年的精神世界，开拓他们的视野，解决传统教育手段所无法解决的问题。

“VR+ 旅游”服务，通过虚拟现实技术帮助当地旅游区解决痛点问题，同时整合旅游资源，构建当地地域特色文化旅游品牌体系，通过线上线下营销，打造集群化文旅 IP，为旅游资源的推广提供科技保障，提高当地居民就业率，增加收入。

二、创业历程

“虚拟之光”团队于 2019 年 5 月赴云南寻甸，开展了为期一周的实地调研活动，在寻甸县仁德二小、仁德四小、仁德一中、名族中学等四所中小学开展了“VR 科普”教育课程，触达 800 余名师生，取得了良好的干预效果，收回反馈问卷 826 份，满意度高达 98.64%，并得到了当地多位领导和校长的认可与点赞。

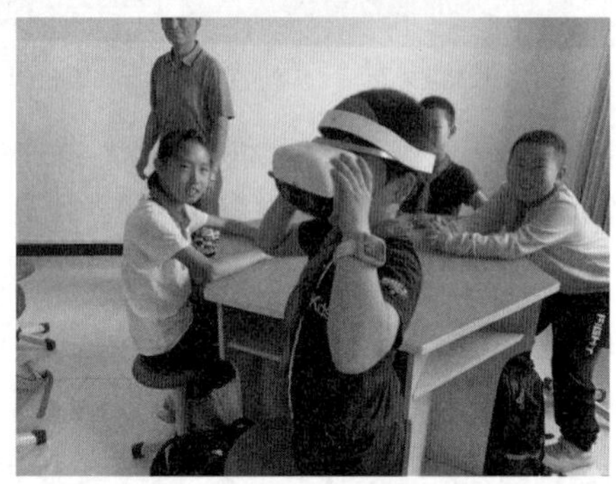

图 1　实地调研活动

同时“虚拟之光”与寻甸县阿拉丁特色小镇旅游区达成了合作意向，通过虚拟现实技术搭建“寻甸印象”虚拟体验馆，丰富景区旅游趣味，结合精准扶贫、乡村振兴进行线上线下多渠道宣传，发展乡村旅游振兴经济。“虚拟之光”还将红色教育与旅游结合起来，预计在各个长征纪念馆建立 VR 体验馆，通过 VR 设备不仅可以浏览场馆内的任何一个角落，还可以沉浸式地体验人物故事和历史情节，同时将长征路汇聚在一起，在任何一个场馆都能体验整条长征路上的其他纪念馆，方寸之间便可实现“重走长征路”。彼时已经与“红军长征柯渡纪念馆”达成了合作意向，并且完成了素材的拍摄。同时，“虚拟之光”还与“上海米影信息科技有限公司”和“杭州中锐计算机系统有限公司”签订了合作意向书，将共同关注欠发达地区的教育问题和乡村旅游问题，助力我国乡村振兴事业。

2019 年 7 月 16 日，“虚拟之光”团队响应时代号召，重整团队开展“红色筑梦之旅”活动，完善“VR+ 旅游”服务，重点推进“虚拟现实版重走长征路”的建设。该活动取得了突破性进展，得到了中国中央电视台的高度关注。

三、运营情况

1. 青年红色逐梦之旅活动开展情况

2019 年 7 月，华东理工大学商学院“虚拟之光”实践团队自上海启程，跨越于都、瑞金、上饶、井冈山、寻甸、遵义、赤水、延安、迪庆等多个长征路节点地区，用 360 全景相机等新兴设备将红色革命场馆中的真实场景与长征路上的动人红色故事上传至网络云端，助力红色经典传承。

借虚拟现实技术，助力红色教育。实践团队走访红军长征柯渡纪念馆、中国人民抗日军政大学纪念馆、瑞金中央革命根据地纪念馆等革命纪念馆，拍摄全景照片，采用虚拟结合现实的方式，利用 VR 虚拟现实技术手段，解决我国红色教育形式单一、内容单薄的现实问题。通过建设各个场馆的作品库，将长征沿线各个红色教育场馆相互连接形成整体，从线上或者其中任意一个场馆均能自由参观沿线各个场馆的历史资料。在还原场馆真实场景、增进游客沉浸式体验的同时，构建相应的场景、人物和剧情关卡，更是进一步真实再现长征路上的英雄事迹，使游客可以参与到当年的一个历史事件亦或是扮演一个角色，切身体会红军长征的艰辛。

同时线下部分，整合历史保留下的有地域特色的资源，在部分纪念馆中建设线下的 VR 体验馆 ，使游客可以通过 VR 设备自行游览场馆的各个展区和展品，从而达到分流和增进游客游览兴致的作用，甚至直接穿越到其他长征纪念馆进行远程参观。游客利用 VR 设备，在方寸之间便能轻松实体验“重走长征路”。

记叙中国故事，吹响信仰号角。实践途中，实践团队争做“红色故事的挖掘者”，用镜头记录长征途中每一段动人的红色故事。团队成员拍摄了以柯渡纪念馆讲解员母女为主线的“小军号”的故事；采访了一生致力于研究长征精神的红色作家钟同福；记录了红军后代蓝华英为我们所还原的长征中浮桥渡河的真实画面：在宽有 600 多米，水深 1 ～ 3 米，最大流速每秒 1.2 米的河流中，86000 名红军从这里集结渡江，水流湍急，白浪翻涌。通过微博、短视频等新媒体手段对红色故事进行再现，切实达到了用生动的实例推进中国故事传播的实践愿景。

描绘传承者，增强现实意义。实践团队结合大量文献以及前期两千余份调查问卷的分析，形成红色教育现状报告，选择于都长征出发纪念馆、四渡赤水纪念馆、延安革命纪念馆、红军长征柯渡纪念馆等 8 家长征沿途纪念馆馆长为对象，开展了深度访谈，就场馆数字化发展趋势、新科技与实用性之间的矛盾、革命事迹新型陈展方式等进行探讨，梳理红色教育的发展与概念，考察我国红色教育发展状况，针对现有红色教育开展过程痛点进行分析，制作了高品质的馆长访谈实录和视频。通过制作馆长访谈实录，实践团队记录下了官方视角下的红色教育发展现状，并从社会、学校、家庭三个方面探索促进我国红色教育发展的对策，为红色教育的发展进言献策，为红色精神的传播添砖助力。

2. 主要成果

（1）虚拟现实技术助力红色场馆建设

实践团队通过虚拟现实技术开展红色教育，突破时间、地理、金钱等限制，建设虚拟现实版“重走长征路”作品，并通过“重走长征路” H5 平台展示。

为期 15 天的暑期实践中，实践团队为 5 个革命纪念馆拍摄相关素材并完成了初步作品的制作，同时与 4 个革命纪念馆、2 个 VR 公司签订合作意向书，在技术力量和社会力量的共同支持下，将继续将深入研究 VR 技术在红色教育实践的应用，创新推进我国红色教育事业发展。

（2）馆长访谈录，激昂红色精神

在聆听革命故事、体悟革命精神的同时，实践团队对每座到访纪念馆的馆长都进行了深度的馆长访谈，聚焦红色教育现状，汇集官方角度下的客观评价，以制作具有较强故事性的馆长访谈录。各馆长在录制访谈录的过程中，对团队给予了高度赞扬，同时表示数字化形式有利于将他们对新时代长征精神意义的个人思考传递给社会大众，进而引发更广大群众对长征精神现实意义的思考。

图 2　馆长访谈

（3）数字化手段传唱红色故事

除技术手段外，实践团队还关注各长征纪念馆中蕴藏的人文价值。纪念馆内蕴藏着的众多红色故事，由于缺乏高效的传播途径而往往被人忽视。实践团队挖掘纪念馆里的正能量故事，通过拍摄短片或微电影等形式，将普通人身上的红色故事传唱至广大群众的内心。其中，由实践团队精心制作的“小军号”纪录片，以一位“小红军”跟随讲解员妈妈在纪念馆中向来访者讲述长征故事为主线，记录了红色基因代代传的生动写照。纪录片不仅打动了“记者再走长征路”的央视记者团队，而且被央视新闻等多家官方媒体相继转载。以数字化手段呈现红色故事，贴近青年时代语境，让红色基因在年青一代中得以更好地传承。

图 3　了解红色故事

3. 特色亮点

运用新科技，解决旧难题。革命旧址分散各处、遗址建筑高危陈旧近乎是所有红色革命地区都会面临的痛点问题，为应对红色场馆的年老失修和教育形式单一的困境，实践团队创新性地将虚拟现实技术与红色教育融合，以新科技为刃，击破旧场馆的痛点难题，在很大程度上解决了红色教育场地、资源匮乏的困境，并用交互式体验吸引了不同年龄段的游客群体。虚拟现实科技与红色教育两者的结合，有效弥补了红色教育深厚历史、丰富背景与现实之间的差距，使体验者获得身临其境的体验，让红色教育变得更加生动、有效，推进红色教育基地建设的持续升级。

大学生重走长征路，红色故事阐释伟大精神。由“95 后”组成的大学生社会实践团队得到了央视“记者重走长征路”活动的高度认可，并受邀参与了活动的直播，为贯彻落实习近平总书记对“记者再走长征路”主题活动作出的重要指示，实践团队走过延安、寻甸等八个重要长征节点，亲身体悟长征精神的当代价值，让红色教育真正“进头脑”。此外，团队还深入一线实地探访，充分发动大学生力量，广泛挖掘长征路上壮怀激烈、惊天动地的革命故事，从青年视角再述革命故事，以切身行动弘扬长征精神。

图 4　媒体报道截图

多手段广泛合作，引热烈社会反响。作为一支热心公益的大学生社会实践团队，团队在充分发挥自身力量外，积极与社会力量共同合作。在实地走访的过程中，实践团队与多家全国爱国主义教育示范基地达成合作，并与中国中央电视台联袂出品了“小红军”视频，通过项目合作意向书、直播、新媒体等多种传播手段不断扩大项目的辐射力和影响力，让长征精神和红色教育得到了更为广泛的关注与讨论。

图 5　团队合影

4. 社会价值

“虚拟之光”社会实践团队利用虚拟现实技术推进红色教育基地建设升级，不仅仅使得红色教育能更加生动、有效地展开，对于弘扬中国共产党人和红军将士用生命和热血铸就的伟大长征精神亦显得水到渠成。同时利用创新的红色教育方法，全面回顾长征路上铭载史册的重大战役、重大会议、重大事件，深入挖掘艰苦斗争历程中感人事迹，并运用虚拟现实技术将其还原，突出讲好红军长征故事，传达爱国初心，激励青少年们永葆红色热血，传承红色基因，走好新时代的长征路，建设伟大祖国。

实践团队秉持着“融媒体”理念，受到来自各方的广泛报道和称赞。现已得到央视新闻频道（CCTV13）、央视新闻客户端、央视微博、央视移动新闻网、今日头条直播，寻甸电视台，中新网、《新民晚报》、央广网、科学网、“周到”上海、《青年报·青春上海》、《青年报》、《昆明日报》、团中央创青春、《解放日报》、上观新闻等多家官方媒体的专题报道，在央视新闻微博所发布的视频更是得到数千万的阅读和浏览量。

四、所获成果

图 6　“知行杯”上海市大学生社会实践特等奖入选国家教育部案例库（审核中）

图 7　作品在中国国际工业博览会展出

五、经验体会

从选题、招募团队成员、撰写计划书、开发样机以及多轮次的现场答辩，到最终获得嘉奖，整个团队经历了紧张、忙碌却充实的一段时间。

此外，注重产品技术的可实现及可创业性；对市场有明确、清晰的分析与调研，注重实际的操作与调查；形成实际有效的营销策略，对产品技术的推广运营有行之有效的计划安排等方面也是在创业中需要认真考虑的问题。

总之，希望有创新创业理想的同学们能够提前做好创业准备，敢于面临挑战，勇于抓住机遇，心动不如行动，早日加入到创业大军中，为社会创造更多财富。

“互联网 +”大学生创新创业大赛，特别是青年红色筑梦之旅赛道，不仅要求我们有过硬的专业素质、敏捷的商业头脑，还要求我们有家国情怀，希望我们能够把个人的理想、目标与国家脉搏结合起来、“小我融入大我”，去关注和解决社会痛点问题，助力乡村振兴、脱贫攻坚等国家战略。

我们有幸能够在最美的年华相遇，并且携手去完成一番值得骄傲的事业，还有老师们的谆谆教诲。我想，再多的痛苦和艰辛也就显得微不足道了，希望有创新创业理想的同学们都能够提前做好创业准备，敢于面临挑战，勇于抓住机遇，心动不如行动，早日加入到创业大军中，为社会创造更多的财富，这必将是我们大学时光里最为浓墨重彩的一笔！

（华东理工大学推荐，执笔人：郝自强）

河北师范大学爱心家教："爱心家教·薪火相传"

——河北师范大学爱心家教服务中心案例

河北师范大学爱心家教是通过招募大学生志愿者为贫困家庭子女提供"一对一"家教服务的爱心公益活动。初心不改，砥砺前行。2003 年，3 名受到国家资助的贫困大学生联合自发，对因病休学的务工家庭孩子进行了免费辅导。自此，从 3 个人的号召到 23 个人的响应、再到 8746 个人的薪火相传，星星之火终成燎原之势。十六载风雨历程，河北师大人正在用自己的方式，诠释师范生"怀天下·求真知"的家国使命。怀教育扶贫家国大任，求为人师表育人真知。

一、创业背景

河北师范大学作为一所百年老校，秉承教书育人的优良传统，先后培养出一代代坚守初心、躬耕实践的榜样师表。知名校友邓颖超老前辈曾经说过，"下辈子还做老师"；格桑德吉学姐不畏艰辛和环境恶劣，坚持回到西藏教书，培养一批又一批优秀的孩子们。可见，教书育人、勇于奉献的高尚精神，已对师大学子产生了潜移默化、不可替代的影响。据全国教师管理信息系统数据分析，目前我国 81% 的在岗中小学教师来源于师范生，而其中 3.08% 的师范生来自河北师范大学，排在全国普通高校首位。2013 年，李克强总理在河北师范大学考察时，对我校学生踊跃到基层就业给予高度评价。他指出，"师范生是让农村孩子能受到平等教育的最关键的资源，你们是打开农村孩子思想、心灵、知识大门的金钥匙"。如今，河北师范大学培养的师范生遍布全国各级各类学校，已成为支撑基础教育高质量发展的重要力量。

"爱心家教"的初心源于 3 名受到国家资助的大学生为了回报社会，利用暑假时间对石家庄农民工子女进行了免费的课业辅导，取得了良好的效果。以此为契机，3 名学生在学校发起"爱心家教"的号召，广泛招募志愿者，这一号召受到了同学们的积极响应，首次参与人数达 23 人，同时，在学校的支持下成立了"河北师范大学爱心家教服务中心"，这一中心成为联结校内贫困生和校外贫困家庭的纽带，让受到国家或社会资助的学生们更有机会、有路径、有方法去回报社会，让贫困家庭的孩子们也可以享受"一对一"的家教指导。

"爱心家教"项目得到了学校和老师们的大力支持，很多老师纷纷用实际行动参与到对志愿者的培训和辅导中，让参与"爱心家教"的志愿者在专业能力上得到了极大提升，也更好地打造了"河北师范大学爱心家教"的品牌活动。这让"爱心家教"得到了广大家长的一致好评，也为“爱心家教”的延续与传承提供了强大的动力源泉。在国家和学校的政策支持下，爱心家教活动好似襁褓中的婴儿，从出生到成长，得到越来越多人的支持和帮助，服务了更多贫困家庭的孩子们。

二、创业历程

“爱心家教”这一想法最早提出于2003年，基于从外地到石家庄打工的农民工家庭，因资金问题无法让孩子接受课业辅导而导致成绩下降，且家长自己也无力辅导孩子的客观现象，受到国家助学金资助的大学生们怀揣着回报社会的责任感和使命感，以自己的微薄之力投入行动，尽己所能帮助有需求的家庭和孩子。于是，“爱心家教”项目由3名贫困生发起，他们带领其他23名大学生对到石家庄务工的农民工子女进行了免费的课业辅导。万事开头难，在学校老师们的帮助下，经历过无数次的策划修改、教案撰写、试卷整理、培训讲解后，“爱心家教”已从起初不成熟的简单辅导，发展至体系完备、有章可循的爱心公益活动。

对标聚焦，奋勇前进。2004年，20余名大学生带着壮大队伍、精细管理的明确目标和规划，成立了爱心家教服务中心。在这一中心组织的指引下，志愿者人数以迅猛之势增长，两年后，报名爱心家教志愿者的人数是第一年的十倍，达500余人；伴随着量的提升，质的飞跃也有所突破，“爱心家教”团队全体在实践中逐渐摸索出了一套系统的方法，包括服务开展时间、时长、周期等内容，同时，明确了由志愿者成为一名合格辅导老师的选拔标准，包括自主推荐、学科测试等内容。

2007年，志愿者团队开展了“爱心家教进社区”活动，坚持到社区中做志愿服务，让服务惠及更多的孩子。同时，在社区中大力宣传“爱心家教”活动，志愿为更多的孩子做公益课业辅导。截至2009年，“爱心家教”帮扶社区累计已经超过30余个，宣传力度再创新高。再到2011年，继续拓展新方向，为孩子们做公益作业辅导的同时，更关注他们的心理健康教育，增设各种丰富多彩的心理游戏和文体活动。2012年，启动“雷锋行·爱心家教”工程，增设教师培训会、学科教案、后期信息跟踪、成绩提升空间、定期回访等内容。2016年，开设大学生志愿教师定期培训会及交流讨论会，总结分享、传递经验、互相提升。

2017正是处于国家大发展阶段，我国的基本矛盾发生了变化，由人民日益增长的物质文化需要同落后的社会生产之间的矛盾转变成人民日益增长的美好生活需要和不平衡，不充分的发展之间的矛盾。这意味着，我国贫困人口比例大幅下降，我国已经基本进入小康社会。但是我国仍处于并将长期处于社会主义初级阶段的基本国情保持不变，并且在这一阶段呈现出诸多其他社会矛盾，增加了另一种困难——“学困”青少年。针对这类群体，“爱心家教”团队调整思路，将公益课业辅导“爱心家教”做到更精、更准，不再只针对贫困学生，而是更多的学困儿童、青少年，并广泛呼吁社会人士、广大青年学生携手同行，共同关注、帮助他们。2019 年，进一步为青少年展开心理测评，以精准提高师生匹配度。

三、运营情况

河北师范大学爱心家教服务中心，在学校领导和老师们的大力支持下，至今已经经历了 16 载风雨历程。累计约 12739 名孩子从中受益，8746 名大学生家教老师在志愿服务中得到成长。基于 2018 年 2 月教育部部长陈宝生提出的“课后三点半”问题，爱心家教服务中心积极响应国家政策并进行了创新改革，推出博学课堂，在小学生放学后带领他们学习科学知识，丰富同学们的科学知识储备。博学课堂一举两得，既解决了学生放学早，家长下班晚的问题，又让学生们在快乐中学习科学知识，感受科学的奥秘。

目前，“爱心家教”服务中心开展的项目有同步课堂、博学课堂、暑期加油站、素质拓展活动、学科探索实验、暑期“爱心帮扶”等。其中，同步课堂，针对在每学期正常课程中，与孩子们在学校内学习的知识进行同步辅导，让需要辅导的学生走进大学校园，接受大学生老师的“一对一”辅导；暑期加油站，暑假期间匹配相应的爱心家教老师和同学，在合作的爱心家教站点进行长期的课堂辅导，如各县的小学，孤儿院等；素质拓展活动，根据学生具体情况进行心理素质和体能锻炼等一系列素质活动，带领学生体验合作精神，并结交小伙伴；学科探索实验，为小学拓宽思维，加强科学认识，帮助学生建立科学逻辑思维以及构建知识体系的能力，增强学生的动手能力和科学探究精神；暑期爱心帮扶，为偏远贫困地区的学生进行暑期的支教和素质拓展，增添学生的学习乐趣，让他们重燃对学习的希望，让学生对外面的世界充满向往。

与具有同等竞争力并致力于家教志愿服务的各高校社团、组织等相比，河北师范大学爱心家教服务中心拥有一定的社会影响力，积攒了 16 年的丰富经验，在石家庄具有良好的口碑。审批流程选拔严格，服务持续性强，持续周期长，能够对孩子进行持续的关注和陪伴，避免了短期支教的问题；在管理上，项目成员在志愿者与孩子之间搭建沟通的桥梁；在学校内有一定的基础，为招募大学生志愿者提供了便利条件。

具体优势如下：

（1）长期坚持，社会影响力凸显。

自 2003 年至今，此项目已进行了 14 期。本项目经石家庄电视台民生关注、长城网、河北日报、河北新闻网等多家媒体报道，在石家庄的公益活动中具有较高的知名度。十几年来，“爱心家教”服务范围不断扩大，由 2003 年最初的几十户受助家庭，扩展到 2011 年的 160 余户，累计受助家庭已达 1200 余户。

（2）个性化教学，专属服务更贴心。

河北师大支持受助学生的个性化测评，由勤助中心提供测试卷 MBTI、DISC、霍兰德心理测评，从心理和知识两个层面出发，根据不同学生的个性化需要，为其匹配最合适的家教老师，力争做到贴心、用心、真心。

（3）严格选拔，师资力量有保障。

为保证教学质量，团队培训组在招募前期为报名的志愿者提供优质教学培训，请专业教师为大学生进行辅导，并通过考核选拔优秀的志愿者参加该项目的授课。在教学活动进行中，为志愿者与孩子安排工作人员，旨在为志愿者老师提供教学上的帮助。

河北师范大学的学生大部分具有教师资格证和家教经验，在了解学生们的学习程度和心理特征的基础上，根据学生的心理测评结果为其进行一对一的个性化教学和引导，能够保证家教服务的质量。

（4）资源丰富，志愿家教后盾坚实。

首先，教学资料丰富，为志愿者家教老师的教学和受助学生的学习提供双重教育教学资源，包括5000+知识切片、各地考情、海量题库等。其次，河北师范大学具有众多拥有丰富教学教研经验的教授团，这些优秀的教授利用其多年的教育教学经验，制作编写出了一整套关于中小学的所有课程标准的要求，供志愿者家教老师使用。最后，河北师范大学具有负责职业规划的专业导师，这些老师结合多年丰富的职业规划经验，根据受助学生的个性化心理测评，帮助其制定成长成才目标、明确奋斗方向、激励实现梦想。

历年来，河北师范大学定期举办“爱心家教”公益活动，将活动宣传深入贫困家庭、福利院、孤儿院等多地，只为找到最需要帮助的贫困家庭，完成教育扶贫的使命。活动分为前期、中期、后期。为了保证报名信息的真实性，前期收集并核实受助家庭信息，受助家庭需提交贫困佐证材料，包括：低保证、残疾证、建档立卡证明、下岗证等，以及街道的贫困证明（家庭基本情况、人均年收入、主要收入来源等）；中期最大程度完善精准匹配，收集师大志愿家教的报名信息，包括：主要的成长经历、家庭条件、受资助情况、教育经历等，同时，给受助家庭的子女进行个性化测评，为其做初步的职业生涯规划；后期跟踪家教和学生的交流过程，并定期回访。

在16年的打磨中，“爱心家教”服务中心一直紧跟时代步伐以求创新、改进，从最初单纯的一对一同步辅导到现在多项有声有色的活动；从最开始的几名学生到现在的几千名志愿者；从最初带着不信任眼光的几户家庭到现在争先抢后报名的成百上千户家庭。点滴帮助汇聚爱心涌泉，这就是爱心家教服务中心存在的理由、这就是百名志愿者执着坚守的理由、这更是无数家庭坚定信念、诚然选择的理由。

不负时光，努力向上。河北师范大学爱心家教服务中心将会牢记回报社会、传递爱心的使命，长期运营并随时代进程和国家要求不断改革、创新、进步，争做全国最具影响力的“爱心家教”服务中心。

四、所获奖项

“爱心家教”服务中心曾荣获“善行河北——2012年感动校园人物”；2019年，临西县授予爱心家教小分队“手牵手心系育才心连心大爱无限”锦旗；多年来，先后有《河北日报》《河北青年报》、河北新闻联播、河北电视台《今日资讯》栏目、《都市印象》栏目、《教育关注》栏目、《息息相关》栏目、河北移动电视台、长城网、石家庄电视台《民生关注》栏目《河北日报》《石家庄日报》《燕赵都市报》等多家媒体、报社进行宣传报道。

五、经验体会

十六载风雨历程，64个春夏秋冬，千余名师生的初心与坚守。回首昨日，一代代志愿者与中小学生大手拉小手，同心同向同行；展望未来，爱心接力棒定会薪火相传、生生不息。

回首走过的路，有风雨也有彩虹。无数志愿者面对过质疑，面对过冷落，但这些都从未打败过他们，因为他们从来都不是一个人，而是一个队伍、一个团体、一个曾受到国家资助的大学生们对社会的回馈。无数志愿者纷纷表示“教在其中、乐在其中”，当他们看到孩子们快快乐乐地从家里到学校与他们在一起学习，问着关于大学、关于未来、关于梦想的话题，他们内心是激动的、欣慰的。当其他同学利用课余时间做有偿家教的时候，他们也曾羡慕过，但是当再次看到那些可爱的孩子，那些曾经的“自己”，他们问心无悔。当面对“你们图什么”时，他们齐声回答，当孩子喊你一声老师的时候，当孩子拉着你的手对你说“老师，老师，我喜欢你，你能一直做我老师吗？”，这就是他们坚守的理由。

16年的摸爬滚打让他们作为组织者在活动中收获、成长。现在的志愿服务多而杂，缺少量化标准，持续时间短，志愿者不固定，一系列的原因导致普通的志愿服务往往达不到理想的效果。而爱心家教服务中心的志愿者们广泛借鉴经验，吸取教训，与时俱进，从未停止过探索创新的脚步，从最开始的线下匹配到现在的线上测评匹配，从最开始的课业辅导到现在的多类型、成系统的志愿服务体系。总有人在默默无闻地改变着这个世界，而为志愿者们很荣幸成为了其中一员。

（河北师范大学推荐，执笔人：李响、麻甜甜、张佩雯、吴涛涛、邸春硕、陈慧霞、司雪琪、孟祥新）

点燃自己，照亮青年创业路

——淮安青创企业管理有限公司创业案例

2011年冬，一场久违的大雪飘落在淮安这座漕运古城，行李箱压出的印记将淮工描绘成一幅动人的水墨画。莘莘学子仿佛音符般跳动在画中，那是他们儿时的欢乐，那是他们纯白人生的象征，更是他们激昂内心的写照。

匆匆人群中，却有一个穿着薄外套，在广场上推销着淮安特产的学长，他就是陆尧。他和很多大学生一样，怀揣着梦想在校园内成长，准备将青春洒向这片土地。当雪落人散陆尧在和伙伴们分享着收获喜悦时，他内心那创业的热情被点燃了，自此过后那熊熊的创业热火感染了一代又一代“淮工”学子。

一、创业背景

2009年，陆尧考入淮阴工学院艺术设计学院，学平面设计专业。大一寒假来临前，班里的外地同学议论着带什么特产回家，而淮安人的陆尧非常清楚这里有哪些特产。于是，约上两名同学，在学校食堂门口摆起了地摊，卖淮安特色产品。谁知，第一天一份没开张。“第二天，他们抱着土特产，挨个寝室敲门。两个星期下来，赚了2000多块钱。”这段经历，为后来开做企业埋下了种子。

在尝试创业期间，陆尧一直坚持第一身份是一名大学生。在学习上，他始终努力学习专业及基础知识，积极参加国家、学校的各项竞赛，获得设计类专业奖项10多项，积累了创业基础。在学习上做到对待每一门的课程、每一节课都是百分百的热情和努力，国家奖学金一等奖学金大学四年也是经常获得。

上大二时，陆尧做起了校园推广，成立工作室。他把外面信誉好的商家引进校园，帮商家打开校园市场，并在校园推出打折卡，降低学生的购物成本。这一年做推广，让他在产品营销方面学了不少东西，也收获了人生的第一桶金。那时候每天都要等上完课，再去工作，最后连宿舍管理员都要等他回宿舍，才关宿舍的大门。

大三时，市人社局、市科技局将在淮阴工学院建立淮安市大学生创业园，陆尧跃跃欲试。成立了一家集品牌策划、平面创意、产品设计等为一体设计公司。淮安市大学生创业园为学生提供办公场地和孵化服务，场地租金第一年全免，第二年、第三年只收一半。陆尧还凭借自己的创意，获得了淮安市昱桥基金会给的10万元大学生创业奖金。并在十八大后作为全国第一支创业团队接受8分钟央专题视采访。陆尧的创业路越走越顺畅。

可大四毕业，陆尧得到了去北京继续学习的机会，他的创业之路也暂缓下来，再回到淮安，家人为他选择了安逸的工资，但是陆尧并不愿就此将人生定格。

二、创业历程

2015年，陆尧辞去工作，再次回到大学生创业园，创办了“筋斗云”文化传媒有限公司。取名“筋斗云”，陆尧有着自己特殊的情怀。“我的家在河下，每天从青石板路上跑到吴承恩故居，心里对西游文化十分热爱。”在陆尧心中，淮安作为《西游记》作者吴承恩的故乡、“美猴王”孙悟空的诞生之地有着深厚的文化底蕴，在大运河文化、西游记文化、淮扬菜文化、戏曲文化等富有特色的地方文化中蕴含了无限商机。

他将眼光瞄准了文化周边产品，以淮安名人、西游文化为着力点，从空间、产品、策划、广告四个方面发展。“在淮安这个历史气息悠久的文化名城，如何让更多的人了解淮安文化，认识淮安，是我们做文化公司的义务。”

不同于一般的创业只为赚钱，陆尧最想做的是文化，萌生了面向全国、全世界，推介销售淮安文化及具有地方文化特色的创意产品、旅游纪念品和土特产品的念头。初期的推广并不容易，文化产品也需要资金支持，陆尧便用其我商业设计的钱来支持文化产品的研发。投入研发“西游顽物”项目，目前投入研发经费近200万元。包括：原创IP形象设计开发、影视动画制作、礼品开发生产、渠道建立、宣传推广整套产业链。已完成包括办公用品、家居用品、科技产品三大类共计180多款产品。

从2011年在校成立设计工作室到“筋斗云”文化传媒的创立，陆尧带领“筋斗云”文化传媒团队服务淮安近千家单位，年设计产值达2000万元。秉着让城市因设计更出彩的宗旨，“筋斗云”文化传媒擅长化繁为简，汲取经验又不墨守成规。公司先后参与淮安西游记文化产业园规划设计、淮安白马湖国际旅游度假区招商策划；淮安市日报社vi设计、周恩来纪念馆和淮安府衙等多个景区的文创产品设计开发；为淮安市青少年法制教育基地、淮安市团史陈列馆、淮安区乡村振兴知行馆等进行设计建设。

八年荏苒，陆尧从在校内带领校友创业，到在校外带领青年创业。先后成立了江苏“筋斗云”文化传媒有限公司、淮安青创企业管理有限公司。并于2019年正式组建江苏创尧科技集团有限公司。同时兼任江苏省青年创新创业联盟理事、江苏省青年商会副秘书长、淮安青年联合会副秘书长、淮安市青年商会秘书长，江苏省创响江苏专家组成员、江苏省青年讲师团成员、淮阴工学院创业导师、淮阴师范学院创业导师。点滴汗水汇成淮安的创业江河，孜孜不倦打造淮安最优创业平台，每一个求索的脚印都带动了很多青年的成功创业，每一次成功的欢呼都离不开倔强的初心。

“一个好的创客，不仅是做强自己的事业，更要担负起一种责任，我的责任就是让更多的人了解淮安的文化。”陆尧说。作为一名创业者，他深刻地感受到创业的艰辛，以及创业服务平台对企业成长扶持的重要。在考察了上百家国内创业服务平台后。他发现江苏孵化器一线梯队均集政府补贴、产业投资和服务集成于一体，而苏北市场整体的现状是：传统实体孵化器，高校产业园居多；创投氛围不浓厚，配套服务跟不上；粥多僧少，没有创业项目可投；政府扶持力度逐年递减，自我造血能力有待加强。而从创业者、创造者的角度来看市场，创业服务的需求却是一直存在！那么有需求代表有市场，代表有实现的可能性！

三、运营情况

2016年，为了让更多青年留在淮安创业，带动更多青年就业的角度。陆尧用当时濒临倒闭的旧家具市场改造升级，成立淮安市大长江青创基地。基地位于深圳东路3号，规划总建筑面积80000平方米。基地规划开放创业孵化器、中小型企业加速器，配套展厅、公寓、餐厅、咖啡馆等功能，开设税务、法律、财务、商标等便捷服务窗口，成立千万天使基金池。旨在将输出经验、资本、资源的能力放在第一位，对接导师资源、开设系统课程，做更深度的服务，为创业者提供最大的帮助。基地目前已经入驻近80家企业，已带动近600人就业。基地已经获得江苏省苏青优店、众创空间、优秀大学生创业项目；淮安市市级孵化器、青年就业创业见习基地、开发区科技创新奖等荣誉。

2017年陆尧带领公司参与运营管理国家级大学科技园——淮安市大学生科技园，大大提高了大学生科技园的科技内涵和层次，引进了科盛轩逸、江苏模影等知名科技企业。期间，参加江苏大学科技园联盟、国家大学科技园联盟总裁班培训，与徐州矿大科技园、南京东南大学科技园、南京邮电大学科技园深层次学习与交流。大大促进了科技企业与高校对接，推动了科技企业研究技术的提升，促进了高校科研成果的转化。

2018年公司落地生态文旅区青创空间项目。空间目前已入驻50余家企业，年度产业规模达2亿元左右。企业涵盖科技、教育、文化、农业、建筑、设计等多行业领域。园区为入驻企业提供政策扶持、营销策划、创业融资、知识产权、人力资源等多方位服务，坚持打造以智能化、云平台、大数据、大金融等为支撑的共享型社群运营模式。

青创空间紧邻市行政中心，区位优势显著。总建筑面积达50000平方米，总体分为三大区域：

青创孵化区：（包含）101青创社——初创企业孵化器、猪八戒线上交易孵化器、商务局外贸转型升级基地、LKK淮安青年文化创意设计中心、青创空间楼宇党团共建服务中心和青商学院等；

青商办公区：为青年企业家提供办公场所；其中包括江苏建总绿色建筑、保利淮安房地产发展、雅居乐环保等多家知名企业入驻。

生活配套区：（建成有）生态文旅区全民健身中心，（包含）健身房、羽毛球馆、游泳馆等青年健身配套，为创业者提供健身休闲服务。同时维也纳酒店、咖啡馆等配套入驻，为创业者提供酒店住宿、青年公寓、购物等生活服务，满足入驻企业日常生活和商务接待等多元需求。

2019 年，在陆尧的带领下，江苏创尧科技集团有限公司。秉承“助力企业成长”的理念。围绕打造产业平台、推动新业态、新经济集聚发展、服务中小企业快速成长，逐步形成园区招商运营、企业服务孵化、产业投资、文旅产业开发运营四大业务板块。目前企业园区版块管理运营 15 家园区，共计 50 多万平方米，入住企业 1000 余家，年度产业规模十亿元。公司拥有 30 人以上的专业创业导师团队，签约了 6 家专业投资机构，个体投资团体（天使投资）上百人，4 家银行深度战略合作，并建立了青商伯乐种子投资基金。

四、所获奖项

（一）项目所获奖项

1. 荣获全国大学生广告大赛三等奖一次、优秀奖两次，“大学生学院奖”银奖一次、佳作奖三次，“江苏省工艺美术设计大赛银奖”等；

2. 荣获淮安市第二届科技创业大赛获得二等奖；

3. 获得江苏省“挑战杯”创业大赛铜奖；

4. 2015—2016 年：《西游文化产品开发》获得中国创翼大赛金奖；

5. 2016—2017 年：“创青春”江苏省大学生创业大赛金奖、“杰出青年岗位能手”；

6. 2018—2019 年：江苏省年度“活力青商”。

（二）创始人所获奖项

1. 在校期间获得国家奖学金一次、国家励志奖学金一次，一等奖学金多次。参加学生类专业竞赛国家级奖项 5 项、省级奖项 4 项；

2. 2013—2014 年：淮安市清河区“十大最美清河人”“淮安星青年”；

3. 2014—2015 年：中央人民广播电台中国之声、央广网等主办的全国“大学生创业之星”十强，淮安市十大大学生“创业之星”；

4. 2017—2018 年：淮安市青年五四奖章、淮上英才青年创客；

5. 个人及创业项目共计申报并通过专利 50 项，著作权认定 8 项。还多次被中央电视台、中国劳动保障报等国家级媒体报道。

五、经验体会

陆尧坚信：一个好的创客，不仅是做强自己的事业，更要担负起一种责任。我的责任就是建立一个跨地区、跨部门、跨行业，统筹人才、科技、金融、项目、市场的广泛资源紧密合作的青年创新创业生态圈。构建实体经济、科技创新、现代金融、人力资源协同发展的产业体系，激发和保护企业家精神，鼓励引领更多淮安青年人才投身创新创业。

2020年2月13日、15日，新冠肺炎疫情防控期间，由淮安校友陆尧创办的江苏筋斗云传媒有限公司向淮安三个乡镇捐赠了价值2万元的1200斤消毒液等物资。

2020年2月21日，江苏创尧科技集团淮安地区下属五家园区联合淮安市人社局创业指导中心、淮安市青年商会推出《淮安五园区落地三举措促留乡返乡创业》。

1. 实体园区新入驻企业3个月以上房租减免和融资对接支持。

2.“一对一”登记注册免费“跑腿”服务和青年企业家“结对”帮扶。

3. 人社部门全方位政策扶持和创业指导。预计能为留乡返乡创业节省超50万元。

2020年2月26日淮安青创空间创业社区企业向淮安生态文旅区福地路街道办一线防疫人员捐赠生活物资一批20000元。

陆尧个人向淮安青商会捐款10000元、江苏青基会3000元。

（淮阴工学院推荐，执笔人：陆尧）

专业实践与公益创业的双向融合育人实践案例
——以“情暖万村”医疗支教公益创业服务实践为例

一、创业背景

习近平总书记在全国高等思想政治工作会议上指出“要坚持把立德树人作为中心环节，把思想政治工作贯穿教育教学全过程，实现全程育人、全方位育人。”贯彻落实“立德树人”的根本任务，全面提升高校思想政治教育的工作水平，是当前高校育人工作的核心内容。高校创新创业教育文化活动作为大学生大学生活的重要组成部分，是新形势下高校进行思想政治教育活动的重要载体。在创新创业教育活动丰富类别中，公益创业活动除了能通过实践学生内涵相吻合，是培育和践行社会主义核心较直观的有力抓手。

2016 年是我国第十三个五年规划的开局之年，“互联网医疗”“精准扶贫”等概念正式升级为国家战略。医疗卫生事业关系着千家万户，是基本而重大的民生工程。而我国的医疗现状仍存在着资源分布不均，803 万医务人员的继续教育需要加强等问题，特别是很多边远贫困地区的医疗继续教育资源相对匮乏。为树立学生服务社会、关注民生的思想意识，培养学生强烈的社会责任感。基于此，广东工业大学计算机学院学生自发筹划成立民办非企业组织——广州市“情暖万村”医疗云平台公益服务中心，争取在医务人员继续教育提升上做些贡献。该团队于 2016 年起开展“情暖万村”医疗支教公益创业服务实践项目，以“互联网 +”医疗云平台作为载体，针对目前我国的医疗现状资源分布不均，千万医务人员的继续教育需要加强等问题，累计在 16 个乡镇村医疗机构开展实践调研与公益推广，并为多个边远地区的医务人员提供免费的线上医疗继续教育资源。

本服务中心与三甲医院建立合作，承接运作对方的医疗教育云平台系统，进一步扩大云平台系统的社会服务效应，成功构建“商业 + 公益”双轨运行、互为循环的模式，达到非营利运营的目标。本中心依托商业效益和慈善募资等渠道，以完全公益的形式，为医疗继续教育资源匮乏的边远地区（以南方为主）的医务人员提供一站式的云平台学习载体，具体包括在线学习、在线练习、在线考试、成绩分析等功能。

二、创业历程

“情暖万村”医疗支教项目运营从 2016 年开始启动，持续进行三年，虽然时间较短，却已成为学校计算机学院公益创业文化育人一个标志性的活动。

（一）关注社会热点问题，形成初步公益创业服务构想

活动的酝酿来自于计算机学院学子的提议，他们于2015年在所参与的工作室老师指导的项目中成功搭建开发了基于“互联网+”的医疗教育云平台。该平台集在线学习、在线练习、在线考试、成绩分析等功能于一体，收集了来自广州三甲医院丰富的优质医疗继续教育资源，用于医院医护人员的继续教育。在开发平台的过程当中，他们了解到近年来医疗改革成为医疗卫生体制的热点和难点问题，在2015年12月颁布的《中共广东省委关于制定国民经济和社会发展第十三个五年规划的建议》明确指出，需要切实落实欠发达地区的医疗问题，鼓励欠发达地区利用电脑、手机等互联网工具向医疗资源相对集中地区取经和学习。结合政策和贫困地区的医疗现状，团队成员向指导老师和辅导员提出将所开发的医疗继续教育平台公益推广至边远地区。在各方努力推动下，经过反复探讨活动的可行性和实效性，成员自发筹划成立民办非企业组织——广州市“情暖万村”医疗云平台公益服务中心，并在学院内招募团队成员完善系统并于2016年1月正式启动。

（二）专业志愿有机结合，创新公益创业服务内容

“情暖万村”医疗支教公益服务实践队队员在实践前期根据边远地区的实际情况，利用专业技能知识完善医疗教育云平台系统，并对现有资源进行持续、及时的更新。“情暖万村”医疗支教公益服务实践活动从2016年1月开展至今，公益服务实践队前往贵州毕节、广西龙胜、广东潮州、广东梅州、广东英德等地开展医疗支教公益服务实践活动，为当地的医务人员现场演示医疗教育云平台的使用并提供免费使用账户。考虑到互联网的渠道在当地并不十分普及，为方便医护人员的学习，实践队队员把使用步骤通过录制视频，记录每个步骤的截图等方式详细记录下来，以便当地医护人员忘记的时候也能重新熟悉使用。通过登陆云平台，当地医务人员可以足不出户享受这些优质资源，以此进一步提升自身的医疗水平，间接提高医疗继续教育资源匮乏地区的整体医疗水平、推动发展和扩大需求，更好地服务当地医务人员的学习提升。

图1　项目队员向医护人员讲解平台使用

（三）社会调研了解民生，深入接触公益服务对象

“情暖万村”医疗支教公益服务实践队队员在进行每一次医疗教育云
实践过程当中，都会深入走访了解当地的医疗卫生情况、医疗继续教育实施等现状，并对收集的数据进行整理、汇总形成社会调研报告《基于精准扶贫视角下偏远地区“互联网+”

医疗继续教育现状调查及对策探究》。

图 2　公益服务实践队队员与卫生院、卫计局开展座谈调研

在社会调研这个过程当中，公益服务实践队队员通过派发问卷及访谈，与调研对象进行互动交流，更能确切了解到当地医疗方面的实际情况。同时在整理调研数据形成报告的过程当中，学生的辩证分析能力也持续得到提升。报告的结果也能为推动“互联网 +”医疗继续教育持续发展提供相应的依据。

图 3　项目队员派发问卷

（四）回访调研反馈，助力公益服务支教活动

实践队队员在每年寒暑假进行新服务点医疗教育云平台推广的过程中，也会分批对原来推广使用的医院及卫生院进行回访调研，收集各方面的意见，作为完善平台内容、形式、用户体验等各个方面的参考，并继续向当地医务人员推广普及医疗云平台的使用，让更多人了解熟悉互联网时代下的学习新模式。实践队队员对收集的数据进行整理反馈，希望让医疗云平台更适应更贴合当地的发展和需求，更好地服务当地医务人员的学习提升，更好地延续医疗支教公益服务活动。

图 4　项目队员回访调研

三、运营情况

自项目启动以来，本服务中心紧紧依托医疗的公益性和技术的创新性，凭借着专业的医疗顾问队伍、高效的项目运营队伍、强大的平台开发队伍，逐步探索项目落地。2016 年

至今，成员远赴广西壮族自治区龙胜县、贵州省毕节市、广东省梅州市、广东省潮州市等地，在16个乡镇村医疗机构开展实践调研与公益推广，并回收6份《医疗支教云平台使用反馈报告》。本服务中心与1个市卫计委、2个县区卫计局、3所医院共签署了6份《医疗支教合作意向书》，并与2所县人民医院、4所乡镇卫生院共同建立"医疗教育云平台支教点"。与此同时，在撬动商业资源方面，本服务中心与多家医院等达成合作意向，提供多个商业试用账号，成功将医疗教育云平台的公益服务价值和社会商业效应结合起来，保证公益项目的可持续运行。

四、所获奖项

参与"情暖万村"医疗支教公益创业实践活动的学生在实践过程当中不仅提升了专业技术水平，又增强了社会责任意识，综合素质得到全面提升。学生通过不断对实践活动进行凝练提升，陆续参与国内各实践类竞赛，屡创佳绩。项目获得2016年"创青春"中航工业全国大学生创业大赛公益创业赛铜奖、第十四届"挑战杯"广东大学生课外学术科技作品竞赛特等奖、2016年"挑战杯·创青春"广东大学生创业大赛公益创业赛银奖，以及第四届中国"互联网+"大学生创新创业大赛广东省分赛"青年红色筑梦之旅"赛道优秀创新创业项目奖，所拍摄的公益服务实践视频作品获2016全国大中专学生"千校千项"匠心传播正能量作品。

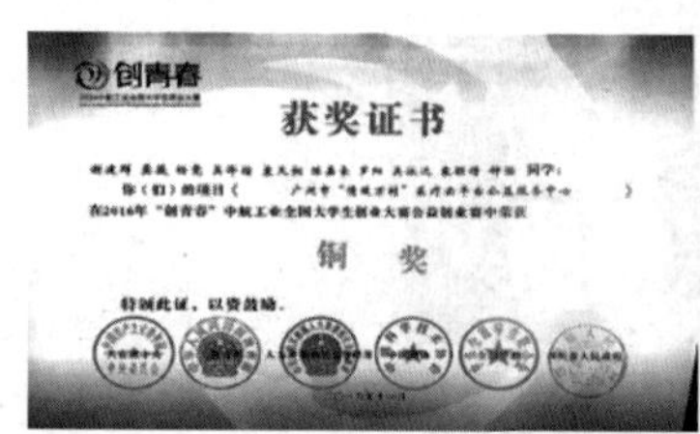

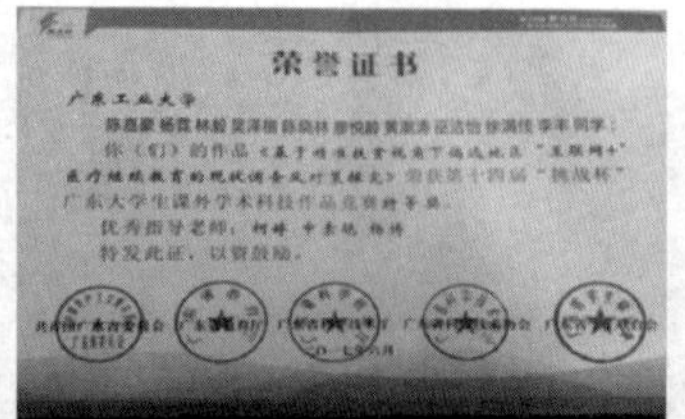

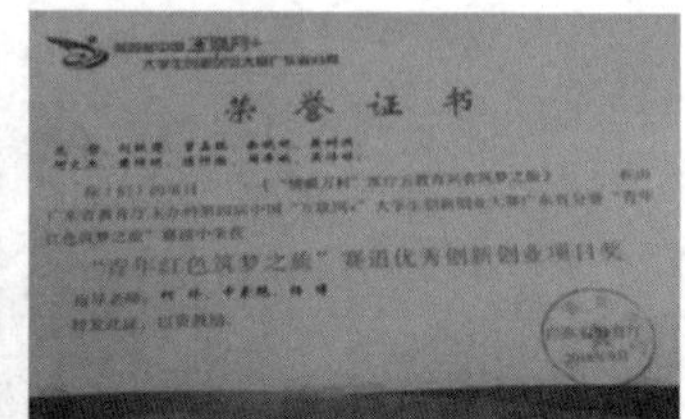

图5 "情暖万村"系列实践活动获奖奖状

五、经验体会

（一）传承"三自"教育，延续公益创业服务精神

"情暖万村"医疗支教公益创业实践活动开展至今，影响了一届届学生，每一次的实践活动均有高年级学生带动低年级学生进行活动的前期策划、分工及开展实施等工作。在这个过程当中，学生们互相帮助，学会了"自我教育、自我管理、自我服务"，并在一次次的实践活动当中不断完善公益创业服务活动质量。这种"传帮带"的优良传统给一届届学生带来积极的影响，延续了公益服务精神。

（二）推动持续公益服务，收获丰硕实践成果

从2016年至今，“情暖万村”医疗支教公益服务实践队远赴广西壮族自治区龙胜县，贵州省毕节市，广东省梅州市、潮州市、英德市等地，在16个乡镇村医疗机构开展实践调研与公益推广，回收6所当地医院的《医疗支教云平台使用反馈报告》。除此以外，团队与1个市卫计委、2个县区卫计局、3所医院共签署了6份《医疗支教合作意向书》，并与2所县人民医院、4所乡镇卫生院共同建立“医疗教育云平台支教点”。队员所到之处均受到了当地工作人员的热情欢迎，卫计局工作人员以及当地医护人员对平台认可度高，并对实践活动表示支持。

图6 公益服务实践队与医院、卫生院共建“医疗教育云平台支教点

（三）创新思政育人工作方式，引领主流价值观

“情暖万村”医疗支教公益创业服务实践与传统的公益服务活动不同之处在于创新性

将学生专业技术与公益服务相结合，利用工科生的专业技术优势，引导学生将其应用到搭建“互联网+”医疗云平台系统并应用至边远地区的医疗继续教育，打造思政育人工作方式的有效载体。实践队员在参与实践活动的过程中，其专业技术得到有效实践的同时，更加真实地体验社会生活和群众的实际需求，有效加强了学生的公民道德教育、感恩教育，也使学生更清晰地认识到自己身上肩负的重任，对于团队现在所做的公益活动更有认同感。更为重要的是，学生通过实践活动认识到自身价值的实现途径，更能将自身价值和社会价值相结合，激发服务社会的觉悟，并将其转化为专业学习技能提升的动力，不断追求先进，提升自我综合素质。公益服务实践队所到之处均受到了当地群众的欢迎，服务实践成果受到中国青年网、《汕头日报》、《乌蒙新报》、英德长安网等多家媒体的报道，引领公益服务积极正能量。

汕头日报

推动“互联网+”医疗支教

乌蒙新报

英德长安网

WWW.YD.QYZF.GOV.CN

2017年清远政法工作

图7　部分媒体报道截图

（广东工业大学推荐，执笔人：柯婷、杨博、杨广超）

趣弹音乐：一把尤克里里，创出一片“江湖”

——轻乐器在线教育服务平台创业案例

一、创业背景

随着人们生活水平的提高，人们也逐渐从物质需求转向对文化娱乐精神方面需求，音乐对于人们文娱生活水平提起到重要的作用，人们对于学习音乐和学习一门乐器有着很深的需求和向往，但大多数乐器成本高、难度大，对年龄也有要求。据行业数据统计：从2012年以尤克里里为代表的轻乐器进入中国，据统计当时仅5万学习人数，2017年底学习人数近2500万人，预计2020年轻乐器学习人数将突破8000万。帅圳在大一时就联合创办广西首个尤克里里俱乐部的大学生，从2012年创办尤克里里校园社团到校外建立培训教室，至2017年底创办在线教学平台，如今已实现了售琴、教学、打造网红IP，以及周边衍生产品全链条发展，并通过音乐连接人与人的关系，社群覆盖近30所城市，励志打造全国最好的轻乐器教育推广平台，让音乐走进生活。他利用数年积累的专业音乐教育知识和连续创办社团及创业经验，在毕业后从音乐中的尤克里里这个已有千万级玩家、并人人皆可弹奏的小吉他的分众市场着手创业，创办了“趣弹音乐”，趣弹音乐致力于中国最好的轻乐器教育推广平台，帮助喜欢音乐的人实现音乐梦。趣弹音乐发展迅速，已获得了种子轮投资，并且很快就收入过千万并且盈利，增长势头和发展前景可期。从趣弹音乐这个项目可以看到：大学生在“互联网＋教育培训行业”方面的创新创业是大有可为的。

二、创业历程

广西趣弹教育科技有限公司是一家以轻乐器为主的音乐教育推广平台。由广西师范大学音乐学院学生帅圳兴创办，起源于大学兴趣社团，并于2017年3月注册公司，团队主要成员是一群年轻而又富有活力的90后，秉承着“让音乐走进生活”的理念，激活音乐生活市场，立志打造全国最好的轻乐器教育推广平台，让每一个喜欢音乐的人都能学会一门乐器，让音乐真正走进人们的生活。

2012年，帅圳兴（趣弹音乐创始人）考上广西师范大学音乐学院，大一暑假回到深圳，在高中学长家中第一次接触到尤克里里，当时这位学长正筹备着国内第一批尤克里里的品牌（现如今UKU品牌）。大一下学期，学长给他寄来了一把尤克里里。仰仗着自己在中学期间学过吉他的优势，帅圳兴很快掌握了弹唱尤克里里的诀窍。

当时尤克里里接受程度并不高，相关的教程也少，帅圳兴只能自己找谱，自学自练。

但他却没想到，当初自己为了消磨时间而爱上的尤克里里，却能吸引这么多人的兴趣，越来越多的人问他哪里可以买到尤克里里，越来越多的人向他请教学习，于是他想："为什么不创办一个社团呢？"

一开始，只有同学和朋友十来个人跟他一起练习。后来，他们排了个节目，在学校公开表演。当时担任音乐学院党委书记的蒙志明老师看到他们的表现，十分关注和支持，成为了社团的指导老师。经过一年多的时间，帅圳兴创立的社团从无到有，发展迅速。大二时，他的尤克里里社团已经发展到桂林的三所高校，会员达到700多人。

看到社团不断壮大，帅圳兴与小伙伴们开始着手于校外的活动。跟外界几番接触下来，他们发现原来在社会上尤克里里的爱好者也有很多，只是大家缺少一个交流的机会与平台。于是，他们决定走出"象牙塔"，从大学城所在的雁山郊区，向桂林市区进军。还在读大三的帅圳兴拉着三个同学瞒着父母，四个人凑了点钱，租了一个破破烂烂的小院子，就把工作室开了起来，到现在都还清楚的记得。

从那开始，在短短两个月的暑假期间，他们迅速招到了70多个学生。学员数量的日渐增长，以及学员们对尤克里里及工作室的认可，使得他们的信心越来越足。

大三期间，在当时没有资金预算，没有市场调查的情况下，只凭着一股要做大做强的闯劲，帅圳兴筹集了20万，与团队小伙伴开始做起了位于甲天下广场的工作室。

在专注线下培训之余，帅圳兴逐渐把目光聚焦到了线上，并于2017年2月注册成立广西趣弹教育科技有限公司。

通过研究网上尤克里里教学视频，帅圳兴发现，这类课程虽多却也杂乱，根本达不到系统学习的效果。找到这个突破口之后，帅圳兴决定，先瞄准一部分细分人群试水。

于是，他盯准了那些以"二次元""宅"和不愿意出门为标签的青年人群，开始研发自己的教学系统，形成一个完整的从入门到精进的学习闭环，从而真正达到让用户免费从网上系统学习尤克里里的目的。

哪种方式是目标人群最乐于接受的？带着这样的思考，帅圳兴尝试了微课和直播等不同线上载体，先后投放不同版本的课程视频，并紧锣密鼓展开民众喜爱度调查。通过诸如此类的一系列调查和尝试，帅圳兴最终找到了符合大众"口味"的方式。

"我们的微信公众号每天平均净增长1400～1500人，总粉丝数有37万多，'哔哩哔哩'网站粉丝也有15万多。"帅圳兴开心地介绍。网易云课堂的教学视频浏览量也多达7万次，全网累计播放量超1个亿，全网累计粉丝超百万，"这样的成果，可以说是成功地将'趣弹音乐'推销出去了。"

线上发力之余，帅圳兴也未丢掉线下推广：编辑出版尤克里里相关书籍、译尤克里里歌谱、抢占最新曲谱……他们成功打造出了"趣弹音乐"品牌，业内名声开始叫响。

品质保障，持续优化，"趣弹音乐"业务线得以不断扩展。"每次公开课后，根据听课者留下的信息，可以筛选300～400个有效信息；通过与中国电信、桂林银行、"惠之林"

等大公司合作公益推广活动，还吸纳了大量潜在学员。”长此以往，这支曾经“难求一员”的创业项目，如今学员总数已突破 5000 人。

为了使课程更精准、教学更有效，帅圳兴逐渐将学员群体细分为妈妈级和孩童级两大类，并自主研发出与之相关的成人版和儿童版尤克里里教材，并将尤克里里的功能拓展到日常娱乐与社交中。

在这个思维转变的基础上，他们坚持每半个月办一次尤克里里亲子活动，可见“趣弹音乐”给学员创造了一个学习与情感交流并行的平台。

三、运营情况

“趣弹音乐”是目前全国最大的轻乐器内容提供商，是一个集内容生产、在线教学、IP 孵化、乐器售卖、线下社群为一体的公司，目前成功让 100 万人学会一门乐器，励志打造全国最好的轻乐器教育推广平台。从 2012 年创办尤克里里社团到校外建立培训教室，至 2017 年底创办在线教学平台，如今已实现了售琴、教学、打造网红 IP，以及周边衍生产品全链条发展，并通过音乐链接人与人的关系，社群覆盖超 30 所城市。目前，“趣弹”电商板块以开设天猫店铺、淘宝店铺、微信小程序商城。“趣弹音乐”已经完成 3500 多首曲谱，1500 多个内容短视频，实现年营收超千万，全网内容短视频累计播放量超 10 亿，全网累计粉丝超百万。“趣弹”于 2018 年 4 月上线全网首个小程序轻乐器学习平台——“趣弹 UP”，上线至今用户突破 50 万，日均访问用户超过 19000 人，后续将陆续开放直播教学、问答圈、弹珠、社群、督导班等功能，逐步成为“趣弹”音乐在线教育的主力平台。从 2016 年下半年开始趣弹音乐逐步转型线上内容创造，陆续完成了《尤克里里零基础系列课程》创作，并先后推出具有 IP 属性的原创内容《可爱古风》《杏子探歌》《正经音乐课》等短视频栏目。同时特色栏目《U 叔学院》推出零基础教学栏目累计学员超 80 万。“趣弹”目前已与“腾讯 QQ 音乐”“网易云音乐”“B 站”“新浪微博”等建立深度合作。

经过一年半的内容创作和粉丝聚集，“趣弹音乐”逐步向平台化运营转型升级，通过搭建小程序平台，将曲谱、视频和问答进行检索化呈现，将用户进行数据沉淀，通过数据分析，调整内容和运营策略。

目前，公司总共 36 名成员，其中 4 名联合创始人，以及 10 名全职唱作艺人，均毕业于专业音乐院校，具备 6 年轻乐器教育推广经验，全网轻乐器短视频第一。音乐趣弹是初创公司，为了真正发挥员工的价值以及实现共同的使命愿景，公司管理战略提倡将员工变成合伙人，实施扁平化管理模式。

四、所获奖项

1. 2017 年 9 月“青年之声，青春创客”优秀项目奖；

2. 2017 年 9 月荣获 2017 年首届“广西创客马拉松”一等奖；

3. 2017 年 11 月“网易云课堂”领先的实用技能平台；

4. 2017 年 12 月第四届广西“创业”大赛高校组二等奖；

5. 2017 年 12 月荣获 2017 年度“金云”奖精品课；

6. 2017 年 12 月“青秀”青年创业大赛企业组一等奖；

7. 2017 年 12 月第四届广西创业大赛高校组最具潜力创业之星；

8. 2017 年 12 月荣获第四届广西“创业”大赛桂林赛区最具投资价值奖；

9. 2018 年 10 月第四届“互联网 +”大学生创新创业大赛全国总决赛金奖；

10. 2019 年 9 月荣获 DEMO CHINA 创新中国未来科技节——95 后 X 进化专场优秀企业奖；

11. 2019 年 11 月 荣获第八届中国创新创业大赛全国优秀企业奖（成长组）。

五、经验体会

在创业遇到最大的困难还是因为经营管理方面的知识不足，没有经商等方面经验导致正式进入社会开始商业运作时出现非常多的短板，比如最基本的账目计算就是一个问题，外表看似很简单的计算，但发现后来由于财务计算方面知识不足，导致账目混乱，盈亏计算不准确，从而影响运营成本开支的一些计划。

到了社会发现宣传推广方式和校园模式完全不一样，很长一段时间没有什么收入，房租水电人员成本开支成了大问题。我们尝试各种招生推广模式，从中找到了适合我们的，再慢慢加入新玩法。所以，在创业过程中一定要敢于实践，实践是检验真理的唯一标准，要敢于试错。

对于创业自身应该具备怎么样的素养来说最重要的还是真的要能坚持和吃苦，其实创业没有想象中那么美好，贵在坚持，还要不断学习。最主要还是真的享受创业过程。对于团队最重要的一定要大家齐心，有共同的目标和愿景，这样才能长远的走下去。学校和社会一定是锦上添花，但我们不能完全依赖学校和政府的扶持度过，这样的企业是很难长远发展的，所以最终还是要靠自己努力。

“创业有风险”。如果没有真正准备好的话，建议最好是在成熟的公司历练几年再出来也不迟，不然在没有前辈指引和没有经验积累的情况下直接开始创业是很艰难的，而且很容易失败。但最后要说的就是趁年轻要敢闯、敢试不怕犯错！

（广西师范大学推荐，执笔人：帅圳兴）

奥云声科

——国际首家蒙汉语音互译云服务提供商案例

一、创业背景

随着人类社会在经济和文化等方面的全球化，不同母语的人之间的交流变得越来越频繁，语言上的交流障碍体现得更加明显。于是，人们迫切希望计算机能够具有更智能的功能，充当人类语言沟通的中间角色，实现不同语种人与人之间的自由交流。

由计算机系统实现从一种自然语言语音到另一种自然语言语音的翻译，即我们通常所说的语音翻译。语音翻译技术是当前移动互联时代最受瞩目的影响人类生活的重大技术之一。语音翻译是人类社会高度信息化的标志，也是一个难度极大、具有高度挑战性的高技术研究领域。它涉及语音学、语言学、信号处理、模式识别和计算机科学等若干学科和技术。奥云声科项目团队研发的产品将针对蒙古语和汉语之间的语音翻译构建云平台，包括蒙汉语音翻译服务、汉蒙语音翻译服务、蒙古语语音识别服务、蒙古语语音合成服务、蒙汉机器翻译服务以及汉蒙机器翻译服务。其中，核心产品为蒙汉语音互译服务。蒙汉语音互译服务的主要目的是帮助只会使用蒙古语和汉语的人进行无障碍沟通。

在内蒙古地区蒙古族和汉族人口居多。然而，绝大部分人都只会使用其中一种语言，因此两种语言的使用人群之间的交流非常困难。蒙汉语音互译服务的主要任务就是解决蒙古语和汉语使用人群沟通困难这一问题。具体由语音识别、机器翻译和语音合成三个模块构成，其中语音识别是将用户日常表达的语音转换为文本的过程；机器翻译是将一种语言文本翻译成另一种语言文本，例如将蒙古文文本翻译成汉文文本的过程；而语音合成是将文本转换为语音的形式。

基于上述蒙汉语音互译服务使用到的三个子模块，云服务平台还将集成蒙古语语音识别服务，用户输入语音形式的蒙古语语音，识别出对应的文本，方便后续进行编辑；蒙古语语音合成服务将方便用户将蒙古语文本转换为语音形式输出，例如医院叫号时，只需将文本输入系统，系统广播输入内容；蒙汉互译服务将针对日常工作经常接触蒙古文文本的但又只会汉语的人群等，它可将蒙古文文本直接翻译出汉文文本，方便用户理解。

二、创业历程

目前，蒙汉机器翻译以及汉蒙机器翻译方面的研究还处于初级研究阶段，而蒙古语语音识别及合成的研究虽然已初步达到实用要求，蒙古语语音的识别率以及蒙古语语音合成效果均处于国际领先地位。由此可见，蒙汉语音翻译的研究势在必行。由于目前市场中尚未出现一款蒙汉语音翻译工具。在这种情况下，蒙汉语音翻译工作只能靠人工进行翻译。人工对蒙汉语音翻译好处在于翻译质量高，但也有很明显的局限性，比如工作时间不确定性、人工翻译不能满足巨大的需求量而且人工翻译的用时比较长。因此，市场对蒙古语语音翻译云服务的需求很大。本系统的研究应用将填充蒙汉语音翻译市场空缺，为用户提供一款翻译质量高且不受时间地域限制的蒙汉语音翻译工具。

产品使用了目前最为热门的深度学习技术。深度学习是机器学习中一种基于对数据进行表征学习的方法，也是机器学习研究中的一个新的领域。其动机在于建立、模拟人脑进行分析学习的神经网络，模仿人脑的神经机制来解释数据，例如图像、声音和文本。深度学习的应用很广泛，在计算机视觉、语音识别、自然语言处理、等其他领域中的应用都很成功。语音识别是一种将人类所表述语言转换成文字的技术，目前国内外许多著名的科技企业，如谷歌、微软、讯飞等都在此领域有深入研究，在生活中，例如苹果 Siri、微软 Cortana 等也被得到广泛应用，极大地方便了人们的生活。现在语音识别主要用到的技术就是深度学习。深度神经网络的主要的优点在于：神经网络很强大的地方在于完美的拟合能力，可以逼近任何复杂的函数，而且神经网络的维度可以达到无穷维，这样其对数据的拟合能力是相当强大的；网络由于包含了许多隐藏层，而隐藏层又具有许多隐藏结点，这样使得神经网络的表达能力十分强大；神经网络同样可以和概率模型相结合，使得神经网络具有推断能力，加入了随机因素，使得神经网络的推理能力得以提升。基于上述特点，本产品针对蒙古语语音翻译云服务使用到的语音识别、蒙汉翻译及语音合成中模型优化以及训练效率等问题，围绕基于深度学习技术的建模方法进行了研究，使得产品得到了更好的翻译效果。

产品在设计时，主要站在用户的应用角度。考虑到有些用户对蒙古文或者汉文的掌握程度一般，比如牧区大部分人只停留在能讲的阶段并不会书写。因此，项目组进行产品设计时，核心产品即蒙汉语音翻译服务采用语音形式作为输入，经过语音转文本，文本翻译出译文后，最后将译文合成出语音作为输出。这样设计的好处在于能够满足更多用户的需求，扩大产品的适用人群。伴随着移动网络的普及程度高的特点，使得蒙古语语音翻译云服务正好利用这一优点，用户方便快捷地调用云服务或直接使用移动设备等使用平台功能，将极大提升用户体验和工作效率。

蒙古语语音翻译云平台主要由蒙古语语音识别、蒙汉机器翻译、汉蒙机器翻译、蒙古文语音合成、蒙汉语音翻译以及汉蒙语音翻译等子服务组成。

蒙古语连续语音识别，主要由预处理和特征提取、声学模型的训练、语言模型的训练和解码四个部分组成。

为了解决新蒙古文汉文的翻译问题，提出了结合基于模板和统计方法相融合的蒙古文汉文机器翻译方法。

蒙古文语音合成包含了两个模块，他们分别是：（1）文本分析模块；（2）声学处理模块。文本分析模块使待合成的文字序列转化成对应的上下文属性序列；声学处理模块采用统计参数合成方法，即利用韵律信息和文本信息通过已经建立的声学模型来预测出语音参数（包括谱参数、基频、时长等），再利用参数合成器合成最终的语音。为提高项目的质量，我们需要收集大量的蒙古语和汉语的文本或音频数据，设计深度学习模型，因此我们的前期准备过程很长，需要投入大量的精力。

三、运营情况

我们将“奥云”定义为一家基础服务提供商，奥云蒙古语语音翻译云平台提供六项基础云服务：蒙汉语音翻译服务、汉蒙语音翻译服务、蒙古语语音识别服务、蒙古语语音合成服务、蒙汉机器翻译服务、汉蒙机器翻译服务。云服务平台和平台各组件由奥云项目团队自主研发，集语音识别、机器翻译及语音合成技术为一体。在六项基础云服务的支撑下，建立起语音级别的蒙汉互译系统。

蒙古语语音翻译云服务产品经营范围包含：

（1）外贸经商：对于只会蒙古语或者汉语的商业人士，在相互进行贸易交流时，使用该产品可以实现蒙汉双向整句翻译，全句发音。

（2）外出旅游：对于母语为汉语的用户，都不懂蒙古语。而在内蒙古牧区的蒙古族同胞大多只会说简单的“你好”“谢谢”等汉语。因此，汉语用户去游牧地区旅游时，双方使用基于蒙古语语音翻译云服务开发的蒙汉语音翻译系统沟通交流起来就很方便，将避免听不懂的问题，或者出现的理解错误造成的不必要麻烦。

（3）日常工作：对于一些在中蒙企业工作的职场新人，日常口语交流经常会因为生僻词、专业词汇等原因造成工作效率低，出现错误等情况。因此，配备专业版的蒙汉语音翻译系统可大大较少不必要的问题。

项目团队在进行产品经营的同时，也会为客户提供信息及生活的服务。具体包括：

（1）为普通用户提供免费使用产品服务；

（2）产品定期为用户推送关于语音翻译的专业知识；

（3）产品提供蒙汉语音翻译社交互动平台；

（4）未来计划：提供多种场景的 TTS 发音，如男生专业版、女生专业版及卡通版等朗读声音；同时将提供音调、语速等选择功能；

（5）未来研发：使用更先进的技术提升产品翻译精准度，为用户免费提供优质翻译质量替换。

项目团队除了面向普通用户开发的基于蒙古语语音翻译云服务的多种蒙古语翻译 APP，主要通过开放云平台的对外提供基础服务来盈利。第三方企业或个人开发者通过调用“奥云”的六大基础云服务，可大大提升其自身产品或者应用的功能丰富度，优化产品体验。

对外服务的方式可分为三种形式，其一是普通的蒙古语语音翻译云服务接口调用，企业或开发者按照语音翻译请求量付出费用。其二是定制化的技术服务，将翻译功能与其他技术如离线翻译相结合，定制具体的SDK，按照SDK的授权数来收费。其三是针对企业将整套服务进行打包销售，在第三方企业部署蒙古语语音翻译云服务，并提供后续的服务支持和维护，此类服务价格收费较前两种更高。

具体云服务的应用场景如下：各类物联网（IOT）产品制造商需要支持蒙古语语音交互时，可以接入奥云蒙古语语音识别和合成云服务；对于有语言服务功能的个人应用开发者，在自身没有蒙汉语音翻译技术积累，还需要蒙汉语音翻译功能需求的情况下，通过接入翻译接口，可以快速实现翻译能力；一些有蒙汉翻译技术的开发者，由于自身技术受限，无法实现语音长句翻译需求，也可调用我们的具有长句翻译能力的接口，快速满足其翻译需求。

增值服务作为一种商业模式，对蒙古语语音翻译云服务这类工具型产品来讲是一种比较好的盈利模式，通过差异化的产品体验来收费。这类付费的服务是用户在使用产品时所衍生出来的需求，这种带有差异性的产品服务与现有的免费服务存在较大的产品体验，拥有更专业的翻译质量。因此，用户对这类收费模式相对来讲更容易接受。蒙古语语音翻译云服务将采用如下几种增值服务收费的经营模式。

1. 人工翻译

蒙古语语音翻译云服务中间关键环节为机器翻译，而机器翻译质量的好坏与最终产品体验有很大关系。而蒙汉机器翻译依靠深度学习算法模型实现翻译，由于受限于技术水平以及语料的专业度和丰富度，无法达到专业人工译员精准的水平，一般只用于满足普通用户可懂易懂的需求。

具有专业翻译需求的高端用户需要的翻译质量较高，则需要专业的人工译员进行翻译，如用于正式商业沟通、合同协议等场景。使用语音翻译产品的用户会被自然地从免费口语机器翻译向付费精准人工翻译引导，从而获取商业收入。蒙古语语音翻译云服务的人工翻译将按照翻译语音时长进行收费，翻译等级不同收费差异也存在很大差异。后期用户量大的时候，将与专业翻译机构合作解决蒙汉互译译员资源短期问题，而项目团队通过搭建服务平台从中收取额外差价。

2. 付费翻译相关功能

蒙古语语音翻译云服务针对不同使用环境如内蒙古著名旅游景点，提供对应的离线语音导播服务和简单语音翻译功能。这类功能一般需付费下载，用户在出游环境不好或流量受限的情况下使用产品。而语音导播将针对蒙古语和汉语分别实现，日常口语交流如餐厅点餐结账用语将以离线形式附带与产品中。

3. 付费在线教育

对于例如母语为蒙古语的少数民族用户，使用蒙古语语音翻译云服务大多都具备语言学习培训需求。而将在线教育与翻译工具相结合，可以大大提升学习效率。产品提供的在线课程培训内容包括免费及付费两种形式，其中免费课程只提供日常口语交流知识，而付费课程将提供专业级别的课程。项目团队提供这种付费的在线教育课程来获得额外收入。

4. 付费应用

蒙古语语音翻译云服务将开发额外的专业版移动端 APP 或桌面客户端软件付费应用。专业版翻译系统涵盖数学、物理、化学、生物、计算机、法律、新闻等专业口语对照译句，用户需购买对应产品才可体验具体服务，购买方式以月、季度、年划分，并且购买专业可以单独专业购买，也可组合专业购买。

蒙汉翻译云包括面向消费者的免费 APP 和面向开发者的收费的云服务，依靠优质的产品体验吸引用户。在后期积累大量级用户后，奥云语音翻译 APP 上设置广告位，根据用户搜索内容，对用户做用户画像，从而提供广告的精准投放服务。

四、所获奖项

1. 第四届全国大学生创新创业大赛国赛铜奖；
2. 第四届内蒙古自治区大学生创新创业大赛金奖；
3. 内蒙古大学第五届大学生创新创业大赛金奖。

五、经验体会

参加全国大学生创新创业的比赛，可以提高当代大学生的创新创业能力，这对大学生以后的创业有很大的帮助。大学生创业已成为一种趋势，提高当代大学生生创新创业的能力，有利于缓解大学生就业压力。大学生创新创业实践活动有利于提高个人自我发展能力和创业能力。创业能力很强的人不但不会受到社会就业压力的影响，反而还能通过自主创业来增加就业岗位和竞争筹码，以缓解社会就业压力。有利于提高大学生自我价值的实现。大学生通过自主创业，可以将自己的兴趣和职业融合，是自己能够在自己喜欢的领域大展身手，充分展现自己的才华，并达自己所预期的目标。这样既能解决当代社会就业难问题，又能提升自我价值。

创业能力是需要我们一步一步地慢慢来，想要一夜暴富是不可能的事情。我们要明确自己的目标，一步一步地实现，自己的创业目标。一个创业者要学会从时间中汲取经验教训，中国有句古话“一年学成个庄稼汗，三年学成生意人”，说的就是这个道理。我们要有信心，并积极行动起来，努力实现创业目标。

（内蒙古大学推荐，执笔人：飞龙、娜木汗）

后 记

本书遴选了实盟第二届年会上评选出的优秀大学生创新创业实践案例，具有一定的代表意义。其间，编写组成员投入了大量的时间、精力，对搜集到的优秀案例结合一手资料进行了重新梳理与校对，由于篇幅所限，在编辑过程中只能选取部分优秀案例成果，恐难以全面、准确地反映大学生创新创业实践全貌。尚存在的疏漏与不足，恳请读者、专家与同行谅解，并能不吝批评指正，帮助我们年轻的实盟越做越好、越走越远。

在此，衷心感谢教育部高等教育司，特别是张大良、吴岩两任司长，和宋毅、徐青森、范海林、王启明等几位司领导，以及吴爱华、李智、武世兴、江河、侯永峰、杨秋波、郝杰等几位处长，自2017年至今，在酝酿、诞生、成长各个阶段，都给予了实盟莫大的关心和帮助，可以说，正是由于诸位领导的精心指导与大力支持，“年轻”实盟才能不负众望，在短短的几年内发展如此迅速，取得如此丰硕的成绩。

衷心感谢为本书提供大力支持的实盟副理事长（按姓氏笔画排序）王建华、冯晓云、朱友林、朱泓、任军、刘华东、许晓东、孙爱武、孙跃东、李占勇、张吉维、陈宝剑、金保昇、周娅、郑庆华、徐雷、常保国、彭双阶、葛红艳、谢永华，感谢你们在百忙之中参与大学生创新创业实践教育，感谢你们对本书出版的筹划建言和悉心指导。

衷心感谢积极参与实盟工作的实盟副秘书长（按姓氏笔画排序）王怡、王树彬、孙秋野、李亚东、杨爱民、杨燕、陈姚、施永川、徐健宁、郭庆、崔凯、程凯、解廷民，正是有了你们默默的付出，才有了实盟各项工作的顺利开展。

衷心感谢在百忙之中出席实盟年会优秀创新创业实践案例分享会暨创投资源对接会的专家，孙焱、杨波、陈静、周洛宏、秦鹏、曹明浩，感谢你们深度参与高校创新创业教育改革，为大学生创新创业提供技术、资金支持和实践指导。

今后，我们将与成员单位携手，进一步引导高校重视学生的主体地位，以实践育人为着力点，与国家战略需求和经济社会发展紧密结合，一同探索高校三创教育实践教学新体系。

本书编委会

2020年6月